U0726452

世纪波
Century Wave

结构化销售

曹淑妍　著

全球50强
快消品公司使用的
销售训练手册

电子工业出版社

Publishing House of Electronics Industry

北京·BEIJING

图书在版编目（CIP）数据

结构化销售/曹淑妍著. —北京：电子工业出版社，2020.10

ISBN 978-7-121-39722-6

Ⅰ. ①结…　Ⅱ. ①曹…　Ⅲ. ①销售—方法　Ⅳ.①F713.3

中国版本图书馆 CIP 数据核字（2020）第 189269 号

责任编辑：杨洪军

印　　刷：涿州市京南印刷厂

装　　订：涿州市京南印刷厂

出版发行：电子工业出版社

　　　　　北京市海淀区万寿路 173 信箱　　邮编 100036

开　　本：720×1000　1/16　印张：20.75　字数：399 千字

版　　次：2020 年 10 月第 1 版

印　　次：2020 年 10 月第 1 次印刷

定　　价：89.00 元

凡所购买电子工业出版社图书有缺损问题，请向购买书店调换。若书店售缺，请与本社发行部联系，联系及邮购电话：（010）88254888，88258888。

质量投诉请发邮件至 zlts@phei.com.cn，盗版侵权举报请发邮件至 dbqq@phei.com.cn。

本书咨询联系方式：（010）88254199，sjb@phei.com.cn。

阅读本书收益表

收 益	主要知识点与应用工具
了解什么才是真正的销售	<ul><li>真正的销售技巧与"成功学""厚黑学"是如何旗帜鲜明地划清界限的</li><li>销售的进阶</li></ul>
建立基础销售能力	<ul><li>听的能力，聆听工具包</li><li>说的能力，销售陈述工具包</li><li>问的能力，提问工具包</li><li>洞察的能力，洞察工具包</li><li>良好的销售心态，销售前工具包</li></ul>
针对小型门店进行销售	<ul><li>发掘售点潜力，销售潜力挖掘工具包</li><li>高效利用拜访八步骤完成销售与售点执行，拜访八步骤工具包</li></ul>
针对大中型门店进行销售 针对较大议题进行销售 针对大客户进行销售	<ul><li>基于洞察制定销售目标</li><li>精彩开场，三步骤</li><li>引导需求，FOC 漏斗法与需求金字塔</li><li>解释方案，选择事实，建立结构，辅助销售陈述技巧</li><li>强调利益，基于品类蚕食的有形与无形利益计算</li><li>行动计划，两个常用工具</li><li>START 结构化销售法工具包</li></ul>
应用 START 结构化销售法提升工作汇报水平与沟通水平	<ul><li>应用 START 改善日常沟通水平</li><li>应用 START 提升工作文件说服力</li><li>应用 START 提升日常工作说服力</li><li>基于 START 的常用工作文件模板</li></ul>
储备下阶段能力	<ul><li>了解销售转入谈判的四个前提条件</li><li>为学习谈判技巧进行准备</li></ul>

致 谢

感谢我的零售业导师 Jackey 和 Aichun。

感谢我的培训业导师 Charles 和 Frank。

感谢我的培训客户，我在大家身上学到的远比我能教的多。

感谢出版社的晋晶老师与杨洪军编辑，鼓励我、容忍我奇慢无比的写作进度并给予宝贵建议。

感谢我的家人与密友，陪伴并鼓励我一点一点完成本书。

序

我是一个平凡的 500 强企业的销售培训老师，写这本书，源自一双渴望的眼睛。

2014 年，在我为世界最大的家族私有烈酒厂商提供培训的过程中，市场经理问我："老师，你讲的课程很实用，如果我们的经销商自己付费，你可以给他们提供这些培训吗？"答案是我很乐意，但通常不会实现。因为我曾服务的咨询公司竞标对手是尼尔森、埃森哲这类咨询公司，这个级别的咨询公司 3 天的课程报价通常在 10 万元以上，且学员每次仅约 30 人，一般经销商和小型企业比较难以接受这种报价——即使年收入百亿美元的国际公司，都在拼命训练内训师学讲这些咨询公司的课程来降低培训成本。基于公平原则，咨询公司不会因客户规模而改变课程报价，但那双诚恳的眼睛刺痛了我。

尽管我一直在著名的国际品牌公司工作，尽管我教的是著名的国际品牌公司正在使用的销售技巧，但在我的生活中，包括老板、高管扎堆的 MBA 同学圈内，也并非所有人都认同我所学的。有人坚持用千年"国学"治理公司，指责我崇洋媚外教西方管理技巧；有人对 10 万元培训费用喊贵，而转身将 30 万元"跪献"传销大师。我遇到过好逸懒学、只想用关系混上位的学生，他们一度让我沮丧；我也遇到过诚恳好学的人，他们聪明、谦虚、勤恳、沉稳，让我获益良多，令我有了在讲台上站下去的动力。前段时间接到两位十年前教的学生（如今已经是全国品类前三品牌的全国人力总监与销售总监）的电话，他们说还记得我当年教的课，邀请我去教他们的销售人员。那一刻，我潸然泪下。这些学生的收获就是我授课的最大意义与慰藉。我无法取悦所有人，但如果你真的想了解国际著名快消品牌的销售培训在教什么、用什么销售工具，我愿意为你服务。我真诚地希望每双渴望学习的眼睛都得到满足，而且完全付得起价格，10 万元培训费有些吃力，销售同仁人手一本书还是很容易解决的。

于是我开始写作，连改两稿，一写三年，完稿过程的艰辛只有孤灯清影知道。你大概觉得奇怪，培训老师不都口若悬河吗？把你课堂上说的写下来不就完了？一门课程 3 天共 18 学时，以每分钟说 160 字算共 17 万字，采用神通广大的讯飞语音输入，一个星期就能把语言全转变为文字，然后改改，两三个月书就写完了，怎么会用上三年？

一来因为我一直还在从事全国飞的培训工作，二来因为真正的培训绝不只有口若悬河那么简单，至少顶级咨询公司给 500 强企业的培训不是这样的。咨询公司的灵魂拷问是：

① 培训结束后学员能学到什么？

② 有什么工具可以带回销售实战中使用？

③ 怎样评估培训是否能帮助销售人员提升能力与业绩？

想象一下，你想培训员工作曲，好不容易争取到培训预算，邀请世界级作曲家举办讲座，作曲家如期而来，演讲也非常精彩，大家听得聚精会神。但演讲结束后，你发现：没人学会作曲。专业培训与精彩演讲是两码事。专业培训首先会了解学员目前的作曲水平、期望作什么曲、达到什么水平、能投入多长时间学习，然后设计出适合的渐进课程，也许是从最基础的和弦一直到你期望的即兴爵士曲。最后双方确认课程内容、时间表与学习方法：

课前：咨询公司设计课前作业，学员提前按要求完成理论学习并通过测试，准备课堂上要讨论的材料等文件。

课中：正式课程中，培训老师讲 40%甚至更少的时间，60%的时间是学员利用课前准备材料结合课堂内容讨论、练习。培训老师针对大家的讨论和练习成果给予即时反馈，帮助大家理解得更深入。

课后：课程结束后，学员根据练习与实践清单或作业持续学习与应用，得到肄业证书。培训老师根据实践成果再次给予反馈，提供培养新销售习惯的建议，直至学员提供合格的毕业成果，才会签发毕业证书。

这样一段一段地重复上述学习过程，你的技巧就会不断提升。慢慢地，你就从只能为《小星星》配和弦，到能模仿莫扎特为穷尽各种变化的 12 种《小星星变奏曲》编写带色彩的复杂和弦，再到为任何曲子配好听的和弦，甚至把圆周率弹成美妙的乐章，直到交出你亲自创作的、达到标准的、符合你期望的人生的第一首曲子。

因此，销售培训从学员调研、教学目的设定、教材制定、教学方法设计、课前学员准备、课中学员参与、课后学员持续应用到辅导与成长各环节都一丝不苟。这种培训的工作量多、压力大、耗时耗力折磨人，所以培训之余写书的时间其实很有限。我曾设想过以简单的方法迅速呈现培训内容，例如左页 PPT、右页备注，就像写给内训师的教材一样，如此就高效多了。但就像福柯所说的，人被自己的经历所塑造，和梦想高远的公司合作久了，我竟然也长了志气，心想既然写了，干脆写成一本销售培训的《苏菲的世界》吧！

这真的要了我的命！通过书籍这种单向沟通方法，到底怎样写才能让读者最大程度、最小偏差地学到线下课程的精髓，利用书本实现课堂真人"纠偏"功能，让我殚精竭虑。于是，为了帮助读者更容易地了解销售的脉络和销售技巧的应用场景，我虚拟了一个乐于学习的销售小伙子"小旭"的销售成长之路。小旭大学毕业后找到他的姑姑——销售培训退休老师安怡，在她的辅导下走上销售之路（见图 0-1）：从"一人吃饱，全家不饿"的销售代表一步一步前进，历任资深代表、销售主管、销售经理，一直做到"一将无能，累死千军"的大区经理，这也是大部分销售人员的进阶图。当然，这些有可能是在不同公司实现的。在这个过程中，本书呈现了不同阶段销售人员所需掌握的销售知识、销售技能与销售培训的全景。

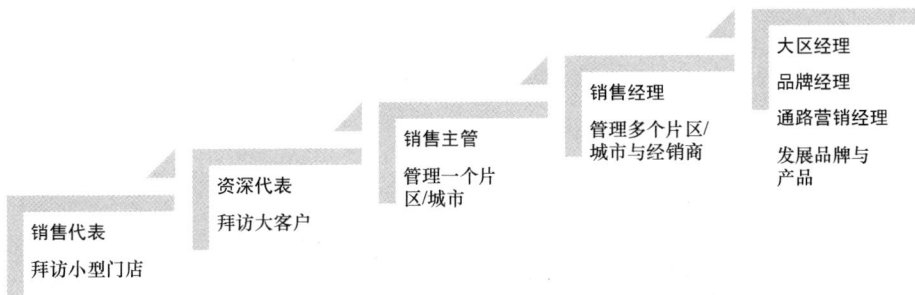

销售代表
拜访小型门店

资深代表
拜访大客户

销售主管
管理一个片区/城市

销售经理
管理多个片区/城市与经销商

大区经理
品牌经理
通路营销经理
发展品牌与产品

图 0-1　销售职位进阶图

估计你已经感受到我话不厌细的啰唆节奏了。下面我迅速切入销售主题。想象一下，一天能卖 6 辆车、号称世界上最厉害的销售员乔·吉拉德，有一天加入了奢侈品牌爱马仕。爱马仕销售总监激动地说："大神啊，可把你盼来了！我们准备开发中国大西北那旮旯的生意，麻烦你去一趟，等你好消息！"结果不言而喻，世界级的销售员就这样被毁了。故事虽然有些极端，但直白地说明了销售不是动动嘴皮子那么简单，也不是个人能力强就一定能销售好。销售成功是系统的成功，取决于三个要素：

$$销售成功 = 产品 \times 销售人员 \times 客户$$

首先，产品应有足够的销售力，产品得分为零，销售就为零，多厉害的销售人员也无可奈何。其次，客户也很关键，很多时候不是销售人员的能力不足，而是客户可能有突然变故——例如股市一个月内熔断四次，客户突然破产，因此并非销售技巧高就能销售成功。

此外，什么才算销售技巧？例如，一家生产万能遥控器的工厂的销售总监急匆匆地去找厂长："老大，麻烦给我们所有型号的遥控器都内置铅块，要使遥控器拿在手里有沉甸甸的感觉。"

厂长大惑不解："遥控器只需要电子零件就够了，可以做得很轻，你加铅块干吗？"

"消费者拿着轻若无物的遥控器，总会不安心，'这么轻能遥控吗？'，加铅块后遥控器变重，消费者则更有信心，控制感也会增强。市场上遥控器普遍偏轻，我们要是制造得重些，消费者拿在手上就感受到：'好沉——真材实料、良心厂家！'就算贵一点，也肯定乐意选我们的产品。"厂长闻言大为赞叹，火速加装。产品调整后，经销商、渠道、门店、销售人员一切不变，而销量则明显上升。

问题来了，加铅块这个提升销售的好方法，算不算销售技巧？还有哪些销售技巧？销售技巧的全景是怎样的？现在学习的是销售系统中哪个环节的技巧？还应该撷取哪些销售果实？以前我们把与销售相关的技巧拆得七零八散，交给公司不同部门处理，谁来看销售的全景呢？也许是时候基于整体销售观把自己的销售工作做得更好了。销售的系统协作至少包括以下环节：

① 生产出正确的产品并选择适当的宣传媒介进行宣传推广。

② 借助质量与数量适当的经销商，或不借助经销商。

③ 铺货到正确的地区、正确的渠道（包括网络销售渠道）、正确的客户、正确的门店。

④ 以适当的价格、陈列、促销方式，借助或不借助人或工具，以适当的方式接触购物者，适当沟通，促成购买，增加重复购买率，放大购买人群效应。

根据销售的四个主要环节，不同的职能部门应具备不同的能力，练习不同的销售技巧。国际品牌也提供了完善的培训体系，并以线上/线下相结合的方式进行培训。销售培训课程体系如图 0-2 所示。

本书主要涉及图中中下部四个粗线框课程的内容，线下全部上完这四个课程约需 8 个培训日，所有课程上完约需 100 个培训日，因此关于销售要说的实在太多……随着小旭的成长，你将看到他在不同职位、不同阶段重点需要的课程。

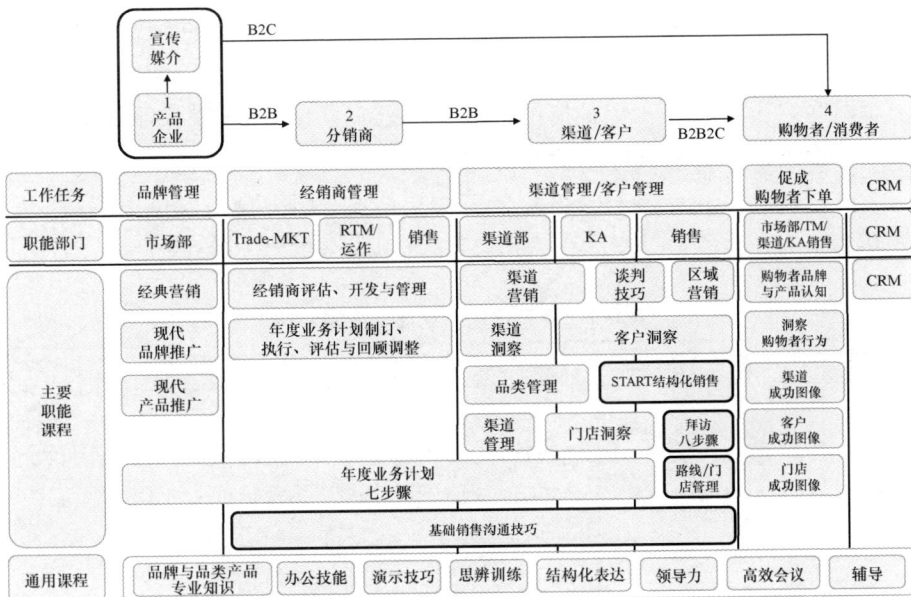

注：KA，Key Account 的简称，即重点客户部。何谓重点客户？因公司而异，有些公司将全国性连锁超市、便利店、天猫、京东等大型零售客户定义为重点客户，有些公司将各渠道最重要的客户列为重点客户，包括餐厅、电影院线等。

图 0-2　销售培训课程体系图

销售共三个层级（见图 0-3），可简单概括为：

上层策略错误，下层执行再完美也没有用；

下层执行不足，上层再正确也没用。

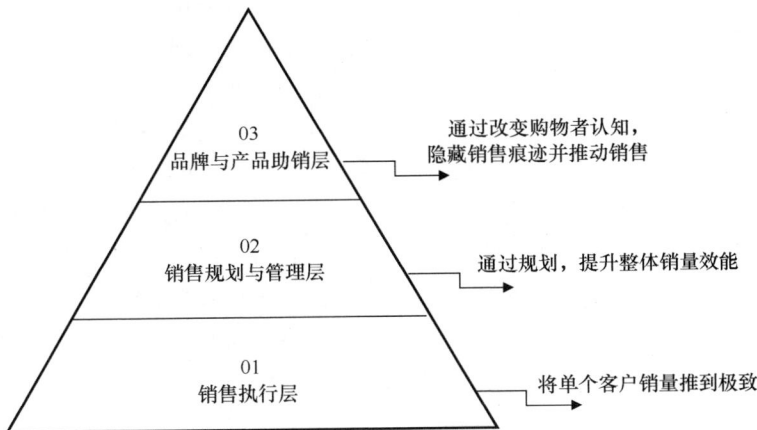

图 0-3　销售层级关系

赢在策略，也赢在执行，两者同样重要。错误的产品注定销售失败的命运，销售规划与执行能力再高，也无法用每平方米 100 万元的价格把房子卖给客户，无法在一个贫瘠的山区把伊云矿泉水卖成爆款。同样，上层决策再正确，下层不执行，销售也只是泡影。

大量销售理论（如 4P）贯穿于三个层级中，但视角与深度不一样（见表 0-1）。

表 0-1　营销理论不同层级应用示例

层级	职　位	4P 决策	示　例
01 高层	销售大 Boss （销售总监）	卖什么，以什么价格，用怎样的方式呈现	明年东区全面上高端新品，中区只做小范围测试性上市；零售价全国统一为竞争对手的 1.2 倍；目前包装和口号还不够高端，市场部会再改一稿给我们
02 中层	销售中 Boss （销售经理或主管）	通过什么组织，在什么地方，卖给什么店	除了八大连锁公司直供，其他全部由经销商供货。由于我们的利润树*分配较竞争对手差太多，今年 1—3 月经销商会有大调整，主要方向是去层级化以提升利润。 所有同事注意！6 月前必须覆盖 70%高端店！这是公司的门店执行标准，我已经微调为我们区域适用的标准，各位业务代表人手一份，不要做错了！新品上市有神秘稽查，别到时拿不到新品上市额外奖金
03 基层	销售小 Boss （销售代表）	按公司规定怎样铺货到最多门店、卖给最多客户	3 月销量前 80%的门店将全部完成铺货，并且 90%的门店能按公司要求陈列 6 个排面以上，全部配价格签——统一零售价 8 元，销量最大的 20%的门店会配地堆和新品上市促销

*利润树是指产品利润在价值链的各环节分配。

从表 0-1 可见，同样是"产品""陈列""价格""促销"这 4P，各层级要决策的事情是不一样的，销售成功与否有时与销售代表"个人销售能力"

毫无关系。基于此，500强企业销售与培训部门都会根据培训课程体系将销售技巧进行清晰的区分，并为不同职位甚至不同人提供差异化培训，帮助持续提升销售业绩。

实际上，销售的技术含量很高，万莫将成功学、厚黑学当成销售技巧，我们旗帜鲜明地与每天对着镜子喊"我要做百万富翁！""今天的业绩要超100万元！"等伪销售划清界限。

最后，有件事贯穿销售全过程，最重要也是最易忽略的，而一旦缺失，销售便不可持续发展，销售人员也难有持续的职业生涯发展。它就是：

人的味道

在电影《银翼杀手》里，真人与机器人真假难辨，辨别的重大法则是：

- 测试有没有感受抒情诗的能力；
- 测试有没有讲笑话或者听得懂笑话的能力。

在这部电影里，这两个法则定义了何以为人。销售不可避免地涉及利益，客户不自禁地会想："你表现得这么和蔼，是真的还是假的？你夸赞我，是真的欣赏我，还是想销售？你是真的为我着想，还是想卖出东西赚钱？"客户对这些问题的感受可谓销售成败的关键。在销售中，在业绩压力下，有时可能真把对方物化为挣钱的工具，甚至把自己也物化。一旦物化，不但销售难成功，人的痛苦也就开始了。解决之道只有一条：

进行有"人的味道"的销售

警惕不要把对方物化，也不要把自己物化，这就叫"人的味道"。在三个销售层级中，基层门店拜访的销售痕迹最明显，因而也最不受欢迎，而从事这个职位的人，却恰好是经验最浅、年纪最轻、工资最低的销售代表。销售培训再充分，也不能帮助销售代表完全消除其压力与挑战，因此一线销售人员的流失率长期居高不下。而销售主管、经理与经销商和客户的关系现在看来不错，但在利益关系退场后，大家还能做朋友吗？或者没有利益关系，还能像现在这么融洽吗？金钱是个试金石，往往会折射出令人难以接受的真相，大家对"销售"抗拒事出有因。在销售中，保持"人的味道"正是消除这些沟通障碍的良药。也许，我会建议在你第一次销售成功的时候买一枝玫瑰送给你的客户，在你销售失败的那天在工作日记上画一个破碎的心。也许，你还会发现其他看来离经叛道、与销售毫无关系的"销售"建议。如果销售徒余金钱交易，即使成功也不会得到快乐。让销售回归有"人的味道"的好处需要你自己去实践、去感受。

练习销售技巧像练习武功，武功秘籍有了，要想功夫好，还要勤练苦练。书内不乏工具、练习供你选择，愿本书帮助你度过你人生中最枯燥、最平凡的销售工作的初期，带给你销售的温暖和乐趣，为将来的销售管理奠定坚实的基础。

本书糅合了我曾服务的快消品公司、咨询公司、咨询公司的客户（包括可口可乐、宝洁、联合利华、雀巢等 10 多家著名快消品公司）的销售管理工具之精华，再结合我的工作经历、阅读经历及个人理解整理修订成册。不同公司采用不同的咨询公司，教材与工具形式不一，但底层逻辑极为相似，实在难以区分谁才是最早创作者。书中引用的内容我尽量注明了出处，也列出了参考书籍，如有疏漏，向原创者致歉，并请原创者告诉我。我的中文功底平凡，行文也毫无美感，如读者发现书中谬误或有任何想法，请务必告诉我，以便修订时完善。我的邮件是 anitacao@139.com。真诚地希望本书能成为一个充电宝，让想了解 500 强企业销售培训的人自行插电取能。祝大家阅读愉快并有所收获！

曹淑妍

本书结构图

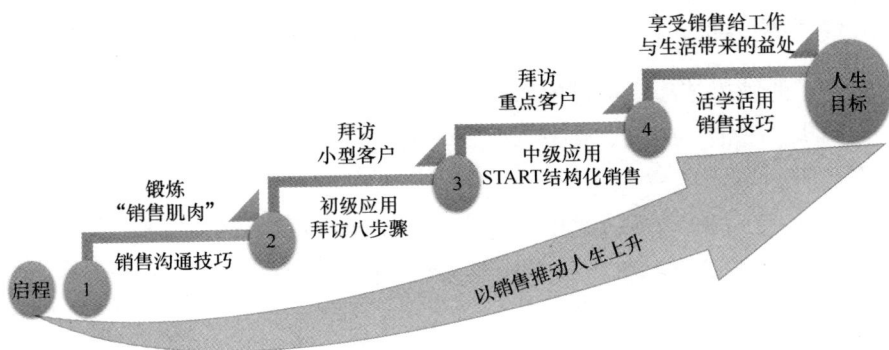

享受销售给工作
与生活带来的益处

人生
目标

拜访
重点客户

活学活用
销售技巧

4

拜访
小型客户

中级应用
START结构化销售

3

锻炼
"销售肌肉"

初级应用
拜访八步骤

2

销售沟通技巧

启程 1

以销售推动人生上升

基础销售沟通技巧（如聆听技巧）在"锻炼'销售肌肉'""小试牛刀"
"销售的重装武器"三章中都会写到，相互联系但侧重点不同，难度循序渐
进，差异如下表所示。

不同章节的知识点配置差异

	锻炼"销售肌肉"			小试牛刀	销售的重装武器
	What 是什么	Why 为什么	How 如何做	How 在小店中如何应用	How 在大客户中如何应用
听 BRT 聆听法	√	√	√	听完	以"听"处理投诉 以"听"进行销售 以"听"处理异议
问 SOS 提问法	√	√	√	灵活应用三类提问 方式，以"问"促 成交易	FOC 漏斗式提问
说 PAP 良言法	√	√	√	正面陈述 特征利益法	结构化陈述方案 特征利益法的全面应用
洞察 ICE 洞察 生成器	√	√	√	5P 销售潜力洞察	客户档案洞察 销售公式洞察
销售心态	√	√	√	吃苦耐劳 专冶 90 天离职高 发的《入职手册》	不卑不亢 主动积累个人经验的 《销售经验手册》

阅读之前——提升本书阅读收益的方法

调整阅读心态

书中的销售技巧已被证明有效，否则可口可乐、百事可乐、百威啤酒、联合利华、宝洁、雀巢、箭牌等大量多年屹立不倒的公司，不会至今仍在使用它们。

不过，在我的教学过程中，也会有人未听完技巧就开始说：

"太复杂了，我平常的做法更直接有效！"

或者

"太厉害了，绝对正确，天下无敌！"

这两种说法都是错误的。对于第一种，很简单，既然如此多大公司都在使用这些技巧，那么请虚心认真学完后再做评判。正如18世纪法国杰出的思想家摩莱里在《自然法典》里说的："如果要读，就应当先读完，再提出异议……"

对于第二种，则需重温富兰克林的一句话："我的岁数这么大了，不乏原以为自己眼光正确，可是后来经过深入了解、周详考虑后不得不改变看法的经验。甚至有许多我一度认为是正确的重大事件，事后却发现大谬不然。"

不管书中的技巧有什么显赫的出处，也希望读者能保持思考，最终形成有自己风格与思想的销售工具套装。

专业地阅读

读书目的不同，阅读方法也不同。

如果仅想翻一翻、看一看对你有哪些启发，没有问题，按习惯阅读即可。如果你阅读此书是为了提升销售或沟通技巧，那么建议阅读方法如下：

第一步：泛读，用30分钟快速浏览全书。

阅读序、目录以及各章概览，快速翻阅以了解全书结构以及主要知识点。

第二步：精读，用约4小时阅读并做笔记。

按顺序正常阅读，拿上一支笔，一面阅读一面做书上的习题，任何心得或反对意见都可直接写在书中的空白处。各章书写结构基本遵循 What（是什么）、Why（为什么）、How（如何做）的顺序，即：

What：这个销售技巧是什么？

Why：为什么这个销售技巧有效？

How：如何练习这个销售技巧？

每看完一章，暂停一下，对照本章概览思考并整理该章的"What、Why、How"。

完成阅读后，根据书中指引在生活或工作中应用并练习，练习一段时间后（快则一周，慢则三个月），建议第二次阅读本书。回看你曾经做的笔记，你也许会粲然一笑："没错！"或者"之前我怎么会这样想？"销售知识便开始在你身体里扎根了。

书中有一些标识可以帮助理解本书内容。

写一写：按指引进行书面练习。培根说："不要用头脑去思考，要用笔去思考。"没有棋盘，大家凭空说如何下棋是非常困难的。让文字帮助你看清你在思考什么，了解你需要学习什么。很多人不屑做书面练习，但忽略它，你的损失难以估量。

练一练：在生活或工作中应用这个销售技巧，实践出真知。部分章节会额外给出过关任务：完成这个任务，就证明你已经完全掌握它，可以去喝一杯庆祝啦。销售技巧是练成的，绝没有"即看即提升"的好事。所以，如果不练习，可不要说我写的技巧没有用。

第三步：局部深读，即重点复读所需知识点，每次约 20 分钟。

局部深读情况一：实践处理异议有困难，再次阅读"异议处理四步骤"后重新练习。

局部深读情况二：在生活和工作中，当第一次发现他人使用销售技巧时（如看电影时）——"这男主明显在用特征利益法嘛！"，思考："他是怎样做的？为什么有效？因为……"这个"……"必须以书中的知识点名字作为支持。例如，"男主说这句话如此感人是因为他采用了'精彩特征法''原理推导''比喻陈述'的小技巧。"如果知道他做得好，但不确定是什么小技巧，重读这部分以加深记忆。

第四步：画读，时间约 1 小时。

画出一幅你心目中的"START 销售流程图"，在每个环节各写出三个关键动作或关键词。若用一句话推荐本书给其他人，你会怎样说？

专业地练习

近年，1 万小时定律非常流行，但又迅速被证实有谬误：如果方法不专业，即使走完 1 万千米，你也只是个快递员。同样，1 万小时的销售时长不会让你成为顶尖销售高手。1 万小时销售时长约等于 6 年半销售经验，从事 6 年半工作销售的人多了，真正的顶尖高手有几位？6 年半就能从销售代表升职到销售经理的有几人？我们的确需要大量的练习时间，但练习也有方法。

1. 单人练习

① 阅读本书并进行单人练习。

② 使用附录 D "START 100 日销售技巧精进练习表"进行 100 日练习。

改变旧习惯的最好方法就是：用一个更好的新习惯替代旧习惯。即使你刚刚入职销售岗位，你的成长经历也已让你有固定的"听""说""问"的习惯。请做好心理准备，你需要三个月甚至更多的练习时间，才能发生改变。每遇到疑问，可以返回相应章节再细读。你会发现，随着销售经验的增加，你每次的理解都会不一样，同时会看到一些以前"居然没看到"的内容，每次的重复练习与阅读都可能带来新的知识与新的收益。

2. 组队练习

和同事、朋友成立一个销售技巧练习群组队练习。注意，不能天南海北虚拟组队，必须每月至少线下见面一次，最好在同一公司组队。这种做法与实际培训极为接近。

角　　色	成　　员	主　要　任　务
学员	销售技巧练习群全体成员	学习，练习
培训助理	群主	组织学习，整理培训产出
培训老师	群中学得比较好的大神或内训师	点评练习与纠偏

练习步骤：

（1）每个人完成个人阅读与单人练习。

（2）群主每两周或每月指定一个主题，群成员完成此主题的精读。

（3）线下组队练习，每次两小时，按主题进行。例如，"重复"这个小技巧的练习步骤是：

① 理论理解练习。请所有人分享阅读心得，写在白板 A 上。全体讨论，

将一致认为正确的保留，不正确的划掉。在讨论中，认知偏差会得到纠正。

② 双人练习。两人一组，分别扮演客户与代表对练此技巧。结束后，"客户"分享何时"心动"，何时"不感兴趣"，并说明理由。

③ 公开练习。其中一组公开演练，其他学员观看。结束后，"客户"分享何时"心动"，何时"不感兴趣"，并说明理由。所有成员交流看法。

④ 结合现实练习。结合近期的销售任务，如新产品铺货，讨论应如何应用这个技巧，并利用头脑风暴法写出可能遇到的所有异议。重复步骤②～③。最后大家一起研讨解决方案，把认为特别管用的"销售话术""最有可能遇到的异议与处理"写在白板 B 上。

⑤ 群主将白板 A 和 B 形成文字发给所有人。

⑥ 每人写下自己的心得，发到群里。

"我今天学到了……"

"以前我是这样做的……今天学习后，我未来将这样做……"

很多公司花大价钱在外面购买培训课件，其实白板 A 和 B 就是千金难买的好的培训课件。这样的练习效果对个人销售能力、公司销售业绩的帮助都是立竿见影的。

经过上述练习，本书所介绍的销售技巧很大程度上就已经成为你的知识与技能了。写到这里，我自己都忍不住叹气：别人写的书都充满娱乐色彩，我这本书不仅要看来看去，还要练习，完全不讨喜。谢谢你的包容，一切为了切实的能力与业绩提升。在心里播下一颗真正的销售种子，也许有一天，它就长成了参天大树，庇护你的一生。愿你阅读本书的收益达到最大化！阅读准备已就绪，销售学习的大幕正式拉开！

目　录

第 1 章

"我考上了销售管理培训生！"

本章概览

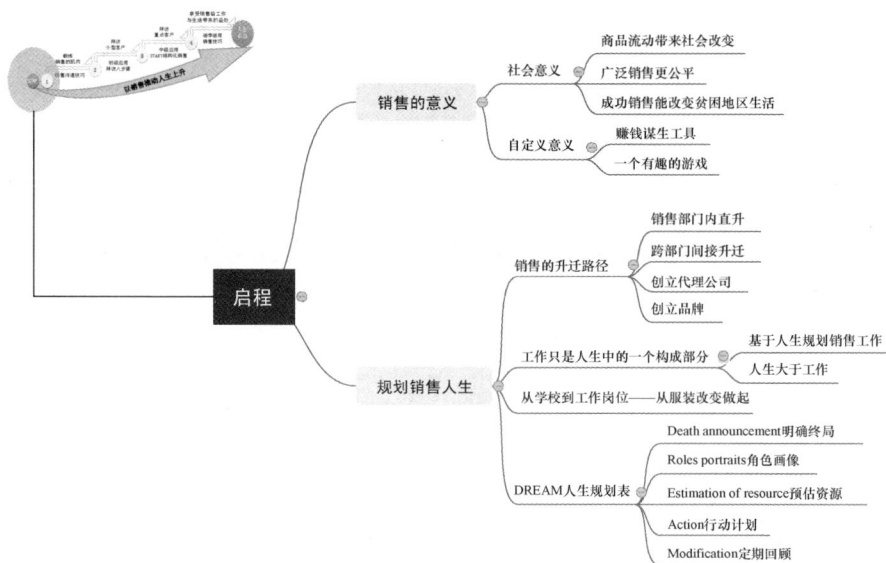

销售的意义
- 社会意义
  - 商品流动带来社会改变
  - 广泛销售更公平
  - 成功销售能改变贫困地区生活
- 自定义意义
  - 赚钱谋生工具
  - 一个有趣的游戏

启程

规划销售人生
- 销售的升迁路径
  - 销售部门内直升
  - 跨部门间接升迁
  - 创立代理公司
  - 创立品牌
- 工作只是人生中的一个构成部分
  - 基于人生规划销售工作
  - 人生大于工作
- 从学校到工作岗位——从服装改变做起
- DREAM人生规划表
  - Death announcement明确终局
  - Roles portraits角色画像
  - Estimation of resource预估资源
  - Action行动计划
  - Modification定期回顾

本章目标收益与销售工具

内　　容	目　标　收　益	工　　具
销售的意义	• 对社会的意义 • 对个人的意义	DREAM 人生规划表
销售事业规划	• 了解销售的两种晋升路径 • 了解三种常见的销售事业出路	
DREAM 人生规划	• 了解职业生涯规划与人生规划 • 了解销售事业规划的方法 　■　MPS 选择合适事业 　■　DREAM 人生规划法	

▮➡ 1.1 要通过销售来改变世界的莽撞小伙子

"我考上克莱公司的销售管理培训生了！"

林小旭扔下手机，跳上床，展开双臂大笑起来。克莱公司，世界第一大饮料公司，销售管理培训生起点年薪 12 万元。虽说入职必须从辛苦卑微的销售代表开始做起，但传闻有人五年就升上销售总监，年薪 80 万元。小旭越想越乐，躺在床上思绪万千。

财富能带来自由。妈妈念叨了 20 年"开一书店终老"，每次算一算书店的前期投资，每月铺租、人工、水电支出，对比可怜的书店收入，从事会计工作的妈妈就果断掐灭梦想的火花，老老实实挤进沙丁鱼罐头般的地铁上班，计算她最讨厌的没完没了的无趣数字。书店？那是天上的月亮，可望而不可即。

将来有钱了，就给妈妈开家书店。书店每个月顶多亏损 1 万多元吧？要是我年薪 60 万元，一个月就是 5 万元，资助这 1 万多元不是问题，妈妈的人生愿望就能实现了。

小旭想象着妈妈开书店快乐的样子，心里仿佛被光照亮："销售可以改变人生轨迹，它的力量大得足以改变世界。"

没错，销售是可以改变世界的。中国本无辣椒，但辣椒自 400 多年前通过贸易进入中国后，现在中国哪个城市不爱辣椒？卖一个辣椒到中国，全中国人的口味都变了。人是如何暗中被商业算计的：上海、苏州口味偏甜，南昌口味偏咸，为什么？就是销售不同商品带来的影响：上海作为贸易港口进口糖，便以甜为贵；南昌地处内陆，盐从海边运到南昌成本大、售价高，有钱人才能大把放盐，菜越咸大家越觉得你有钱，便以咸为贵。这些"甜""咸"口味差异，不过是销售罗盘的指向差异，哪有什么自由意志？

更重要的是，销售能改变贫困地区的命运。中国很多偏远地区还相当贫困，其实那里有很多资源可以利用：放养的鸡、有机的果实、有特色的工艺品……如果他们懂得销售，把产品适当包装后卖到全国，不就可以改善贫困状况了吗？也不必挤到大城市里，拿最低的工资，做最底层的工作，过最勉强的生活。譬如，褚时健先生就硬生生地在一个贫困的地方打造出褚橙品牌，大大改善了当地经济，这就是销售的魅力。

销售是多么有意义啊！小旭的眼睛亮起来，又暗下去。同学们好像并不喜欢销售，他们听说小旭去应聘销售，眼神变得复杂……士农工商是中国传统的四大阶层，"商"素来最受鄙视。但春秋时代并不如此，儒家起初不反对经商，孔子的学生子贡就是个大商人，孔子周游列国的经费还是他提供的。但统治者发现商人流动性高，难以管理，税也不好收；农民则被绑在土地上，流动性低，容易管理，按人头、按面积收税都很容易。于是，《管子》明确士农工商的阶级排序，鼓励大家重农轻商，秦汉之后商人开始沦为"四民之末"。小旭眉头一扬：我觉得商人挺好，自由是可贵的，而且商人还是文明的推手。2000 多年前，为了销售丝绸创造了从西安到现在土耳其 6400 多公里的丝绸之路，东边丝绸流动过去，西边一堆"胡椒""胡桃"之类带"胡"字的食物流动进来，东西文明在销售中交融流动。

"销售挺好的，薪水又高，阳春白雪的职位大多只是看起来风光，真有什么过人的意义吗？不管愿不愿意，只要生活在现代就必将卷入商业洪流。掌握商品销售背后的秘密，更能做自己命运的主宰者，不会被'钻石恒久远，一颗永流传'之类的戴比尔斯谎言[①]忽悠：几万块钱去买个没用的小石头，傻傻地被商家牵着鼻子走。乔布斯发明 iPhone 改变了世界，我林小旭将来要卖好一个商品，好到也可以改变社会！"

小旭兴奋地想着，同学们也许并不知道，考国际大企业的销售管理培训生有多难。全国 2 万多名毕业生，两个月的网试、电话试、初试、笔试、面试、小组竞赛等 10 轮选拔下来，最后只有 20 多人被录用。什么古怪题目都有，性格测试就做了两次；还问上海有多少个钢琴调琴师这样的问题来考考生的逻辑性；给一堆财务报表和数据，要求考生选出产品组合进军北京市场……学校哪里会教如此高屋建瓴的决策？！幸好小旭从小帮妈妈看资产负债表，平时也阅读商业评论杂志，应试前还去图书馆看了三个月营销理论，把麦肯锡、波特、科特勒、4P、4C、4R、马斯洛等理论知识背得滚瓜烂熟，要不第四轮笔试就挂了。查理·芒格的《穷查理宝典》说得好：

"想要得到某样东西的最好方法，就是让自己配得上它。"

"总算功夫不负有心人，我考上啦。先告诉爸妈，省得他们担心。大学生找工作难，尤其像我这种冷门到极致的人类学系学生。不过，有准备的永远不难。"小旭长出了一口气，翻身下地。

---

① 戴比尔斯谎言是指戴比尔斯公司通过垄断钻石矿产资源来锁定钻石的高价格，并辅以"钻石恒永久，一颗永流传"这样深入人心的广告语，让消费者心甘情愿地以昂贵的价格购买这个地球上本来并不缺也没什么实用价值的石头。

⇒ 1.2 初遇引路人

小旭准备入职著名大公司，举家庆祝活动接二连三。聚会中，小旭得知有位远房亲戚从事销售培训工作，居然还曾服务过克莱公司。论辈分，小旭喊她"姑姑"。小旭想，这简直是"大水冲了龙王庙"，不，是"旱天遇见龙王爷"。现在离上班还有一个多月，要是能让姑姑提前开小灶教销售就好了。销售管理培训生共 20 多人，个个都不是省油的灯，不是清华的就是北大的，再不就是"海归"。和他们拼升职……小旭叹了口气，真是一关才过，一关又来。长辈热情地帮忙牵线"开小灶"的事情，很快约好了下周见面。

姑姑家在远郊湖边，门前小花园草木葱郁，屋内隐隐传来琴声。应门的是姑姑家的阿姨——兰姨："请进。林小姐在楼下等你。"原来房子还有负一楼，直通湖边花园。

小旭循楼梯而下。楼下是一个书房，面积不大，落地玻璃门通往湖边小花园，面湖的墙壁从地板到天花板全是书，靠楼梯这面是照片墙。书房正中有一张书桌，书桌后是一面空白的墙壁，书桌上有一台笔记本电脑和一盆花。楼梯尽头后面有个小钢琴房，一个清瘦的背影正在弹琴。

听到脚步声，背影停手转身站起来。姑姑 40 岁上下，一袭落地素白长袍，长发过肩，仙气十足。小旭有些吃惊，这形象无论如何都和"外企高管""咨询顾问"的样子联系不起来。

"姑姑——我是小旭。"小旭有些紧张。

姑姑莞尔一笑："你和照片一样，我认出来了。来，花园坐。喊我'安怡'就好。怎么，看我不像培训老师？"

"不像。"小旭瞟一眼照片墙，有张照片上的姑姑正在讲课，头发挽起，一身浅灰套装，"那张像。"

"是的，一套衣服一种印象。工作服装和上学服装也有差异，分场合穿对衣服是你进入职场的第一堂课。"

"啊……"小旭赶紧看了眼自己，还是上学时的 T 恤衫和短裤，想起第五轮面试时自己一身笔挺西装，在一群"休闲正装"的海归中显得特别傻，忖思将来可不能就这样上班了，"谢谢姑姑愿意教我销售。"

"这年头也难得有人喜欢销售。你学人类学的，怎么会想到报考销售管理培训生？"安怡给小旭递上一杯热茶。

"谢谢。我不想当公务员，也不想进研究机构，觉得销售挺好玩的，工资又高，所以就考了。"

"好玩？工资高？"

"我大学时曾和艺术系的同学搭伙做生意，过年在花市租铺位卖手作品。他们负责制作，我负责卖，挣的钱虽然不多，但大家一起工作挺开心的，把手作品卖出去也特别有成就感。进大公司做销售，主管、经理、总监这样一直做上去，不就是打怪升级吗？听说有人几年就涨到年薪几十万元，所以我觉得销售挺好。等30岁挣够了钱，我还想创业，创个品牌什么的。"

小旭喝着热茶，渐渐放松下来，继续说："人类学里有一本很出名的书叫《甜与权利》，西敏司写的。英国人17世纪刚开始进口糖的时候，糖很贵，普通百姓消费不起，只有贵族阶层才吃得起。糖成为奢侈品。但是在随后的200年里，糖的进口量不断增大，糖逐渐成为普通百姓餐桌上的平凡点缀。至少在糖上，百姓和贵族实现了平等。我想，也许我也可以用销售帮助人们实现平等……你看那钻石，明明只是普通石头，但钻石品牌通过垄断货源，通过营销让消费者掏一大笔积蓄去买一块根本不值那么多钱的石头，让人以为这块小石头就真能代表爱情和永远。富人浪费钱没什么，可是看到穷人把辛辛苦苦挣来的钱白送给奢侈集团，供那些高层们挥霍，我真替穷人不值！要是学了销售，至少能教会大家不要上这些当，我觉得也挺好。"

安怡"扑哧"笑出声来："看来你阅读了不少书，也很有想法，难怪能考上克莱公司的管培生，跟我来吧。"安怡带小旭来到大白墙前，原来这是一整墙可擦写的亚光大白板。安怡一边在白板上画，一边说："销售的职业生涯发展有两种路径：

"直接路径——在销售部从代表、主管一直升职到总监。

"间接路径——中途调整去市场部等部门，再升职到总监。

"常见的结局也有两个，即成为职业经理人或创业者。当然，也有其他五花八门的出路，例如，像我这样从销售转行做培训或咨询的。销售能赠予人的礼物实在太多，不过，销售人员常常忽略销售这个宝藏。前段时间一家跨国企业上线网上销售课程，三个月后匪夷所思地发现学习时间最长的部门……"

"不是销售？"

"没错，学习销售技巧最积极的竟然是物流、行政等非销售部门。这些部门有人学习后觉得有意思或对工作有帮助，于是口口相传，居然学得比销售部门还勤奋……扯远了，升迁路径的不可控因素太多，但既然你未来想选择需要资金的创业，不妨算一算，在没有风投的情况下，从现在开始到 30 岁，你能挣多少钱给自己创业？"安怡在墙上画出一张表（见表 1-1），并递给小旭一盒彩笔。

表 1-1　未来七年职业生涯与收入规划（一）

	23 岁	24 岁	25 岁	26 岁	27 岁	28 岁	29 岁	30 岁	合计
职位									
税前收入（万元）									
储蓄（万元）									

▶ 1.3　两种人生——销售的成长路径

小旭看着这张表，心想：果然是咨询顾问，什么都有表有图的，我还真没想过自己的人生道路呢。我且试试填写……嗯，谁能保证三年升经理、五年升总监？我还是保守些吧。支出嘛，年薪 12 万元是税前，据说，各种费用扣完至少打七折，第一年每月到手不过 6000 多元。租房、交通、吃饭要花不少钱，好不容易说服爸妈同意我搬出来在公司附近租房住，光房租一个月就 3000 元，说不定还会谈个女朋友……这年薪 12 万元实在剩不下多少……

填完表（见表 1-2），小旭吃惊地发现：七年后当自己满 30 岁时，储蓄仅有 11 万元。买房肯定不够，创业更别想，说不定女朋友都吹了。小旭倒抽一口冷气，回头看安怡。

表 1-2　未来七年职业生涯与收入规划（二）

	23 岁	24 岁	25 岁	26 岁	27 岁	28 岁	29 岁	30 岁	合计
职位	新员工	基层	主管	主管	主管	主管	经理	经理	
税前收入（万元）	12	12	14	14	16	16	18	20	120
储蓄（万元）	0	0	0	0	1	2	3	5	**11**

安怡一耸肩，说道："我第一次算时也吓了一跳。这就是职业生涯规划的作用，好的人生是规划出来的。思考一下，有什么办法可以让你 30 岁时的储蓄达到 200 万元。"

"200 万元！"

"是的。无非就是增加收入、减少支出两大方向。尽可能去思考，然后把方法写下来。表达要有结构，每个方面最多分三类，每类最多写三个方法，言简意赅会迫使你只留下最重要的方法。这也是工作中常用的呈现方法——结构化表达，省力又有效。"

小旭仔细琢磨着，在表下方写道：

---

30 岁前大幅增加储蓄的方法

① 增加收入

- 更快升职，赚取更多工资。
- 兼职赚外快。
- 投资赚红利。

② 减少支出

- 压缩租金，利用合租或租面积小的房子，把租金降到月均 1000 元内。
- 减少无效社交。

③ 其他支持行动

- 工作前五年全力工作，不谈恋爱，省下恋爱费用和恋爱时间。
- 省下租金、恋爱费用和时间后，进行学习和参加成长课程，提升能力，以便更快升职并取得更高收入。

"很好，"安怡说，"把爱情都考虑进去了。对职业生涯发展一定要考虑整体人生。至于兼职，你想做什么兼职？"

"我在大学时辅导小学生功课，时薪 120 元。"

"工作其实就是卖时间换钱。"安怡在白板上写道：

个人收入公式

收入＝时间单价×出售时间数量×重复销售次数

辅导小学生每小时收入＝120 元×1 小时×1 次＝120 元

"辅导小学生功课只能卖 1 次，所以 1 小时最多 120 元收入。"

"时间能卖多次吗？"小旭疑惑地问。

"可以，例如写作。假设写一本书需要一年，出版一次挣 5 万元，一年的时间价值就是 5 万元。但如果书再次印刷，作者的收入就是 5 万元×2 次＝10 万元，印刷 10 次，写作一年就值 50 万元。"

"噢！"小旭恍然大悟，"设计产品拿专利费也是重复销售时间！"

"我也可以重复销售时间！例如，开一个公众号？每天在公众号上写'我的成长日记'。要是写得足够好、能吸引足够多粉丝，就会有人做广告，得到广告的额外收入！坚持一两年之后，集结成一本书，比如《一个管理培训生的成长之路》，指导更多人考管培生、做管培生，在踏上职场的初级阶段少走些弯路。这样我的工作时间卖一次给公司，还能卖给广告商和读者，甚至开拓更多发展机会，我的销售时间就更有价值了！"小旭兴奋了，"刷刷刷"地又快速演算了一遍（见表 1-3）。

表 1-3　未来七年职业生涯与收入规划（三）

	23 岁	24 岁	25 岁	26 岁	27 岁	28 岁	29 岁	30 岁	合计
职位	管培生	主管	高级主管	经理	经理	高级经理	总监	总监	
	兼公众号写手	兼公众号写手	兼公众号写手	兼公众号写手	兼公众号写手	兼公众号写手	兼公众号写手	兼公众号写手	
				出版书1			出版书2		
税前收入（万元）	12	16	24	36	36	50	60	80	314
储蓄（万元）	4	8	12	25.2	25.2	35	42	56	**207**
用储蓄进行投资的收入（以 8%收益率计算）		0.3	1.0	2.0	4.2	6.6	9.9	14.0	**14**
当年累计净收入合计	4	12	25	53	82	123	175	245	**245**

"30 岁 245 万元！"小旭乐了，"当然，前提是我必须很快升职，文章好得能出版，而且职业生涯前五年不谈恋爱！"

安怡点点头："1 万元的 8%只有 80 元，但 100 万元的 8%就是 8 万元。快速完成原始积累非常重要，尽量 3～5 年内让能力快速提升并达到经理职位。同时，投资是有风险的，你不一定能挣这么多。巴菲特的建议是：

① 别瞎折腾买卖股票，直接购买指数基金。

② 不要频繁交易。

注意，巴菲特说的是美国指数基金，中国指数基金可是 10 年没涨过，甚至跌过，所以不要生搬硬套国外投资经验。购买基金后最好持有 5～7 年甚至更长时间，以时间换利润空间，也许就能达到年 8%的增长率。短线操作，散户不可能赢专业的基金经理和机构。"

"嗯，知道了，也许从一开始就要全球配置投资。我计划前五年不谈恋爱，但也有风险——要是碰到一个特别吸引我的姑娘，可能就没法省钱了。"

安怡笑了："金风玉露一相逢，便胜却人间无数。为美人，江山都可以不要，何况事业！此事没有对错，自己决定。我的个人看法是，大部分人年轻时候的迷狂爱情都源自成长期的心理创伤或渴求，或者肤浅地只是被外貌、名利吸引。阅读心理学或寻找心理治疗师的帮助，基本疗愈重大心理创伤或满足重大渴求后，等心智成熟时再选择人生伴侣也许更明智。

"现在你看到职业生涯规划和人生规划的相互影响了吧？上面这个表（见表 1-3）过于简单，仅仅涉及人生的很小部分，我们必须立足于人生全景进行职业规划。国外学生在中学、大学时经常被要求为自己写墓志铭，思考这一生要经历什么、成为一个怎样的人、为世界留下什么，中国则很少有这些活动。古罗马哲学家西赛罗说过，你的终点决定你现在的道路。这是一份完整的 DREAM 人生规划表，把职业生涯和个人、家庭等结合起来一起规划。你可以参考一下。"安怡说着递给小旭一个文件夹，里面是七八张花花绿绿的表格。

"哇，这么复杂啊！"

"这就是业余和专业的区别，我这里没有业余的人生。"安怡说着就想把文件夹抽回去。小旭急了，赶紧抓住："不不不，我要专业的，我只是没想到这么复杂。"

"大道至简，但绚烂之极才能归于白。要简单，必须经过充分复杂后再按需删减。只有这样，你的简单才经得起复杂情形的考验。"

"嗯。"小旭低下头，细细看起来。

DREAM人生规划表

1. Death announcement——明确终局

首先，回顾过去，了解自己从何而来。历史经验包括家人、朋友、教育、阅读、观影等，塑造我们现存观念。其中有些未必是对的，有些也未必还需坚守，有必要定期重新审视并订正。记录高潮与低谷，画出自己的人生轨迹。

我已发生的人生大事记：

大 事	年 份	具体内容与可能对人生的影响
出生		
学习		
工作		
结婚		
生育		

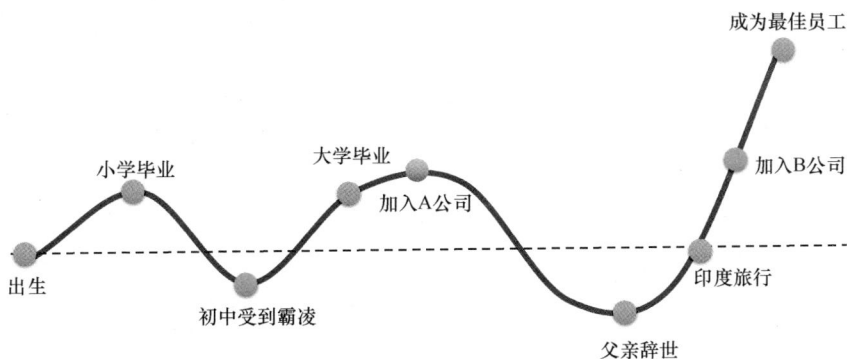

其次，用 MPS 思考职业生涯发展方向，好工作同时满足 MPS。

M（Meaning，意义）——你觉得这份工作有意义吗？

P（Passion，乐趣）——你喜欢这份工作吗？

S（Strength，优势）——你的优势是什么？

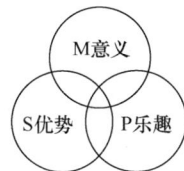

（注：MPS 来自哈佛大学教授沙哈尔所著的《幸福的方法》。）

我一生的计划

我的人生使命：＿＿＿＿＿＿＿＿＿＿＿＿＿＿＿＿＿＿＿

我想成为一个这样的人：＿＿＿＿＿＿＿＿＿＿＿＿＿＿

我的生命优先等级：

1. ＿＿＿＿＿＿＿

2. ＿＿＿＿＿＿＿

3. ＿＿＿＿＿＿＿

我从事的职业：

如果要为自己写一篇 400 字的讣告，描述你的一生并刊登在你死后的报纸上，你会写什么？

2．Role portraits——角色画像

人的一生要扮演很多角色：儿子/女儿、父亲/母亲、丈夫/妻子、上司、下属、朋友……你希望自己成为一个怎样的人？为这些角色"画像"，并用文字加以描述。

角　色	我是一个这样的人
儿/女	
父/母	·
夫/妻	
上司	
下属	
朋友	

_____年后，当我_____岁时，我将拥有：

- 家庭：
- 事业：
- 能力：
- 教育：
- 收入：
- 旅行：
- 外貌与体重：

3．Estimation of resources——预估资源

根据角色画像倒推各个角色所需的能力，并思考怎样培养这些能力并取得支持。

角色	我是一个这样的人	我需要具备的特质与能力	我的学习资源与支持
儿/女			
父/母			
夫/妻			
上司			
下属			
朋友			

4．Action——行动计划

为了获取这些能力、成就，你的行动计划是什么？

未来七年职业生涯与收入规划

	23 岁	24 岁	25 岁	26 岁	27 岁	28 岁	29 岁	30 岁
职位								
税前收入（万元）								
储蓄（万元）								
用储蓄进行投资的收入（以 8%收益率计算）								
当年累计净收入合计（万元）								

为了达到目标，我将持续做以下事情：

- 起床时间：
- 睡觉时间：
- 工作：
- 学习：
- 健身：
- 美容保养：
- 家务劳动：
- 理财计划：

5．Modification——定期回顾

完成情况如何？定期回顾、跟进并及时调整。

D 明确终局	R 角色画像	E 预估资源	A 行动计划			M 定期回顾		
			阅读	其他行动	财务	第 1 次	第 2 次	第 3 次
我的讣告	职业	能力						
	家庭	能力						
	朋友	能力						
	社会	能力						
	自己	能力						

"啊，幸好销售是我喜欢的工作。要是我不喜欢销售，岂不要重新找

工作？"

"不一定。有时因喜欢而工作，有时因工作而喜欢，有时工作后才发现不喜欢。但不管什么情况，MPS都值得我们去思考。"

"未来七年只是我人生的一部分，如果我在30岁前实现财务自由了，人生可选择的空间就更大了！姑姑，你赶快教我，我要在30岁前成为销售总监，挣到年收入245万元！"

"一分耕耘，一分收获。你的愿望宏伟，目标清晰，但你愿意付出多少时间、努力来达成它们？"

"我不怕辛苦，我做得到！"小旭看安怡不吭声，接着说，"我还有一个半月才上班，我可以每天都来学！"

"行，那我们定个约定。以后30天内你逢周一到周五每天早上9点来，6点走，不迟到，不早退。9点到5点，按我的指引学习与练习，5点到6点帮我处理一些文书作为我教你的回报，可以吗？"

"没问题！"小旭大喜。

"完全听从我的指引，百分百完成我布置的作业。"

"保证！"

"好。"安怡说，"今天就到此为止，你今天的作业是两个：第一，完成这套DREAM人生规划表。第二，开一个公众号，发布第一篇文章，写今天的心得！明天早上9点见。"

"嗯！"小旭紧紧握住DREAM人生规划表，乐滋滋地告别了。

▨▶ 1.4 设计自己的一生

回家后，小旭便申请了自己的公众号。注册公众号很容易，但叫什么名字好呢？小旭左思右想，柏拉图有"理想国"，我就开个"销售国"吧，销售和理想一样，都是长盛不衰的。随即小旭便记录下他的第一篇成长日记，并配了一首打油诗。

成长日记

Day 1　今天我要记住的

- 销售可帮助我们经济独立，大可强国，小可富民。

- 销售可以非常有意义，例如，利用销售帮助贫困山区的人发现身边产品的销售机会，帮助他们脱贫。
- 从学生转变到工作人员——从着装开始。
- 职业生涯规划除了工作，还包括财务发展路径。
- 人生不只是工作。职业生涯只是人生的一部分，同时考虑家庭状况、个人健康、兴趣发展与社会责任，并定期"向死而生"，回顾更新 DREAM 人生规划表。
- 收入=时间单价×销售时间数量×销售次数。时间有限，想办法让时间变得可以重复销售以提升时间价值。

Day 1　今天我要掌握的

- 时间收入公式：收入=时间单价×销售时间数量×重复销售次数。
- DREAM 人生规划表。

人生是一个旅程，

有高峰，有低谷，

有工作，有家庭，

有贡献，也有社会责任。

你要去哪里，

决定你当下的路怎么走。

小旭随即完成了 DREAM 人生规划表（见表 1-4）。

表 1-4　小旭的 DREAM 人生规划表

我已发生的人生大事记：

大　事	年　份	具体内容与可能对人生的影响
出生	1998	出生在农村
从农村到城市生活	2006	到城市读书，备受歧视，发誓一定要比城里人更强
中学	2011—2017	成绩渐渐上升，信心增加
大学	2017	考上中山大学人类学专业，开始阅读大量课外书，拓宽视野

（续表）

大　　事	年　　份	具体内容与可能对人生的影响
开始工作	2020	大学毕业考上克莱公司的销售管理培训生

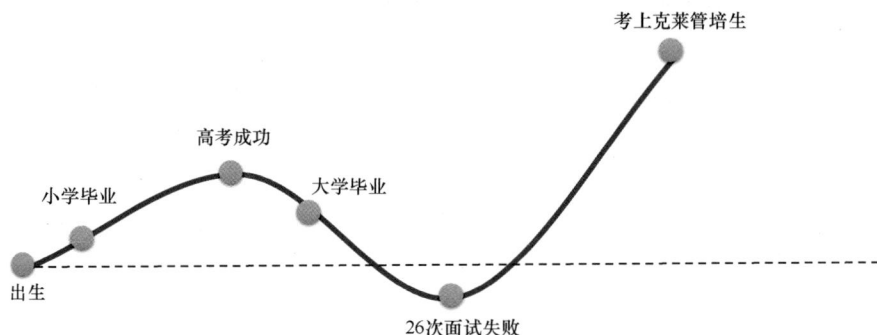

注：线上方代表人生高峰，下方代表人生低谷。

我一生的计划

建立/更新时间：2018-07-15

我的人生使命：<u>用销售推动社会发展。方向有：</u>

- <u>帮助贫困地区的人学会利用互联网将产品销售到全国，改善当地经济。</u>
- <u>卖好一个产品/创造一个品牌或产品，改变世界。</u>
- <u>帮助更多人认清营销陷阱，以合理价格享受高品质的美好生活。</u>

我想成为一个这样的人：<u>一箪食，一瓢饮，而不改其乐；持续学习，拥有宽阔视野与知识，生命中充满乐趣。</u>

我的生命优先等级：

1.　<u>家庭</u>　2.　<u>事业</u>　3.　＿＿＿＿＿

职业生涯规划

我从事的职业：销售

为了这份事业，我需要这些能力：销售技巧、营销专业知识、文档处理能力、公司管理能力、创业能力、演讲能力、财务管理能力，还需要创业启动资金或说服投资人的能力。

未来七年职业生涯与收入规划								
	23 岁	24 岁	25 岁	26 岁	27 岁	28 岁	29 岁	30 岁
职位	管培生 兼公众号写手	主管 兼公众号写手	高级主管 兼公众号写手	经理 兼公众号写手 出版书1	经理 兼公众号写手	高级经理 兼公众号写手	总监 兼公众号写手 出版书2	总监 兼公众号写手
税前收入（万元）	12	16	24	36	36	50	60	80
储蓄（万元）	4	8	12	25.2	25.2	35	42	56
用储蓄进行投资的收入（以8%收益率计算）		0.3	1.0	2.0	4.2	6.6	9.9	14.0
当年累计净收入合计（万元）	4	12	25	53	82	123	175	245

　　八 年后，当我 30 岁时，我将拥有：

- 家庭：和爸妈快乐相处，27 岁前不谈恋爱，30 岁前可能有女朋友或家庭。
- 事业：一家大型公司的区域销售总监。
- 能力：能带领团队完成一个产品从设计到销售的系列工作。
- 教育：本科，并保持人类学、营销管理与 IT 等知识的更新。
- 收入：拥有储蓄 245 万元。
- 旅行：穷游英国、美国、日本、法国与意大利。
- 外貌与体重：身高 172cm，体重 65 千克。

为了达到目标，我将持续做以下事情：

- 起床时间：7 点。
- 睡觉时间：23 点。
- 工作：除正职外，兼职写公众号，30 岁前出版两本书。
- 学习：每天阅读六个公众号，每周阅读一本书。
- 健身：每周两小时。
- 美容保养：无。
- 家务劳动：全部自己做。
- 理财计划：余钱购入美股指数基金，30 岁前只购入不赎回。

我的 2019—2020 年计划

2020 年结束的时候，我将是这样的：我是公司业绩最好的三名销售代表之一，已经正式升任公司主管，或准备升任公司主管。

我将学会：所有顶级销售代表应具备的能力，了解销售主管的所有技能，并初步尝试。

我要拥有：8 万元资产。

我要到这些地方旅行：日本。

2019—2020 年，我的读书/观影清单：没想好，准备问安怡姑姑。

主要行动计划表（取得阅读清单后，再拆分）：

目 标	主 要 行 动	分解目标与行动				
		2019 年 第 1 季度	2019 年 第 2 季度	2019 年 第 3 季度	2019 年 第 4 季度	2020 年 全年

第 2 章

锻炼“销售肌肉”

本章概览

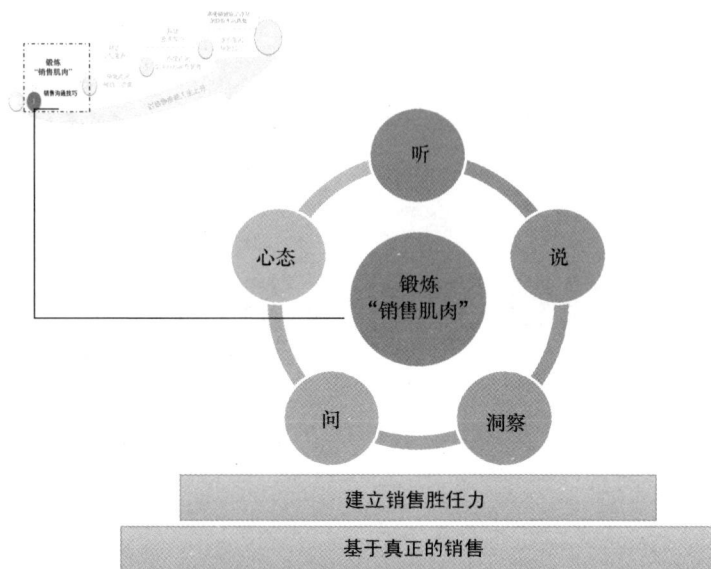

本章目标收益与练习技巧的协助工具

内　　容	目　标　收　益	工　　具
什么才是销售	• 了解真正的销售是什么 • 了解有哪些"假"销售 • 清晰区分销售与谈判	胜任力模型 工作表现与所需能力对照表 个人能力发展计划表
BRT 聆听法	• 从以"说"销售到以"听"销售 • 提升聆听能力 • 提升同理能力	身体语言检查与练习清单 空杯及重复技巧应用练习清单 重复技巧在销售过程中的应用表 沟通障碍分析表
PAP 良言法	• 提升沟通水平 • 提升道歉能力	良言练习清单 正负面陈述对比表 辨别和评判区分表 诘问疑问对比表 两种道歉方式对比表 正确道歉计划表
SOS 提问法	• 掌握三种提问类型 • 正确提问并设计提问结构	提问练习清单 提问类型示例表 提问类型销售应用示例表 提问计划表 常用问题清单

（续表）

内　　容	目 标 收 益	工　　具
ICE 洞察	• 提升从有限信息探寻隐藏 　高价值信息的能力 • 提升系统思考力	ICE 洞察生成器 洞察辨别表 洞察系统的入口模型表
销售心境 正确的销售心态	• 建立正确的销售态度 • 了解提升销售乐趣的方法	销售前自测表

➠ 2.1   分辨真正的销售

第二天，小旭带着 DREAM 人生规划表准时到达。安怡点头赞许："看来，销售的旅程可以正式开始了。说说看，什么是销售？"

"就是……把东西卖出去，把钱换回来？"

"机场书店经常播放的成功学也是教人把东西卖出去、把钱换回来，还能做百万富翁，成功学算不算销售技巧？"

小旭愣了一下："成功学总是教人大喊：'我要成功！我要挣 100 万！''我行的！我一定能成功！''只要有梦想，就一定能成功！'……好像也有人受到鼓励，趋之若鹜……"

安怡淡淡地说："那不是真实可持续的健康鼓励，成功学绝不是销售技巧。成功学和'成功就是 1%的努力＋99%的坚持'之类的励志鸡汤都不是销售技巧。"

安怡递给小旭一张纸："你再看看这个故事。这个故事在网上流传得也很广，还被传为销售宝典呢。"

卖辣椒的故事

怎样卖辣椒最快？顾客总会这样问："辣椒辣吗？"说辣吧，不吃辣的顾客走了；说不辣吧，就怕顾客正好喜欢辣的。怎样解决这个难题？

有人给卖辣椒的大妈出主意：辣椒分成两堆，要辣的给这堆，要不辣的给那堆，什么情况都能卖！

大妈笑了笑说："不用，我有办法！"

说着就来了一个买主，果然就问："辣椒辣吗？"大妈很肯定地告诉他："颜色深的辣，浅的不辣！"买主信以为真，挑好付过钱，满意地走了。不一会儿，颜色浅的辣椒就所剩无几了。

又有个买主来了，问的还是那句："辣椒辣吗？"大妈看一眼辣椒，信口答道："长的辣，短的不辣！"果然，买主就照她的分类标准挑起来。长辣椒很快告罄。剩下的都是深颜色短辣椒了，还可以怎样卖？

又一个买主问:"辣椒辣吗?"大妈信心十足地说:"硬皮的辣,软皮的不辣!"

旁人暗暗佩服,可不是嘛,有的辣椒确实因失水变软了。大妈很快卖完了所有辣椒,得意地说:"你说的那个办法卖辣椒的都知道,而我的办法只有我自己知道。"

"这算销售技巧吗?"安怡问。

"这……好像也用了不同技巧把辣椒都卖出去了。不过,总感觉有点不对劲。"

"这不算。"安怡干脆地说,"这些辣椒销售法是骗术,而不是销售技巧。市场上对于销售有很多类似上述的误解,导致不少人认为销售人员都是信口胡吹、层次很低的不可信赖的人。顺便给你一条忠告:五年内不要参加任何同学聚会,直到你取得经理的职位。"

"啊?!"

"销售管理培训生两年内辞职率高达 70%~90%(根据曾任职跨国企业的数据估计)。当年有个我很赞赏的培训生向我请辞,她说在同学聚会上大家会互相了解去了哪个公司、做什么职位,大家纷纷说'我在花王做研发专员''我在××市场部做品牌主管''我在证券公司做分析助理'……'我做销售代表'这句话让她很难堪,觉得自己低人一等,所以想辞职。"

"是的!"小旭也感叹起来,"销售代表、业务员的地位太低了。在招聘市场,即使销售的待遇很高,大家也认为销售地位很低,销售是找不到好工作、没什么专业才能、'不得已'才从事的工作。我们班同学就笑话我做销售代表,连老师看我的眼光都很异样。"

"这也正常,因为大部分人所见的基本都是较低水平的销售,也不理解销售的技术含量。'Marketing(市场部)'听起来高大上一些,其实市场部和销售部本来是一家,属于广义的销售。狭义的销售技术含量很高。例如,怎么打开一个城市的销售局面?一家一家门店去敲门,问人家进不进你的货?当然不是。首先要对整个城市进行详细而精确的摸底:

"城市规划如何?人口有多少?目标消费群是谁?有多少人?

"产品的市场容量有多大?分几个品类?竞争对手有几个?

"可供销售的渠道有几种?门店分别有多少家?潜力如何?单产多大?入店门槛多高?哪些产品组合最适合?

"购物者怎么购物?有哪些偏好?怎么利用/改变这些偏好?

"竞争对手是直营还是经销商供货？可供选择的经销商有几个？他们有足够竞争力打开市场吗？

……

"了解这些信息，才能制订销售计划。当然，当销售规模小的时候，可以忽略上述分析，依靠蛮力或关系开始。但假设销售规模足够大，就必须严谨思考、有规划地科学销售。要规划以怎样的产品组合、价格和方式，借助哪些经销商网络，销售到什么渠道、客户、门店；规划门店组合，哪些做形象店，哪些做销量店或利润店；制订行动计划，先铺哪些门店再铺哪些门店；提供什么培训，怎么鼓励，怎么监控，怎么评估策略对错，怎么调整……销售是个系统工程，不是拍脑袋就能做出来的。"安怡一口气说完，小旭听得睁大了眼睛。

"换一个销售总监，公司生意可以一落千丈，也可以起死回生。换一个销售经理，城市业务可以由盛转衰，也可以扭亏为盈。换一个销售主管，就可能失去或争取大客户，生意可能扩大或缩小。换一个销售代表，某个小区域的生意也可能扩大或缩小。这样的变化，没有专业技能怎么做到？这也不是单凭'勤'或'熟'就能做到的。销售各层职位职责不同，影响范围不同，所需的销售技巧也不同，但这些技巧是高度互通和关联的。"

"嗯，要慢慢一层一层学习，一层一层晋升。"

"是的，前些时候一位人事总监向我吐苦水：'销售部门已经没几个毕业生肯去了，好不容易说服去的人一年之内如果不升任销售主管，就会辞职一大半。可大学毕业一年不到的销售新人，能管几百万元的生意吗？能管几个比他大十岁的销售老员工吗？硬升也会害了他。不过，他们一年后走，我已经很满意了。通常，有些毕业生拜访门店不到一星期就不干了，都不愿意做琐碎平凡的基层工作。可是不做一线，怎么学销售？不愿意从低处做起，怎么往高处走？学历高资质好的人不愿意从低处做起，学历不足资质平凡的人一线工作做得再好也无法胜任高职位的销售工作，你要我怎么储备销售人才？！'"

"那我计划五年就升总监，是不是太快了？"小旭说。

"重要的不是年限，而是能力是否已经具备职位所需水平。我曾亲眼看到有人三年就做了地区重点客户经理、年薪 30 万元，有人四年就做了沃尔玛全国客户经理、年薪 60 万元，有人 30 岁不到就晋升大区销售市场总监……人数不少，业绩表现也非常出色。他们的共同特点是，头两年最底层、最苦的工作，他们扛过来了。开朗、敬业，具有独立思考精神但又像海绵一样快速学习和吸收新知识与新技能，成长得非常快。反观其他熬不住辛苦而跳槽的人，五年以后其职业生涯发展远不如这些懂得学习的坚守者。他们的曲线大概是这样的。"安怡在墙上画了一张图（见图 2-1）。

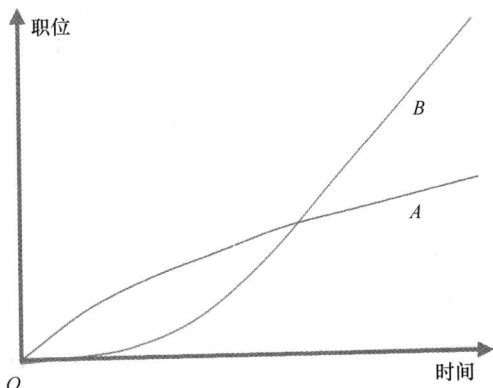

图 2-1 职业生涯发展对比图

"A 是怕辛苦跳槽者，B 是懂得学习的坚守者。人生是一场马拉松，但大部分人只会对比当下的位置。"

小旭若有所思："懂得学习的坚守者……"

"希望你能做到。你已经知道什么不是销售。那么，什么才是销售？很多人会忽略这个定义，但明确定义是任何讨论的前提。"

小旭尴尬一笑："真的，我一直觉得背那些枯燥的定义没什么用！"

"定义作用可大了，它能在暗中主宰人的命运。例如'推销'，大家一听，本能地就抗拒，给销售平添难度，对吧？同样，如果你对销售的定义理解错误，触发的销售行为可能就是错误的。"

"对，定义可以帮助我们唤起一个相对简单的思维框架，语言人类学认为脑海里的词汇就是思考的范围。80 年代爪哇还没有'社会'这个词，你都不知道如何跟他们讨论'社会问题'。50 年代人类学家兼心理治疗师鲍勃·利维去调查南太平洋岛屿大溪地人频繁自杀事件，发现当地情绪体系里没有'悲伤'这个词。一个母亲如果失去了孩子，无法说出'悲伤'，她只能说她感到疲劳、厌倦甚至饥饿。说不出这种情绪是什么，就难以直面并解决困难，因此自杀率很高。"

安怡笑了："看来人类学系的学生还真的很适合和人打交道的销售工作。著名汽车销售员乔·吉拉德给销售下的定义是，'销售绝不是降低身份去取悦客户，而是像朋友一样给予合理的建议。你刚好需要，我刚好专业，仅此而已'。从他的定义就知道，乔·吉拉德绝不会为了销售卑躬屈膝。他会不断提升自己的汽车专业知识，成为你的朋友，根据朋友的需要提出建议，深得销售精髓。怎么可能销售成功率不高？

"定义还能帮助提升反应速度。例如，顾客说'不行，太贵了'，你马上意识到这是'异议'，要调用'异议处理技巧'模块来处理。销售互动频繁，转换快如闪电，熟记定义并加以练习让大脑形成正确标签，就能秒速唤起对应的思维框架并解决问题。

"定义甚至能帮助我们度过一些困难的时刻，例如销售挫败。销售之初难免失败，试着定义'销售挫败感'，例如，'有一些沮丧，觉得没有被认同；付出努力却没有结果，有一些不甘心'。当失败时，就像大溪地的母亲一样：'喔，我有点销售挫败感呢。'读出情绪，接纳它，就容易恢复情绪。"

"我再也不敢忽略定义了！"

安怡笑了："懂得学习的人都不敢呢。早期记住公司、书籍给你的销售定义，将来可以自己给销售下定义。当然，完全认同原定义也可以，只要能真正理解销售即可。这里有一份关于销售定义的资料，你先看看，一会儿告诉我什么才是真正的销售。"

"嗯！"小旭庄重地接过 A4 文稿看起来。

什么是销售

传统定义：销售就是使客户付款来换取产品的过程。

乔·吉拉德的定义：销售，绝不是降低身份去取悦客户，而是像朋友一样给予合理的建议。你刚好需要，我刚好专业，仅此而已。

我们采用这个定义：

> 销售是以产品或服务给客户提供的利益来满足客户特定需求的过程。

以一个案例来说明。

情况一：一瓶水标价 50 元，顾客来了，直接购买一瓶。这是卖出，不是销售。

情况二：顾客一看价格皱起眉头："太贵了！"销售员解释道："50 元的价格相比普通水是很高，可这瓶水不是普通水。它来自盛产人参、灵芝的长白山高海拔地区地底深处的真泉，纯净无污染，更富含多种稀有元素，对健康很有益处。因为是真泉水，货源有限，能喝上的人不多。您是先来一瓶还是两瓶？"销售员以这瓶水独有的价值，满足顾客健康需求的过程就是销售,顾客被说服并购买就是销售成功。

情况三:如果再三努力,顾客都不同意购买,销售员可以继续说:"月底为了冲业绩,我自掏腰包补贴,80 元 2 瓶!"顾客说:"100 元 3 瓶,我就买!"销售员降低原价格,与顾客讨价还价尝试达成交易则是从销售转入谈判。谈判是一个互相妥协、以求达成一致的过程,但并非所有销售都可以转入谈判(第 4 章会谈到销售转入谈判的四个条件)。

对比销售与谈判的成交结果:

	销售	谈判
成交价	每瓶 50 元	每瓶 33 ~ 40 元

很明显,销售的成交价格明显高于谈判。除非谈判目的是推翻原有销售协议,要求提升交易价,否则销售的成交价对一定优于谈判,因此:

> 先销售,再谈判。
> 只有尽力销售仍不成功时,才进入谈判。

清晰区分销售与谈判,分开练习两种技巧,有针对性地提高再综合练习才能得到整体提升。销售是谈判的基础,谈判会大量应用销售技巧,但销售不应用谈判技巧。谈判不仅是讨价还价,而是一套完整的技巧,包括精心设计谈判策略,及时调整让步方案,专业的谈判开场、磋商与结束等。销售与谈判的关系如图 2-2 所示。

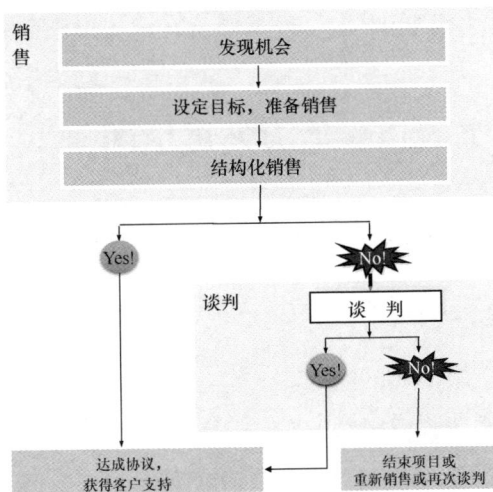

图 2-2　销售与谈判的关系

"现在，你能告诉我什么是销售了吗？"安怡问。

小旭放下文件认真地说："销售是以产品或服务给客户提供的利益来满足客户特定需求的过程，没有客户需求就没有销售！那我怎样才能具有销售的能力呢？"

"根据定义，你认为呢？"

"这个定义能告诉我们的信息太多了……要具有懂得总结或创造产品的利益，了解甚至创造客户的需求，展示产品利益符合客户需求的技巧？"

安怡点头赞许："每个销售职位对这三种能力有不同的要求，这是一个循序渐进的漫长的旅程，你需要一张地图和 N 套攻略。"

"地图？拳谱？"

"胜任力模型是你的地图，指引成长路径；技巧知识是攻略，指引如何前行——打怪升级。配合使用两种工具不断进步，慢慢就攀上销售高峰了。"

"姑姑快给我地图！"小旭乐了。

安怡也乐了："没有！你得自己画。"

小旭惊讶道："地图还能不一样？"

"当然。每个人的成长路径怎么可能一模一样？现在很多大企业都开始把攻略细化成多个小模块，员工根据自身需要定制个人成长计划，再不吃培训大锅饭啦！不过，地图整体轮廓还是有的，可以基于地图框架细化并调整为个人销售能力发展地图。"安怡转身在白板上画起来。

▐▶ 2.2 定制个人销售能力发展地图

安怡画出两个大框："请把目前遇到的困难写在左侧，解决困难需要的能力写在右侧。"

"我没销售经验。"

"可以写平时说服他人的困难。"

"销售技巧还能帮我说服别人？"

"这正是非销售部门员工想学销售的原因。"

"上次我想说服同学到学校外餐厅吃饭……"小旭乐了，在白板上写起来。

遇到的困难	需提升哪些能力解决困难
① 对方不听我说	① 沟通能力
② 我说 A，对方却以为是 B	② 表达能力
③ 对方就是绕不过弯来，很固执	③ 察言观色能力
	④ 说服能力

安怡问："提升沟通能力实际要提升什么？"

"就是沟通……"小旭愣了，平时老说沟通能力，到底什么是沟通能力？小旭灵机一动，说："查定义，从定义中找！"

"真是举一反三的优秀学习者！定义是很有效的切入点，胜任力模型分三步，能提供更细致的指引：

① 确认工作内容、期望的具体的工作表现。

② 要达到期望工作表现水平，需具备哪些能力，包括知识、技能和情绪管理等能力。

③ 检查个人与能力要求之间的差异，定制消除差异的个人化成长地图。

"胜任力模型被广泛应用于职业生涯发展设计与培训体系设计，建立公司各职位的胜任力模型或能力体系是专业的跨部门大项目。这是一份简化的阅读笔记，可供参考，更专业的知识需要参阅更多专业书籍。"

"太好了！"小旭赶忙接过安怡递来的一张大卡片读起来。

胜任力模型

胜任力模型在 1973 年由哈佛大学心理学家麦克利兰在前人基础上提出，随后有关理论迭出。胜任力是指绩效优秀者应具备的知识、技能、能力和特质，其结构就像一座冰山（见图 2-3），表层是"做得怎样"，深层是"能不能够做""合不合适做""愿不愿意做"。

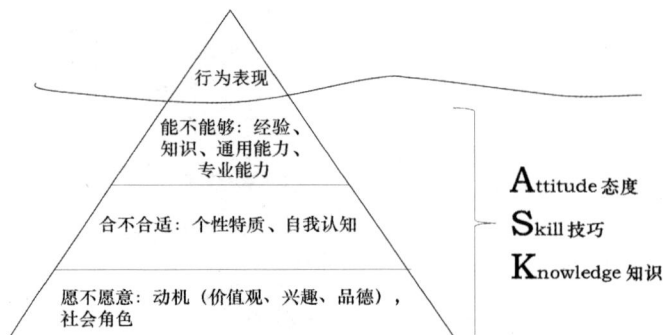

图 2-3　胜任力模型

　　水面以上是公司、个人、社会共同期待看到的行为，因公司而异。例如，海底捞要求服务员展示笑容、提供殷勤服务；但有些奢侈品公司则要求店员展示高贵，不准殷勤，只能优雅地从容待客。水面以下浅层是所需的知识与技能，深层是个性特质、动机、自我认知的影响和社会角色的影响，可用 ASK 模型来概括。

　　胜任力模型可以帮助人们提升工作能力，也可以让人们少走很多弯路。很多家庭在孩子出生后矛盾激增，假设提早建立"父母胜任力模型""祖父母胜任力模型"，学习相关知识，相信家庭会和谐得多。

- 不想失去珍贵的友情？试试"闺蜜胜任力模型""兄弟胜任力模型"。
- 想留住爱情？试试"恋爱胜任力模型"。
- 想改善父母与子女关系？试试"父母胜任力模型""子女胜任力模型"。

......

　　完成胜任力模型工作量很大，但对比在婚姻中痛苦或结束一段婚姻的成本，认真完成"丈夫胜任力模型""妻子胜任力模型"，交换阅读了解彼此的期望与差异，定期回顾并采取改善行动，所耗的精力与时间可忽略不计。

　　胜任力模型并非一成不变，而应定期回顾与更新。养育孩子的胜任力涵盖孩子出生到离世，绝非孩子 18 岁独立，父母责任就结束——孩子 18 岁以后，父母需要学习"放手"，从心理到生活上解开与孩子的捆绑。很多时候不是"啃老族""妈宝男"需要父母，而是父母需要孩子才能活下去。

　　生活应用尚且如此广泛，工作当然更需胜任力模型的指引。

　　"胜任力模型还有这种妙用！我爸妈要学过就好了，小时候我爸会揍我，有时他们当着我的面激烈争吵，连我都知道这样的父母不及格！"

"是的，传统上 attitude 直译为态度，我觉得演绎为'情绪管理'更有价值。"

"我希望我的父母好好学习一下这项能力。当然，我也要。建立胜任力模型按上面三步做就可以了，对吧？"

"是的，只是过程比你想象得细致很多。举例来说，过年要多陪伴父母和长辈，对吧？如果要胜任陪伴'工作'，应该有怎样的行为表现呢？"

"坐在长辈旁自己玩手机肯定不算，至少要陪他们愉快地聊上半天吧……"

"平时你聊得怎样？"

"通常，我会问候他们最近身体好吗，问完也不知要说什么了。有时他们问我答，也很快就聊完了。感觉大家差异太大，好难聊。"

"这儿有个比较简单的陪长辈聊天的胜任力模型（见表 2-1），你看看就知道怎样提升了。"

表 2-1　陪长辈聊天的胜任力模型

行 为 表 现		和长辈愉快地畅聊一小时以上
	A 态度	愿意陪伴聊天，能觉察个人身体与情绪状态并及时调整
	S 知识	长辈感兴趣的话题或活动
能力要求	K 技巧 提问技巧	提出长辈感兴趣的问题，例如： • 问一下长辈某个特定时点的记忆（结婚、上山下乡等都是不错的选择） • 问一下家族的历史，家族某个名人的事迹 • 问一下你童年的成长经历与时光
	互动活动设计技巧	一起进行长辈感兴趣的活动，例如： • 拍些有趣的全家福 • 教长辈用智能手机，甚至玩电子游戏 • 跟长辈学做一道菜 • 陪打麻将
	讨教技巧	虚心讨教长辈能给建议的问题，例如： • 我刚交了一个女朋友，应该怎样和她相处？ • 我刚换了一个新环境，应该怎样快速适应？
	聆听技巧	20%的时间主动汇报近况和计划，让长辈放心； 80%的时间多提开放式问题，让长辈多说话； 积极完整地听完，不打断，并尝试从中得到启发与收益

"有了这张表，陪长辈聊天不再难！"

"再看这张表（见表 2-2），这是一家餐厅服务员的工作行为，表现分为合格与优秀两种。

表 2-2　餐厅服务员工作职责与行为表现

工作职责	工作行为——合格	工作行为——优秀
欢迎落座	欢迎顾客落座，询问顾客茶品喜好并奉茶	面带笑容欢迎顾客落座，为顾客拉开座椅，询问顾客茶品喜好，根据顾客年龄和时令推荐茶品，并在 5 分钟内奉茶
点菜下单	询问顾客点菜意愿并下单	询问顾客点菜意愿，根据顾客的年龄和消费场合、菜式的荤素搭配和数量搭配、厨房指引和时令推荐菜品并下单
上菜	上菜	按菜单预先备工具到桌面，厨房接到上菜通知后 5 分钟内上菜，根据菜的进食速度与程度，询问是否需加菜或调整菜品
加水换碟	在顾客示意下加水，中段换碟一次	主动关注茶壶的出水倾斜度并加水，在碟满 60% 前完成换碟
结账	按顾客要求结账	按顾客要求结账，主动提示合作支付方式的优惠措施供顾客选择，在等待结账处理时询问顾客就餐感受并感谢顾客
欢送离店	顾客离店后清理桌面	感谢顾客，提醒顾客带齐所有物品，并欢迎顾客下次光临，顾客离店后清理桌面

"合格与优秀的工作所需的知识和技能不一样，以点菜为例差异已经很大（见表 2-3）。"

表 2-3　餐厅不同工作表现所需能力对照（以点菜为例）

工作职责	工作行为——合格	工作行为——优秀
点菜下单	询问顾客点菜意愿并下单	询问顾客点菜意愿，根据顾客的年龄和消费场合、菜式的荤素搭配和数量搭配、厨房指引和时令推荐菜品并下单
胜任上述工作所需的： A 态度 S 技巧 K 知识	态度：按时工作，保持笑容 技巧：简单询问技巧 知识：餐厅可提供菜式，当日厨房推荐菜式	态度：按时工作，有礼热情，积极主动，乐于学习 技巧：从顾客表现推断消费场合与消费档次，破冰技巧，点菜引导技巧 知识：餐厅可提供菜式，当日厨房推荐菜式；时令与食物搭配知识；餐厅消费场合的分类与食品需要；年龄与食物搭配知识；菜式荤素搭配和数量搭配知识

"噢!"小旭惊叹道,"这么细致!"

"还有更精细繁复的呢!以前达能公司列出十大销售能力,每个能力再拆分成数十个子能力。与它相比,你将加入的克莱公司有过之而无不及,但这是好事。公司中的胜任力模型通常由 HR 完成,但如你所见,胜任力模型涉及的具体工作行为却是各职能部门最清楚的。因此,胜任力模型工作量浩大且要求跨部门合作,很多公司的胜任力模型要不没有,要不很简略。最好不要期望公司给你完整的胜任力模型,要自己制订与管理个人成长计划。"

"明白!作为销售代表,我的工作职责主要是拜访门店和客户、拿订单,我可以按这个表(见表 2-4)画出我的能力发展地图!"小旭说。

表 2-4　个人能力发展计划表

工作职责	目前工作行为表现	优秀的工作行为表现	优秀工作行为所需的胜任力(态度、技巧与知识,圈注需提升项)	提升计划(学习途径、学习方法与频率)	目标完成时间
			A S K		
			A S K		

安怡说:"搜索资料完成个人能力发展计划初稿,上班熟悉工作内容后补充完整,今天就到这里。"

"得令!"小旭做出胜利的手势,爽脆应声。

Day 2　今天我要记住的

- 对销售新人来说,"懂得学习的坚守者"的发展通常优于怕辛苦的快速跳槽者。
- 成功学、心灵鸡汤和厚黑学不是销售技巧。
- 销售是以产品或服务给客户提供的利益来满足客户特定需求的过程。

- 销售不成功才转入谈判。销售中不应用谈判技巧，谈判需应用大量销售技巧。
- 基于胜任力模型绘制个人能力发展地图。

Day 2　今天我要掌握的

- 胜任力模型。

当搭建个人能力模型时，

真正的主动学习才开始。

我就是自己最好的人生老师。

写一写：搭建个人工作胜任力模型（见表2-5）

关于学习，方式可以多样些，节奏可以从容些，气氛可以快乐些，但没有捷径。写一写的练习让你感到痛苦或不耐烦吗？接纳你的感觉并开始书写。难道你愿意受生活的苦，都不愿意受学习的苦？

表2-5　搭建胜任力模型

工作职位：＿＿＿＿＿＿＿＿＿＿＿

工作职责	我目前的工作行为表现	优秀的工作行为表现	优秀工作行为所需的胜任力（态度、技巧与知识，圈注需提升项）	提升计划（学习途径、学习方法与频率）	目标完成时间
			A S K		
			A S K		
			A S K		

将目前的能力评分，标注在图2-4所示的雷达图内。

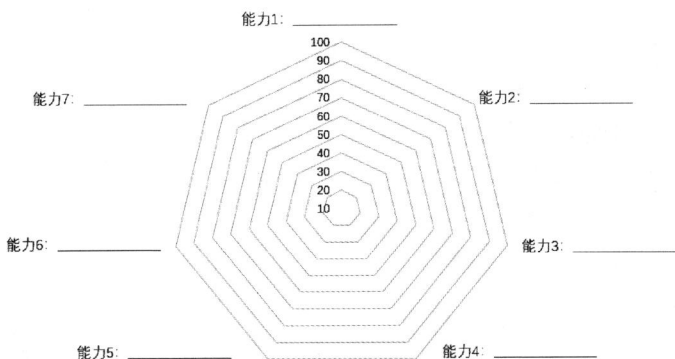

图 2-4 雷达图

个人胜任力达到 70 分后，马上准备下一个更高目标职位胜任力模型，并主动展开学习。正如 18 岁成年，不是到了 18 岁才开始学习如何做成人，而是在儿童、青少年时期不断学习、准备成人，18 岁起已经具备担负起成人责任的能力，并享有成人的自由和权利。职位升迁也一样，大型公司有"人才储备培训项目"来协助个体发展，但利用胜任力模型，个人完全可以构建并主动储备下一职位的能力，主动设计自己的道路，做自己人生的导演。

> 凭初具下一职位的能力获取升职，
> 而不是升职后才开始培养相应的能力。

▶ 2.3 锻炼"销售肌肉"——听

2.3.1 用身体语言听

今天早上的学习内容居然是：看芭蕾舞剧！

小旭目瞪口呆地看着安怡打开投影仪，原来是芭蕾舞剧《吉赛尔》第二幕，著名的芭蕾舞高难度选段。安怡一面看一面解说："你看，少女吉赛尔从坟墓中走出来，停顿、直立，非常缓慢地把右腿抬到身侧 145°（见图 2-5），就好像她受伤冻结了的灵魂委屈地慢慢苏醒过来，不情愿却又按捺不住心中的思念，缓缓转向跪在旁边的负心男友，身体渐渐前

图 2-5 芭蕾舞

倾，就像在向他诉说她悲惨的遭遇，接着一寸一寸地小心地绕负心男友一圈，似乎在观察这个男人是否可重新被信任。"

"好了。"安怡关了投影仪，"请你跳出吉赛尔的舞段。"

小旭吃惊地听着这个要求，但安怡的眼神分明在说"你承诺过听从我的指引"。小旭只好试着模仿，当然，不要说 145°，连 90°都做不到，小旭踉跄地倒在地上："我做不到啊！"

安怡也吃惊地说："我已经把方法详细告诉你了，还给了你国际水平的专业视频示范，你怎么做不到？"

"那是专业演员经过长期训练才做到的，我连基本功都没训练过，怎么可能做到啊！"小旭委屈极了。

安怡笑着让小旭坐下："所以，你认为要怎样学销售？"

"也要练习销售基本功！"

"没错，销售技巧就像少林拳谱，马步不稳、手臂没劲，再精准按拳谱出拳，也只是花拳绣腿。练习销售技巧前，必须先让'销售肌肉'强健，包括听、说、问、观察、销售心境五大'销售肌肉'。"

"有趣！"小旭兴奋地接过安怡递来的厚厚一叠资料。

"这是听的资料。"

"光听就这么多内容？"小旭又吃惊了。

"我们一出生就能听到声音，但论及真正听到、听进、听出弦外之音，还要正确地给予反馈，那是一生的功课。否则，就不会经常在生活中听到'你听我说！''你怎么不听我说！''你根本就不听我说！'这样的话了。现在，你才刚刚开始。"

"嗯。"小旭低头认真地看起来。

BRT聆听法——
Body language 用身体语言听

1. 为什么用身体语言去听

美国 Albert Mehrabian 教授的研究表明，人们接收的信息 92%来自肢体语言、语气等，内容只占 8%。试想两种情况：

A. 眉目含情，温柔地说："我爱你！"

B. 目露凶光，咬牙切齿地说："我爱你！"

很明显，同样表述"我爱你"，两种情况收到的信息肯定完全不同。同理，嘴上说"我在听"不管用，身体很诚实。

繁体字"听"可拆解为："十目一心，听者为王。"但用身体语言听远不止"用心感受+眼神交流"，美国前总统奥巴马提供了优秀示范〔见图 2-6（a）〕。

聽

但是，很少人能做到，连奥巴马也不例外〔见图 2-6（b）～（i）〕。

2. 如何做到用身体语言去听

要做到三个方面：① 放松表情；② 放松双手；③ 放好双腿。

首先是放松表情，相信你看到奥巴马（b）～（e）的表情，一定不会觉得他想听你说话。管理表情并不容易，最简单可行的方法就是"真的在听"，表情自然就是对的。

目光：眼神柔和不飘忽，保持目光接触
面部：保持放松，略带自然的微笑
表情：随对方谈话内容有相应的变化，恰当点头

身体：稍稍前倾

腿部：放松，不晃脚，不架"4字腿"

手部：放松

(a)

(b)嘴角下拉表示不屑　(c)咬唇代表内疚或自责　(d)斜眼代表怀疑　(e)下巴上抬代表骄傲或挑衅

(f)双手交叉代表保护 (g)手指在唇代表隐瞒或有东西未讲 (h)掩嘴偏头代表已想逃离　(i)手指在下巴代表思考

图 2-6　奥巴马

其次是放松双手。手放对能增添说服力，放不对则相当误事。请看奥巴马的手 [见图 2-6（f）~（i）]——其中，（g）和（h）（遮挡嘴部的手势）属销售大忌。

手也是透露秘密的重要器官，达·芬奇深谙"手"的语言。《抱貂的女子》[见图 2-7（a）]：抱貂的女子（加勒兰妮）是米兰公爵的情人，僵硬且紧张的手让人怀疑她因争宠陷于焦虑。《蒙娜丽莎》[见图 2-7（b）]：蒙娜丽莎深受丈夫宠爱，手则放松且优美。另一幅名画《最后的晚餐》[见图 2-7（c）]生动刻画了 12 个门徒听到耶稣说"你们其中一个人出卖了我"这句话后的不同反应，有人惊慌，有人表白说不是我，真正的叛徒犹大的表情看起来很平静，但他在桌上的手早已吓得僵硬直立。无论言语如何反复强调忠诚，面部如何保持镇定，手依然诚实地说出了真相。

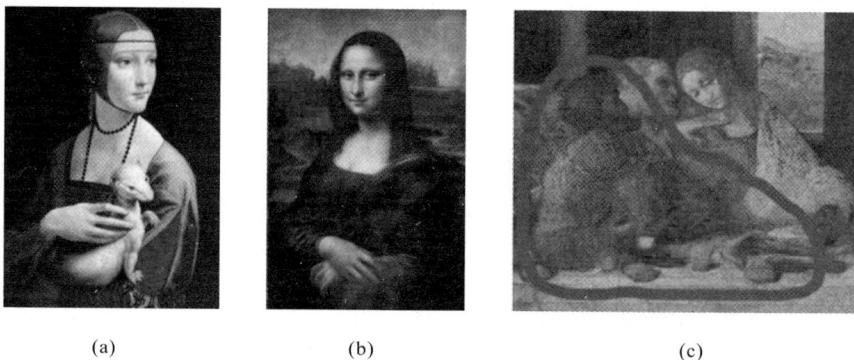

(a)　　　　　　　　(b)　　　　　　　　(c)

图 2-7　达·芬奇的画作

让手放松最简单的方法就是，双手塞满东西，帮助减少手部小动作，手部语言就会更自然，如图 2-8 所示。注意，不是让手机塞满双手。手机代表你与外界的联络，停下来看手机会让客户觉得你忽略他。门店拜访八步骤"做准备"强调：带笔、带记事本、带样品去见客户，其中一个目的就是帮助销售人员用物品塞满双手。

图 2-8　手的动作

最后是放好双腿。腿部动作越简单越好，不要架 4 字脚，不要抖腿。抖腿会使你看起来紧张、不可信任。

3. 如何练习用身体语言去听

所以，让全身"听"起来就这三件事：① 放松表情；② 放松双手；③ 放好双腿。

看起来很容易做到，对吗？但事实上，能够做到的人很少，不信你随便观察一下身边的人。练习方法很简单：觉察并调整。只要能觉察到个人状态，就能调整。

- 朋友心情不好，满面愁容？带朋友去有镜子的餐厅，让朋友对镜而坐，立马好了。当能看到自己时，就有机会调整。
- 流泪不止？照照镜子，眼泪会很快止住。
- 想纠正一个自觉不错的演讲者犯的错误？你什么都不用讲，只需默默递上录像即可。对方听到自己声音尖细，看到自己晃动太多、表情刻板，不用你说，他就会谦卑下来自行改进。

去见客户没有镜子、没有录像怎么觉察自己？答案是呼吸，觉察到空气一进一出。想一想，你一天有多少时间能觉察到自己在呼吸？觉察到呼吸，随之是状态，然后迅速调整。

更简单的是，真的听。只要真的在听，身体语言自然全是对的。但真听最大的障碍是，在听的过程中不断被自己的想法干扰——评判对方所说的是否正确、思考怎么回应、反驳等。练习方法是：建立空杯心态。

空杯心态也早被用滥。买了一辆奔驰车，发现满大街都是奔驰车；老婆怀孕了，忽然发现满大街都是孕妇；我们只看到自己想看的，听到自己想听的。当客户所述符合你所思所想时，你不禁由衷赞美道："这个想法真好。""你的意见很有见地。"当客户所述不是你所想时，你就容易忽略甚至打断客户，或者一面听一面思考回应/反驳，接着你的手、你的脚、你的表情、你的眼神，先于语言出卖你的内心。

真正的空杯并非倒空记忆（也不可能倒空）。空杯心态指的是：

第一，我的想法不一定是对的。历史上不乏"绝对正确"的观念后来被彻底推翻的例子。

第二，同步从自己和对方的视角进行思考。

第三，如果对方评判我，对方说的不算，我的价值我说了算。

小旭放下讲义："原来听是一种全身运动。呼吸觉察比较容易练习，空杯心态可以练习吗？"

"可以。你有过这样的经验吗？对一些事或一个人形成了一些观点，但后来发现是错误的？"

"有。"小旭说，"上星期朋友聚会，我和朋友瞎聊佛教，旁边的新朋友一直沉默着，我以为他一定不懂。不料后来聊起'方丈'之室，我们全忘了出处，新朋友才缓缓地说，是维摩诘吧？传说维摩诘卧室虽仅一丈见方，却曾容纳千人……他不但是佛弟子，而且对佛教了解得很深。另外，我读的书越多，'绝对正确'的观念就被推翻得越多。我曾以为婚姻自然是为了爱，但《婚姻史》告诉我，婚姻最早只是财产分配的制度，基督教 200 多年前才把爱情放进婚姻里。"

"很好，看来人类学还挺适合做销售的。不要急着判断对错，要多听，听完也许就不执着于自己的想法了。这里有份'空杯'练习表（见表 2-6），你试试把上述经历填进表里。"

小旭认真地填好了。

表 2-6 "空杯"练习表

对某事或某人，我曾做出判断但后来发现判断是不正确的。具体经过是： 我以为朋友沉默是因为不懂，但其实他非常在行，他只是默默允许我们自由畅谈。	**未来将采取以下改善行动：**
这个观念我曾以为是"绝对正确"的： 婚姻一定要有爱情。 **但后来：** 阅读《婚姻史》后了解了婚姻目的的多样性。 **我亲自推翻，改成以下观念：** 婚姻要不要有爱情，没有绝对标准，也没有对错。	① 少说多听； ② 听到不符合内心意愿的话时，不做判断，先耐心听完。

"不错，只有做到空杯，回应'嗯''是啊''还有呢''后来呢'，才会自然伴有真诚声调，不需要任何训练。这份'听'的练习清单就是你今天的作业，明天见。"

练一练："用身体语言听"的练习清单

和任何一个人，聊一个话题 15 分钟，例如，"你认为特朗普是个好总统吗？""中国的房价未来是涨还是跌？"

在这个过程中：

① 觉察身体的状态，用全身去聆听。

- 放松你的表情；
- 放松你的双手；
- 放好你的双腿；

- 辅以 "嗯" "是啊" "还有呢" "后来呢" 这样的肯定与支持回应短语。

② 15 分钟内，回应不准有任何一句评判，例如：

"不对，我觉得其实……"

"那是他不对……"

"怎么可以这样!"

"这样是不对的!"

"这样是对的!"

③ 15 分钟内，不准表达你的任何想法，例如：

"是是是，我曾经也试过……"

④ 问对方这些判断的依据是什么，并和对方确认：

"哦，所以根据……，你认为……"

在这 15 分钟里，你说话所占的比例必须低于 20%，否则重新开始对话。

写一写：身体语言检查与训练清单

写下你的感受：

我觉察到：当_____的时候

我的姿态：_____

我是这样坐的：_____我的手_____

我的脚_____。

勾选你的表情：

我的面部：紧张/放松/面带微笑

我的眼睛：飘忽/不敢看对方/基本一直看着对方

我的眼神：凌厉/有些怯/温和坚定

我点头回应对方：完全没有/有一点/看着对方恰当地点头

我的感受是：

我以后要这样做：

_____

写一写："空杯"练习表（见表2-7）

表2-7　"空杯"练习表

对某事或某人，我曾做出判断但后来发现判断是不正确的。具体经过是： 这个观念我曾以为是"绝对正确"的： 但后来： 我亲自推翻，改成以下观念：	未来将采取以下改善行动：

Day 3　今天我要记住的

- 听、说、观察等"销售肌肉"强健后，销售套路才能发挥作用。

- 听是一生的功课。

- "别那么多表情，安安静静微笑着就好！"

- "让自己的手塞满东西，这样你的手就自然了。"

- "腿部越简单越好，不架4字脚，不要抖腿，就那样自然地放着。"

- "真听"自然有适合的身体语言。觉察和"空杯"帮助达到"真听"状态。

- 别让说话的姿势毁了自己的优势。

Day 3　今天我要掌握的

- 用身体听的练习清单。

- "空杯"练习表。

2.3.2 重复事实与感受

安怡拿着一个网球,笑眯眯地等着小旭:"今天来玩个抛球游戏。"

小旭一听来精神了,昨天的芭蕾舞和空杯已经很开脑洞,今天还有游戏,这销售技巧学得真快乐……反正只要不劈叉,什么都行。

"看规则!"安怡指指白墙。

"我是你存在的证据"

游戏规则:

A 说一句话,把球抛给 B。

B 接球并在一秒钟内说出对应的结论、证据或案例。

- A 说结论,B 回应证据。
- A 说证据,B 回应结论。
- A 结论和证据一起说,B 回应案例。

举例:

A 抛球:"今天真的很热!"(结论)

B 接球:"是啊,天气预报说 30 年没见过这么热的 3 月 1 日!"(证据)

一秒内接不上话就算输。

"懂了!"

"那来吧!"安怡抛出了第一个球。

安怡:"今天真的很热!"(结论)

小旭:"是啊,地面烫得都可以煎鸡蛋了!"(证据)

安怡:"今天我稍微动一动就全身出汗!"(证据)

小旭:"对,今天真的热极了!"(结论)

安怡:"太热了,连仙人掌都热蔫了!"(结论+证据)

小旭:"没错,热死了。以前我的狗老拽我去遛它,现在我踹它,它都不肯出去!"(案例)

节奏越来越快,小旭额头开始冒汗。安怡收回球,哈哈大笑:"算你过关,奖励一杯冰咖啡!"小旭喝着咖啡道:"这游戏很好玩啊!"

安怡说:"这其实是一个聆听的技巧,叫重复。它有两个用法:重复事实,重复感受。刚才就是初期应用——重复事实。"安怡递给小旭一叠资料:"这是聆听的核心技巧,你仔细看。"

BRT聆听法——
Repetition 重复事实与感受

1. 什么是重复

用身体语言可以让对方了解"你在听"，但重复厉害得多，可以让对方觉得你"秒懂"他，产生共鸣和共情。重复的内容包括两方面：事实和感受。可以重复一方面，也可以重复两方面。重复的方法有四个：原样重复、节选重复、归纳重复和演绎重复，如图2-9所示。

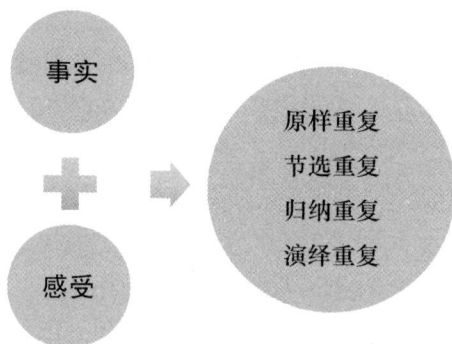

事实

＋

感受

原样重复
节选重复
归纳重复
演绎重复

图 2-9　重复的内容与方法

（1）重复事实

简单粗暴、直接有效地让对方真切感受到你在听——如果没有全心全意在听，就不可能重复所听到的"事实"。例如：

A："今天天气真热！"

B："我听到你说今天天气真热。"

A："这饮料里面有椰果粒啊！"

B："是呢，有椰果粒。"

想加强一下效果，可以配合"论点论据法"：

A："今天天气真热！"

B："是啊，32 度，真是热疯了。"

A："这饮料里面有椰果粒啊！"

B："有呢，而且含量高达 20%，是全市场最高果粒含量饮料。"

专注听 10 秒简单，听 1 分钟也行，但听 10 分钟都不跑神，你可以试试有多难。注意，重复事实只代表"我听到你说什么"，并不代表"我认同你说的"。例如：

A："你们公司的产品质量差，包装不好，价格又贵，太难卖了！"

B："我听到你说我们公司的产品质量差，包装不好，价格又贵，很难卖。"

仔细看上文。B的意思是"我听到你说了什么"，可不等于认同A的观点。

（2）重复感受

如果对方明显带有情绪，那么仅仅重复事实还不够，还必须重复对方的感受。假设你是A，B和C谁的回应更得你心？

A兴奋地说："我刚买了房子！"

B同事："哇，买房了！恭喜恭喜，这真是人生一个值得开心的大时刻！"

C同事："多少钱一平方米？在哪？多大？"

当然，B让你感受更好，对吗？C则有点儿煞风景。重复感受是"共情""共鸣""表达同理心"的前提。无数鸡汤都说"做人要有同理心"，可到底怎样才能有同理心？重复感受，重复感受，重复感受，重要的事情说三遍。起初重复对方的感受，不容易重复准确，万一重复错了反而弄巧成拙，不妨采用笼统的感受：

"遇到……这样的情况，你一定觉得不好受，是吧？"

"遇到……这样的事情，你感觉有些不舒服，对吗？"

"原来发生了……这样的事情，现在对你来说真是不容易啊！"

熟练之后就可以重复更细腻的感受，如表2-8所示。

表2-8 重复感受

对方情绪表现	重 复 感 受
高兴	你一定感到很兴奋/甜蜜/精力充沛/满足/开心/高兴/幸福/愉快/欣慰/陶醉/被尊重/被认可……吧？
不高兴	你是不是感觉到被抛弃/被羞辱/被虐待/被打扰/被拒绝/不受重视/不被尊重/不被认可/被欺负/无人理睬/没人疼爱/不甘心……吧？

确认重复的感受正确后，迅速表达你的同理感受。例如："听你这样讲，我心里也很开心/很难过。"注意：首先确认你重复的感受是否正确！怎样知道自己说得对？不一定非要对方肯定，参照"用身体语言听"。如果对方摇头、眼睛看向别处、心不在焉等，很可能就错了；如果对方的身体语言表现出积极的聆听状态，就证明你说对了。

2. 为什么重复的力量这样巨大

因为我们渴望被看见。发了朋友圈，忍不住过一会儿就去看有多少人点赞。如果没人点赞，就会感到有点失落，对吗？大人各种作、装，孩子各种干号哭闹……都是在有意无意获取关注而已。

英国发展心理学家约翰·鲍比于1950年提出的依恋理论，解释了我们为何如此渴望被看见。婴幼儿不能独立生活，只能依赖妈妈照顾，因此妈妈一旦超出他的视线，他就会恐惧地哭闹。有些孩子会不断地喊"妈妈"，确认"妈妈在"以建立安全感。得到足够关注，孩子就会慢慢地建立一定的安全感，自己玩的时候可能会推开妈妈，因为他相信"当我需要妈妈时只要一喊，妈妈就会出现"。但是绝大多数人都没这么幸运，有一个24小时"呼之即来，挥之即去"的好妈妈。大部分缺少"胜任力模型"训练的父母早期与孩子分离如同打仗：有人在时间压力下使劲挣脱还在号啕大哭的孩子；有人趁孩子睡着偷偷去上班……孩子因此建立了不安全型的依恋。

被关注是人类深层次的心理需求，以至于小时候没得到的心理满足，很多人竟要穷其一生来填补。人们渴望从朋友、同事那里得到以前没有得到的关注。有时对一个人说"我看到你了"，听者会泪如雨下。简单粗暴地让对方知道他被关注，就是重复的力量来源。重复，是足够享用一生的财富。

3. 如何重复

（1）原样重复——一模一样重复一遍

在生活中训练销售技巧可谓一箭双雕，一来不用在客户那里试错，二来可以解决沟通困难、提升人际关系质量。

应用1：带娃（3岁，男孩）

场景：孩子跑着玩，不小心撞到桌子，头上起了个小包，孩子哇哇大哭起来。你赶紧过去，以下有七种做法，你选哪种？

① 说教：男孩子，要勇敢。这点痛算什么！哭什么？忍忍就好了。

② 责怪：你为什么不当心点！看，自找苦吃吧！

③ 转移注意力：别哭了，看，这是什么？新玩具！

④ 授权：哦，你想哭就哭一会儿吧。

⑤ 安慰：不要紧，过一会儿就好了！

⑥ 唠叨：我跟你说过多少次了，不要乱跑乱跳，不听，现在好了吧，知道痛了吧！看你下次还跑不跑，跳不跳！知道了吧，走路不能跑，要注意安全，不要光顾着玩！

⑦ 推卸责任：都是这个桌子不好！桌子把宝宝撞痛了！我替你打桌子！

上述七种做法都很常见，可惜都是错的。这样处理会让孩子要么装强、要么冷漠、要么逃避、要么不负责任。正确的做法是先重复事实和感受——把孩子拉过来或者抱进怀里："喔，你撞到桌子了，好痛是吗？"

"原样重复事实"——撞到桌子。

"原样重复感受"——好痛是吗？

这样，孩子就知道自己"被看见"了，可能会指着被撞痛的头给你看。然后呢？然后就没有然后了。千万不要画蛇添足地从七种做法中再选一种来说。孩子指头上的包给你看，你就回应"噢，有个小包"；他说"好痛"，你回应"是哦，撞痛了"；他哭，你回应"噢，我看到你哭了"。等他哭够了，也许自己就会抽抽搭搭地说："以后我再也不跑这么快了。"

对比传统的第 1~7 种做法，"重复"近乎无为，但无疑是最佳选择方案：孩子能感受到被关注，学会为自己的行为负责，还能依靠自己找到解决方案。同时，孩子还能潜移默化地学会，将来他看到同学摔倒应该怎么做、朋友受伤应该怎么安慰、将来带娃应该怎么带。对比粗暴地制止孩子行为，重复的缺点是需要更多时间，但非常值得。可惜很少有懂得"重复"的养育者，于是长大后，人们也很自然地没有"重复"的习惯。

应用 2：安慰朋友（20 岁女孩）

场景：朋友失恋，哭得眼圈发红。以下七种做法，你选哪种？

① 说教：天涯何处无芳草，看开些，别哭了，好好开心生活！

② 责怪：我早提醒过你了，劝你你不听，现在知道了吧！

③ 转移注意力：别哭了，H&M 疯狂减价，走，我们逛街去！

④ 授权：哦，你想哭就哭一会儿吧。

⑤ 安慰：不要紧，一切都会过去，过些时间就好了！

⑥ 唠叨：我跟你说过，在他没有深深爱上你之前，不要动心。现在知道心痛了吧。下次可真要带眼识人了，好好考察，慢慢来。那渣男不值得你哭，爱情会再来的，别哭了……

⑦ 推卸责任报仇法：真是个渣男，大好的姑娘不珍惜！我替你骂他！

参考之前的案例，相信你不再会采取第 1~7 种的做法。请闭上眼睛，想一想，你会怎样说？

参考答案：

"眼都哭红了，难受是吧？"可以静静地允许她哭，也可以告诉她"你可以哭的"。等她哭够了，可以使用 2.3.1 节提及的"镜子帮助觉察"的技巧（注意：要等她哭够了、情绪得到充分发泄后才能使用）。接下来听她说她的故事和感受，你只需要重复，也许她自己就说出未来她要采取什么行动了。

应用 3：处理与孩子分离

场景：爸爸和孩子玩到晚上 10 点，爸爸累了，孩子还闹着要玩。爸爸说想休息，孩子立刻不高兴了。怎么办？

① 说教：我已经陪你很久了，你应该很满足了。

② 恐吓：要是现在还不去洗澡睡觉，爸爸明天起不来上班就会迟到，迟到就会扣钱，扣钱爸爸就没钱，没钱就没法带你到公园去玩，也不能买玩具了……

③ 责备：你太不懂事了！爸爸陪你这么久已经很累了，必须休息了。你怎么一点儿都不知道心疼爸爸！

④ 贿赂：爸爸要睡了，你也要睡了，快去睡，爸爸给你买好吃的，买好玩的……

⑤ 最后通牒：你要是再这样，下次爸爸就不陪你玩了！

当然，你不再会选第 1~5 种方法。怎么办？重复。

把孩子搂过来说："爸爸说不能陪你玩了（重复事实），你不开心（重复感受），是吗？"孩子委屈地点头。爸爸："我看到了，你希望爸爸还能再陪你多玩会儿。"（重复事实与感受）孩子拼命点头，成功重复后再建议一起去睡。

建议可以这样说："因为我们都还有明天的安排（注意不能说因为爸爸要睡），所以我们都必须睡觉了。明天爸爸一回家就玩，还是晚饭后再一起玩？"如果孩子同意，就顺利分离；如果孩子不同意，可能还需数轮重复直到成功，但绝不能再加第 1~5 种方法。

建议虽短，但已经应用多个销售技巧，包括"选择性成交""成为共同体""从对方角度考虑"等，这些技巧在后续章节会陆续谈到，但重复是最重要的一步。

应用 4：处理高难度沟通情况——疯狂哭闹的娃

场景：这段时间孩子突然不同意关房间的门，只要一关门，孩子就前所未有地疯狂哭闹。

已经熟悉重复技巧的爸爸搂过孩子："我看到你很伤心。"

"我不要关门，不要关门！"孩子更疯狂地哭喊着。

"你不要关门。"爸爸温和地重复（接下来，孩子说了十几遍"不要关门"，爸爸也一遍遍地回应着"我听到你说不要关门"）。

渐渐地，孩子的情绪平复下来，但依旧在哭。问他为什么不让关门，他还是不说。爸爸继续抱着孩子："你这样不停地哭，也不说话，我不知道该怎么办了。我想帮你，可是我不知道该做什么。"（重复事实和自己的感受）孩子继续哭，但是哭声小了一些。爸爸静静地抱着他，看着他哭，孩子慢慢地停止了哭泣。彼此沉默了一会儿，孩子小声地说了什么，爸爸没听清："你说什么，我没听清楚。"

"我害怕！"

"哦，你害怕。"

"好黑，我好害怕！"

"嗯，好黑，你好害怕。"

孩子忽然又崩溃了，大哭起来。

"嗯，你可以哭。你想哭，我陪着你，抱着你，好吗？"

孩子渐渐又平复下来："阿姨把房门关上了。"

"阿姨把房门关上了。"

"我不听话，阿姨就把我关到房间。"

"你不听话，阿姨把你关进房间。"

"是楼梯的小房间，那里好黑，阿姨还不准我告诉妈妈。" 孩子又哭起来。

这是真实的案例，孩子的爸妈当时听完如五雷轰顶。暴力制止孩子哭闹只需 1 分钟，重复技巧则要半小时。但没有重复技巧，受严重惊吓的孩子恐怕难以说出被虐待的真相。不懂得聆听的重复技巧，你无法想象人生会损失什么。

（2）节选重复——节选关键词重复

例如，有一段典型的夫妻吵架：

丈夫："今天的菜好淡啊！"

妻子："有钱你出去吃，不要让我煮啊！"

丈夫有些恼怒："你忘了放盐吧？"

妻子："有本事你挣钱天天上酒楼吃啊！也没见你拿多少钱回家！"

丈夫火了："无理取闹！"

　　表面上夫妻在对话，实际上两人只是分别说了话。丈夫关注菜，妻子关注丈夫对家庭的经济贡献，两者都没有看见对方——他们的话都在强调"我没看你，我在忽略你"。重复能把双方拉回"真正的谈话"：

　　丈夫："今天的菜好**淡**啊！"

　　妻子："哦，**淡**了吗？"

　　丈夫："嗯，你**忘**了放**盐**吧？"

　　妻子："噢，**忘**了。可能我注意力不集中，老想**钱**的事。"

　　丈夫："**钱**怎么了？"

　　这才是真正的对话。虽然第二种情况不一定能解决问题，但基于"看见对方"的沟通会让事情更顺利。留意以下妻子的话：

　　丈夫："嗯，你**忘**了放盐吧？"

　　妻子："噢，**忘**了。可能我注意力不集中，老想**钱**的事。"

　　妻子节选重复丈夫说的"忘"后再提出自己想说的"钱"，转折得流畅自然。对方觉得你听到了，感到很满意，你也可以顺利地将话题调整为自己想说的主题，有人把这种陈述法称为"顺—带"，既形象又生动。

　　节选重复是最常用的重复法，几乎每句对话都能用上，有三个务必采用的情况：

　　① 话题转换。例如在开会/聚会发言中，先"节选重复"上一发言人内容，再步入你的主题——"刚才 Jerry 提到市场，我正好也有个关于市场的想法……""刚才 Lucy 说的五一节活动真精彩，希望在五一节前我们再不会缺货，我区域上周缺货的产品有……"（以后看访谈节目，碰到"节选重复"都做不好的采访人，可以直接转台了。）

　　② 提出反对意见前。

　　③ 插话。例如，几位同事正围着老板针对新产品聊天，你想问老板一句话就走，但直接插话很突兀，瞄准空隙插入："新产品真不错，老板，五一节促销，市场部问下午提供清单行不行？"如此插话更能得到大家的理解，甚至抢人都行："新产品真不错，老板，五一节促销会议马上开了，我们现在去吧？"

　　微信群组聊天同样适用。如图 2-10 所示，James 想插入与原讨论无关的内容，（b）图只是简单地重复了上一发言人帕瓦萝莉的一小句话，而且这句话和 James 想说的内容完全无关，但看起来顺畅多了，帕瓦萝莉也不会感到被冒犯。

图 2-10　在微信群组聊天中使用重复

（3）归纳重复——总结内容重复

遇到以下情况：

- 对方一口气说了很多，我们记不住所有（再次看出，公司要求大家带笔记本见客户多么体贴入微）。
- 时间有限，不能逐一重复。

以归纳重复进行确认：

"我听到你刚才所说的关于我们公司的产品……（停顿一下，让对方补充）是吗？"

"我听到你刚才所说的关于我们公司产品质量、包装、销售等情况……对吗？"

归纳重复最好与对方确认一下你的总结是否正确。

（4）演绎重复——说出对方未说的内容进行重复

遇到以下情况：

- 对方想说但暂时不知如何表达。
- 对方想说但不能说，或不方便表达自己的意图。

可以用演绎重复说出对方的意图，并向对方核实：

"你的意思是希望……对吗？"

"你的意思是……对吗？"

（5）重复在销售上的应用

几乎每个销售步骤都必须应用重复（见表2-9），具体后文细述。

表2-9 重复技巧在销售过程中的应用

小型客户 拜访八步骤	重复的 应用	大型客户 START 引导需求销售法	重复的 应用
做准备		Stimulate needs 刺激客户需求	√
打招呼	√		
细检查			
找需求	√		
提建议	√	Targetting solution 提出解决之道	√
解异议达协议	√	Analyze how it work 解释运作方法 Recap benefit 强利益促协议 Timetable 制订行动计划	√
做陈列			
勤记录			

（6）应用"重复"的四个常见错误

错误一：不用

专注于自己的需求，只求快速解决自己关心的问题，如上文第 1~7 种方法。有一次，销售过程让人印象深刻，销售代表的口才非常好，把产品说得天花乱坠，但客户只是简短地回应"价格太高了"。销售代表好像没听到一样，完全不回应价格而继续慷慨陈词。客户说了三遍"价格太高了"，销售代表仍充耳不闻，客户脸色都变了，起身就走。只要稍微留意一下，你就会发现销售中这种情况比比皆是。只要对方同一个内容说了两遍，就代表对方认为你没听到（你觉得你在听，但沟通的效果取决于对方），必须立即重复，而且最好是原样重复。

错误二：夸大

重复的目的是"看见""听见"对方，只能重复客观事实，不能夸大。

A："看你做的好事！把东西扔得到处都是！"

B："你把不玩的玩具放在桌子上、椅子上和地上了。"

事实上，桌子上、地上都有玩具，但绝不会"到处都是"。夸大事实容易引起双方的争执。同时，如果 A 的语气中已经带有不满，就更不利于沟通。重复不容争辩的事实也更容易取得对方信任。销售中的夸大言辞——"你从来都……""根本没用""保证百分百……"，只会带来负面效果。

错误三：忽略感受

当情绪或困难出现时，必须同步重复事实与感受。例如，生活中孩子玩闹着吃饭，不少食物弄脏了地面和桌面。妈妈的回应：

A："你把饭粒撒落在地上，妈妈做清洁会很辛苦。"

B："噢，你觉得这样好玩啊。这确实好玩。那饭粒撒落在地上，谁来做这个清洁工作呢？"

C："噢，你觉得这样好玩啊。这确实好玩。那饭粒撒落在地上，谁来做这个清洁工作呢？食物撒在桌上和地上就不能吃了，妈妈看着觉得很心疼。还有，食物撒在桌上和地上，清洁干净需要很长时间。你没有考虑到妈妈的劳动，妈妈很难过。"

A 只重复事实；B 同时重复事实与感受，建立感情连接后指出后果并引导孩子思考；C 在 B 基础上更表达自己的感受，属于重复感受加强版。

销售中忽略对方感受的事情就更多了："我们公司规定……"一句话就能让对方火冒三丈。尤其当客户投诉时，务必重复感受："嗯，您说合作过程中返还一直有问题，您感到不舒服，是吗？我很理解，如果是我，我也肯定不高兴。"对方"不舒服"，我们也"不好受"，对方"开心"，我们也"开心"，感情连接起来了就容易产生"共鸣"，后续就好谈多了。

错误四：说太多

重复是聆听的技巧之一，说是为了听（感受一下销售的哲学魅力），别一高兴就说多了。说话能带来控制感，这是大家宁愿多说的原因之一，但当我们能花更多时间去听时，不但得到的信息更多，也能让对方的控制感更强。少说话的人，才是真正掌控大局的人。你是要掌控感，还是要真正掌控大局？真正厉害的销售人员都懂得用"听"去销售。

小旭放下讲义，道："没想到看来简单的重复技巧的威力这么大！上次，我在地铁上看到一个小孩吃瓜子，吃完后瓜子壳被直接吐到地上，旁边的妈妈怎么威逼利诱他都不听。也许用上重复这个技巧，那个妈妈就能教好他了。原来我们小时候被这样对待，难怪长大后遇到客户难题，也只会威逼利诱！"

"是的。道理你已经明白，关键就是把'重复'练到习以为常。这份重复的练习，一定要过关。"

"一定！"

练一练："重复"的练习清单

练习 1：论点论据法

对方说结论，我们回应证据；

对方说证据，我们回应结论；

对方既说结论也说证据，我们回应一个案例。

练习 2：重复事实与感受

用下面的句子，以"重复的语言"听出对方在说什么事实与感受。

"我听到你说……"

"……你觉得（不舒服），是吧？"

"你觉得（很开心），是吧？"

练习 3：写下你的心得

今天_____（谁）说了关于_____的事情。

我是这样重复的：_____

对方的反应是：_____

我的感受是：_____

练习 4：综合练习

和任意一个人讨论任意一个话题，练习"听"。要求：

① 全程用身体语言听。

② 用重复语言听，重复感受与事实。

- 回应事实信息。
  - 你的意思是……
  - 不知道我理解得对不对……
  - 如果我没有猜错的话，你是想……
  - 你是说……对吧？
  - 根据我的理解，你……
- 回应感受信息。
  - 你看起来很难过……
  - 想必你很生气……
  - 看把你高兴的……
  - 你感到很失望吧……

　　■　你对此很着急吧……
●　观点不一致时，保持空杯心态，不是马上说"不对不对！应该
　　是……"，而是说：
　　■　"你是这样想的啊，还有呢？……"
　　■　"这个想法有点意思。你是基于什么有这个想法的？"
●　当你发表任何观点时，确保你真的"听"完对方所说的。
　　做到上述几点，同时，必须说出你的想法和感受。

"听"的过关测试：

①　老婆下班回来气急败坏地跟你说："哎呀，我们那个主任实在太
讨厌了，什么事情都针对我！"你会怎么回答？

②　周末计划全家一起外出吃饭，孩子说如果不是吃寿司，他就不去。
寿司店离家20千米，你不想去，你会怎样和孩子沟通？

③　你的客户大润发说："沃尔玛现在做什么活动，我们也要全部
照做，否则我就把你们全部下架！"而沃尔玛在做的全球总部签订的
全球周年庆活动，你肯定无法提供给大润发。你怎么平息大润发的
怒火？

　　如果能顺利处理上述测试，那么恭喜你，听的肌肉就练好了！

Day 4　今天我要记住的

●　论点论据法重复。对方说结论，我们回应证据；对方
　　说证据，我们回应结论；对方既说结论也说证据，我
　　们回应一个案例。
●　原样重复。
●　利用节选重复无缝接驳对话。所说的话带有对方刚才所
　　说的那句话中的一个关键词，再说出自己想说的话。
●　归纳重复法——简洁总结对方的话。
●　演绎重复法——说出对方想说又没有说的意图并求证。
●　不夸大地重复事实，重复感受——开始可以较笼统，如

“不舒服”“不好受”等；重复感受后也可说出自己的感受。

想你看见我！
刷存在感，是为了你看见我，
所有的炫耀、固执与争吵，
只是为了你看见我。

Day 4　今天我要掌握的

- “重复”的练习清单。

2.3.3　归因于事解读

早上倾盆暴雨，通向安怡家的道路被水淹了，小旭急赶慢赶，还是迟到了10分钟。抖落一身水，狼狈的小旭走进书房，发现安怡坐在电脑前，黑着脸，没有像往常那样抬起头打招呼，更没有笑。小旭心里咯噔一下，心想安怡一定是因为我迟到生气了，赶紧赔着笑脸道早安。安怡的脸却更冷了，继续看着屏幕，一声不吭。

尴尬的小旭坐也不是，站也不是。心想突发大雨我也没办法，为了赶9点前到，我趟着泥水走，没偷懒一分钟……我又不是故意迟到的，我已经够狼狈了。安怡姑姑不问不听，直接给我脸色看，也太不近人情了……小旭越想越委屈，瞟了一眼安怡，见她还是黑着脸盯着屏幕没有反应，气得转身就要离开。

“你来了？”安怡终于开了腔。

小旭气鼓鼓地转身，一脸不情愿地走到安怡跟前。

安怡脸上却如春风般温暖：“今天大雨，路上可顺利……你神色有些不一样，怎么了？”

小旭噘着嘴说：“我知道今天迟到了，但我不是故意的！下这么大的雨，我趟着泥水来已经尽力了，才迟到10分钟，但你根本不理我，也不听我解释，直接就给我脸色看……”

安怡笑起来，道：“看墙上。”

沟通是一个双向过程

沟通包括信息的发送者和接收者。

① 发送者编码并发送。

② 信息通过信息传递渠道到达接收者。

③ 接收者接收信息，对信息进行解码，根据解码结果思考回应并编码发送。

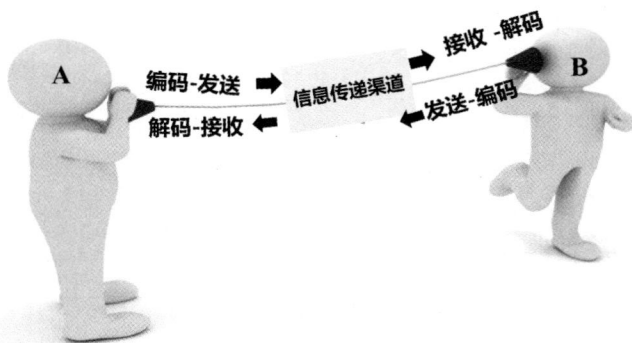

在此过程中，发送者和接收者不断转换，形成双向过程。

在这个双向沟通过程中，每个环节都可能带来沟通障碍。例如：

信息发送者想："你这么辛苦，我真心疼你。"（思考 A）

"我怎么告诉你才好？——我一紧张才骂你，你懂的。"（编码 B）

说出的话："说你多少遍了！你怎么就不能好好管理时间！"（语言 C）

信息接收者只听到语言 C，后果可想而知。配合各环节的沟通障碍（见表 2-10），想表达 "我心疼你" 的信息发送者被接收者挂断电话，形成了沟通的恶性循环。

表 2-10　沟通障碍分析

	沟通环节	作　用	可能出现的障碍与原因	案　例
发送者	编码发送	组织适当的语言或非语言来沟通	心想 A 编码 B 语言 C	心想 A（我心疼你） 编码 B（爱你才骂你） 语言 C（说你多少遍了！你怎么就不能好好管理时间！）
信息传递渠道	信息传递	通过面对面沟通、书面沟通、邮件/微信、沟通的场合/时间传递信息	环境影响信息传递质量（如太嘈杂或电话信号不好），C 变为 D	电话沟通没看到对方含笑满意的表情（C），以为对方在责备（D）

	沟通环节	作　用	可能出现的障碍与原因	案　例
接收者	解码	解读信息含义	基于自己的背景对 D 进行解读（如印度人点头代表"不"），脑补为 E	对 D 进行解读（你骂我）脑补为 E（你看不起我）
接收者	编码发送	组织适当的语言或非语言来沟通	心想 E 编码 F 语言 G	心想 E（你看不起我） 编码 F（你根本不理解我） 语言 G（不用你管！挂断电话。）

右上角标注：（续表）

"你……不是在生我的气？"

"你进来的时候，我正在聚精会神地回邮件，安慰一位生病的朋友，因此没有留意到你进来了。"

"你脸色很难看……"

"我是担心朋友。对比沟通障碍分析表，你认为问题出在哪里？"

"我解码错了。"小旭惭愧了，"我以为你因我迟到生气，认为你不体谅我，差点不辞而别。如果你以为我乱发脾气走了，我们就会产生误会……原来很多沟通障碍是这样产生的。那怎样避免啊？"

"归因于事。"安怡递给小旭一张卡片，"内容不多，但这是聆听的重要心法。"

BRT聆听法——
Translation 归因于事解读

当听到／看到对方有非积极信号或反馈时，不要归因于人：

"他对我有意见。"

"他就是认为我……"

"他人就是这样……"

而要首先归因于事：

"他是不是遇到了什么情况？"

接着采用 ABC 三段法求证（见图 2-11）。

A

重复事实——我看到/听到你刚才……

B

表达感受——我感受到……

C

求证——是这样吗?

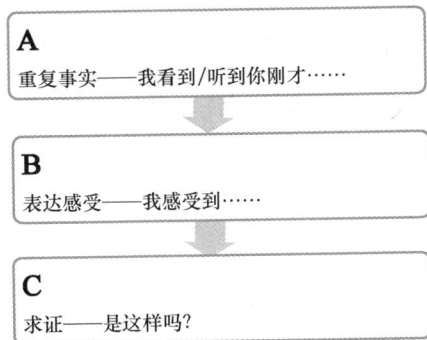

图 2-11　ABC 三段法

小旭恍然大悟:"噢,我在不辞而别前如果这样和你确认:

"A. 重复事实——'我进来时你没有看我,我和你打招呼,你也没有回应。'

"B. 表达感受——'我觉得被冷落了,有些难受。'

"C. 求证——'是不是因为我迟到,你生气了?'

"然后你澄清事实,我们就继续快乐学习了! 两个结果差异很大,而且还带来连锁反应!"

"没错,懂聆听的人生活中会少很多误会。"

"噢,"小旭一拍大腿,"我想起有一次爸妈吵架,爸爸很晚才回来,脸色不大好。妈妈给他端上晚饭,他就说菜淡了。妈妈一听就生气说'做饭给你吃,你还挑三拣四嫌弃我',爸爸也生气了'谁敢嫌弃你? 上纲上线!'然后两个人就开始冷战。第二天我才知道原来爸爸支持的球队输了,菜也不淡,他只是生球队的气。爸爸不该想着'球队太烂'却说成'菜太淡',妈妈也可以用 ABC 三段法求证一下,也许就不会冷战了。"

"你分析得很对,生活中这样的例子不胜枚举。在使用 ABC 三段法工具前,关键要养成归因于事的解读习惯。"

"而且,重复事实不能夸大,不能带评判,只是描述事实。"

安怡赞许地点点头:"很好,能马上使用之前的技巧了。"

"假设他真的对我这个人有意见呢?"

"如果是自己错了就改,但也可能是对方误解了。如果一开始就应用 ABC 三段法解决问题,就能减少很多积怨。但即使有了积怨也没关系,应用 BRT 聆听法也能慢慢解开心结。归因于事是心态与工具的同步转变,练习过程会细腻些,你试一试吧。"

写一写：回想一次不愉快的沟通经历

当时 _____

我的反应是 _____

结果 _____

如果用 ABC 三段法再来解决一次，你会怎样做？

我会这样说：

A. 重复事实 _____

B. 表达感受 _____

C. 求证 _____

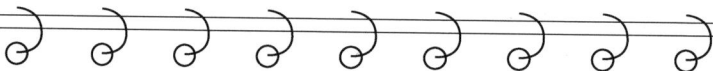

Day 5　今天我要记住的

- 归因于事，而非人。

Day 5　今天我要掌握的

- ABC 三段法。

⇒ 2.4　锻炼"销售肌肉"——说

"早，小旭，今天的紫色衣服显得你很精神呢！"

"谢谢夸奖，来这儿，肯定要打起精神！"小旭乐了。

安怡扑哧一下也笑了："我说精神，你也说精神，还和今天的结合起来。看来，你的重复技巧过关了。那我们今天开始练习说话吧。"

"说话也要练习？"

"当然。良言一句三冬暖，恶语伤人六月寒。说什么、怎么说，学问大着呢。"

"对，恶语真的能伤人。有时候我爸妈说的话，比打我还让我难受。"

"说说看，他们的语言怎么有这么大威力，听了比被打还痛苦？"

"他们说'你从来不为别人考虑！''你根本不懂感恩！''就你这水平，还想比赛？''你看看别人家的孩子'……"

"那真的挺让人难受的。用《非暴力沟通》作者马歇尔·卢森堡的话说，这些就是语言暴力，用语言给人带来心灵上的无形伤害。"

"语言暴力？"

"指责、嘲讽、贴标签等均属语言暴力，在生活中比比皆是。"

"记得小时候我和妈妈逛街，可能我淘气惹妈妈生气了，妈妈怒气冲冲地丢下我就走了。我一面追一面哭，妈妈不停地甩开我说：'你这么不听话，我不要你了！你走！我不要你这么不听话的孩子！'虽然那时我才六七岁，可到现在我还记得，每次想起来都觉得很难受。妈妈没有动手打我，但她这样说比打我一顿还让我痛苦，我真的很受伤。"

"你当时以为要被抛弃，肯定很恐惧和难过吧？心理巨匠阿德勒说，很多人面对自己的缺点时会说'这是我的童年心灵创伤'，而不肯改变，其实改不改变在于你如何看待那件事。如果把它看成痛苦的来源，就会推诿责任，借此不做改变；如果把它看成一段历史，让它停止对今天的影响，就可以做出改变。我不展开说了，你可以和心理治疗师聊一下，也可以阅读阿德勒的书。"

"我记住了。我们跟小孩子或者比我们弱小的人沟通容易使用语言暴力，跟客户应该就不会了吧？"

"我们在暴力语言环境中长大，语言暴力就好像空气，我们延续使用而难自知。没受过训练，无论对谁说话都容易使用暴力。例如，'难道你从来不收拾？怎么这么乱？''你有病啊？''看人！你开车不看路啊？'你想表达希望对方更好，对方听起来却像你在责备他；安慰朋友会说：'谁没受过气。''没办法，我们都是这样过来的。'你想表达关心，对方听起来却觉得你冷漠无情。

"还有一些隐性暴力。例如，不说自己有什么事，先问对方：'你现在有空吗？''下周二有空吗？'对方表示有空就意味着不好拒绝，表示没空又不知你说的事情急不急，感觉被暗中挟持。可以这样问：'我想跟你商量一下国庆节促销的安排，周二行不？''我想咨询房地产交易的事情，你现在有空吗？'这样就把隐性暴力去除了。"

"发微信也可以这样做！"

"是的，记得在询问对方前自己先百度一下。例如关于房地产交易，你搜索过答案，如果还有不清楚的地方再去问，这是尊重对方时间的体现。"

"果真是微言大义。"

"销售中，微言直接影响销售成功率。有时一句话就能把销售路径断掉。例如，客户说'饮料里有沉淀物'，你回复'再好的产品都难免有质量问题'，这样一句话就能引起客户的反感甚至投诉。一个人的语言边界，就是他思考的边界，一句话就能听出他的商业道德水平。在农耕社会看天比说话重要，而在现代商业社会好好说话是你的核心能力。"

"那要怎么说才好？"小旭认真地问。

"PAP 良言法。"安怡递给小旭一沓厚厚的讲义。

PAP良言法

1. Positive——保持正面

人天生不喜欢坏消息。传说中亚有一个花剌子模国，凡是给国王带来好消息的人，就会得到赏赐或提升，带来坏消息的人则会被喂老虎。于是没人再敢对国王说坏消息，后来花剌子模国也灭亡了。"CEO 是最后一个知道公司要倒闭的人"也是这个道理。

客户也是平凡人，不喜欢坏消息，所以让自己的语言正面且温暖自然对销售有益处。怎样减少"坏消息"，甚至即使我们带去的是坏消息，对方还乐意听且不迁怒于你？技巧有三个：正面陈述；从评判到辨别；汉堡包反馈法。

（1）正面陈述

实验一：试一试，在脑海里不要想象妈妈的样子。请开始，在完成实验前不要阅读下一段文字。

尽管说的是"不要想象妈妈的样子"，但听到这句话，大脑已经自动提取妈妈的形象记忆，"妈妈"已经出现了。把妈妈换成大象、猫、茶杯等，效果一样。因此，如果你不希望某件事情发生，就不要说出它的名字。例如，说"不要焦虑"毫无作用，反而瞬间帮助"焦虑"在脑海中回旋。跟客户说"不要拖着款不给"，客户的脑海中立即浮现出不付款的各种好处，他更乐意拖账了。

实验二：如果听到这样的问话，你第一反应会怎样回答？

A. "我为什么有拖延症？"

B. "为什么这件事情我不想拖？"

请分别回答，在完成回答前不要阅读下一段文字。

A 从负面发问，会引出负面答案——自控力不足，自律性不强，借口——太忙、太难、时机不对……这样对解决问题并无好处。

B 从正面发问，能引向正面答案：因为这很重要，因为再不做就晚了，这是解决问题的开始。

正面陈述能改变思考方向，让我们正向面对生活和工作的问题。因此，尽量保持正面陈述：

- 从 "不要……" 调整为 "要……"；
- 从 "不准……" 调整为 "请采取……行动"。

从负面陈述调整为正面陈述，如表 2-11 所示。

表 2-11 正负面陈述对比

	负 面 陈 述	正 面 陈 述
生活中	"不要吵！" "不要乱穿马路！" "不要摘花！" "你看别人家的孩子，做功课又快又好！你怎么不学学！"	"音量放低。" "过马路时请走斑马线。" "让花留在树上。" "很多孩子做功课都拖拖拉拉，但你不一样，总是准时开始做作业，完成得也越来越快"

同时，必须注意使用文明用语——小学思想品德课内容之一的 "文明用语"。托克维尔认为，语言是思考的工具，人如何说话直接反映也直接影响他如何思考。言谈透露个人/公司的背景和地位，因此要避免使用脏话俗话、谄媚语言或霸道语言。不文明用语会降低所销售的产品或所提供的方案的价格。语言是粗俗的，销售就是粗俗的，粗俗的价格自然是不高的。

（2）从评判到辨别

在销售过程中，当谈及竞争对手时，请避免攻击竞争对手。如果客户对竞争对手的产品有疑惑，我们可以帮助客户辨别优劣，而不是评判竞争对手的优劣。辨别是中立地陈述事实，评判是带个人喜恶倾向的表达，差异示例如表 2-12 所示。

表2-12 辨别和评判的区分

	辨　别	评　判
定义	中立地陈述事实	带着个人喜恶倾向的表达
内容	陈述"有"或"没有","是"或"不是"	表达这件事"对"或"错"
示例	我们的产品和竞争对手的用料不一样。从同样价格的产品来看,我们的果汁含量是15%,而×××是12%,差3%	与竞争对手相比,我们产品的真材实料多得多,同样价格,我们的果汁含量是15%,而×××只不过是12%,比我们的少3%

提及竞争对手时只能采用"辨别"陈述,"评判"竞争对手极易引起客户的反感,令其失去对你的信任,得不偿失。

（3）汉堡包反馈法

如果不得不带去坏消息,可以采用汉堡包反馈法来减少负面影响。

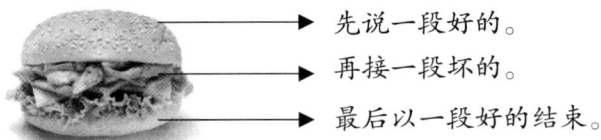

先说一段好的。
再接一段坏的。
最后以一段好的结束。

例如,给作文写评语:

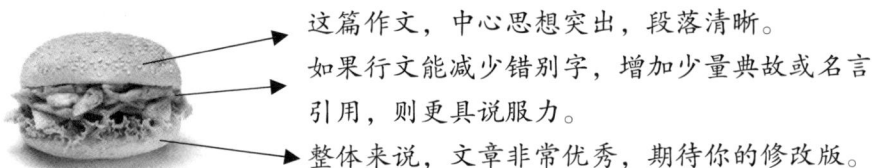

这篇作文,中心思想突出,段落清晰。
如果行文能减少错别字,增加少量典故或名言引用,则更具说服力。
整体来说,文章非常优秀,期待你的修改版。

我相信大部分人都很乐意回去改掉文章中的错别字和增加典故或名言等,工作中也是如此。例如,针对下属的一份工作汇报,我们可以这样反馈:

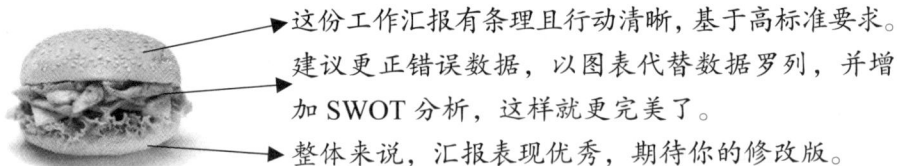

这份工作汇报有条理且行动清晰,基于高标准要求。
建议更正错误数据,以图表代替数据罗列,并增加SWOT分析,这样就更完美了。
整体来说,汇报表现优秀,期待你的修改版。

听到上司这样的点评,员工怎么可能不高高兴兴地修改呢?汉堡包反馈法有效利用了"首因效应"和"峰终效应"。先说一段正面陈述,首因效应让对方感觉不错,消除敌意后再说正事,最后以一段正面陈述,借助"峰终效应"愉快地结束。这样指出坏消息或负面消息,对方容易接受,沟通气氛也很愉快且友好。

汉堡包反馈法的扩展应用有很多。例如，拜访客户的第一句话就说："老板，看来你最近生意不大好啊。"这样说就是为销售自添障碍，而应用汉堡包反馈法可以这样说：

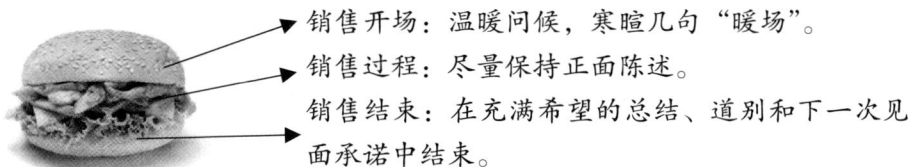

销售开场：温暖问候，寒暄几句 "暖场"。
销售过程：尽量保持正面陈述。
销售结束：在充满希望的总结、道别和下一次见面承诺中结束。

这样，美味的销售汉堡包就做好了。

2．Positive——以疑问代替诘问

诘问包括 "为什么" "为什么不" "怎么不" 等反问、责问句，会给人质疑、嘲讽、贬低的感觉，让语言带上锐利的刺。诘问很适合辩论，但用在工作和生活中，只会 "赢了辩论，输了生意"。

案例一：北京烤鸭餐厅

"我们点烤鸭？"

"来烤鸭店不吃烤鸭吃什么？！"

一句话就把人噎死了，而简单回答 "好啊"，大家都会开心。

案例二：想给朋友介绍男朋友

问朋友："你为什么还没找到男朋友？"负向提问带来负面结果，对话难以为继。改为这样就好多了：

"有没有想过找对象？想找个怎样的啊？"

这样的问话技巧就是以疑问来代替诘问，以问 "What" "How" 代替问 "Why"，拥有难以置信的神奇力量。

假设女朋友要和你分手，有两种说法：

A．"你为什么要和我分手？"

B．"我们是怎么走到这一步的？"

A 气得女朋友火更大，更难以挽回。B 则可能使女朋友回忆起当初的美好："是啊，当初那么甜蜜，我们是怎么走到这一步的？"也许就有机会挽回了。

注意：在销售过程中，针对竞争对手，可以问客户：

"你为什么不同意竞争对手的提议？"

"你为什么觉得竞争对手的方案不好？"

而 "你认为竞争对手有哪些优胜于我的地方？"这是极为愚蠢的正

面发问。

但对自己的公司，问客户：

"你为什么不同意我的提议？"

"你为什么觉得我们的方案不好？"

会引导客户回答我们不好的地方，使销售更容易失败。当必须探询负面原因时，可以应用汉堡包反馈法把负面问题包裹起来问："这个方案有哪些地方值得保留？哪些需要改进？整体来说，这个方案中您最满意的是什么？"

除非在谈判中采用黑脸白脸策略、激将法等有意识地使用诘问，否则请用疑问代替诘问。见识过疑问代替诘问的好处后，请在表 2-13 中试一试吧！

表 2-13　诘问疑问对比表

诘问——问为什么、为什么不（Why）	疑问——问怎么、什么、哪些（What、How）
• 你为什么要和我分手？ • 为什么客户觉得产品不实用？ • 为什么你觉得产品不好卖？ • 为什么我找不到喜欢的工作？	• 我们怎么会走到这一步？ • 你是怎么形成产品不实用的印象的？ • 你是基于哪些考虑，认为产品不好卖的？ • 我是怎么规划工作和我的能力的？
• 你为什么不喜欢我？ • 你为什么不喜欢去九寨沟？ • 你为什么不同意？ • 你为什么觉得不好？	• 你选择男友的标准是什么？ • 去旅行，你会考哪些因素？ • 你基于怎样的考虑不同意这个方案？ • 你认为这个方案有哪些值得保留、哪些值得改进？
写一个你最近用的诘问：	转换为疑问你会怎么做？

3．Attentive——以感谢代替道歉

道歉是个技术活，有时道歉会带来更坏的后果。电影《神秘巨星》里有一幕让人印象深刻：妻子忘了给常常家暴她的丈夫的晚饭里放盐，丈夫怒道："怎么这么淡？"妻子吓得赶紧道歉说"对不起、对不起，我忘了放盐"，然后飞快地从厨房拿来盐罐。丈夫听了这么多"对不起"却更生气了，一掌打飞盐罐。妻子惊恐地颤抖着，连连说了更多对不起。但她越说对不起，丈夫就越生气。最后丈夫实在太生气了，掐着妻子的咽喉说："你再说对不起，信不信我打死你？"

明明道歉了，为什么对方反而更生气？因为每次道歉都是在提醒对方："对不起，我忽略你了。"脾气暴躁的丈夫反复被冒犯，不发狂才怪。

有时听到道歉的人说："道歉得这么快，你在敷衍我？""道个歉，这件事就完了？你怎样改？怎么补偿我？！"而道歉后，看对方还不依不饶，我们也很生气："我都道歉了，你还想让我怎样？"矛盾进一步升级。因此小事不要道歉，要用感谢代替道歉。道歉是提醒对方你忽略了他，感谢是提醒对方你尊重他。想象有人用两种方式向你道歉，你的感受有什么不同。（见表 2-14）

表 2-14　两种道歉方式对比

道　歉	正确的感谢
对不起，我总是迟到。	谢谢你总是耐心等我。
对不起，我总是讲不清楚。	谢谢你愿意理解我。
对不起，我总是有点拖后腿。	谢谢你还愿意跟我在一起。
对不起，我好没用。	谢谢你容忍我的……
对不起，我又说了一堆废话。	谢谢你愿意听我说这么多。
对不起，我让你失望了。	谢谢你对我总是抱有希望。

感谢必须遵循正面原则。感谢的内容如果出现负面的句子，还是会像钩子一样勾起对方的不满，无法让他感受到被尊重（见表 2-15）。

表 2-15　正确道歉用词

道　歉	正确的感谢	错误的感谢
对不起，我总是迟到。	谢谢你总是耐心等我。	谢谢你允许我迟到。
对不起，我好没用。	谢谢你鼓励我。	谢谢你忍受我的没用。
	谢谢你愿意跟我在一起。	谢谢你没有放弃我。

当然，对于严重的事情，还是需要道歉的，而且要严谨认真地道歉。

4. Attentive——真诚而体贴地道歉

正式的道歉，首先需要真诚，而争辩、淡化结果或者撇清关系、不负责任的道歉就是火上浇油。良好的道歉有五个步骤。

① 明确道歉动机。表达道歉目的是尊重对方，重视双方关系，给予对方安全感。

这是道歉的最关键步骤。早期苹果手机如果持机时的手正好放在内置天线的位置，手机信号就不佳，就会造成产品质量声誉危机。乔布斯回应道："我们都不完美，手机也一样，我们希望所有用户用得开心。"这爱的表白迅速安抚了果粉们的心。

想象一下，如果乔布斯说：

"为了苹果手机销售不再下滑，我道歉……"

"如果我道歉，你们就会继续购买手机，好，我道歉……"

② 承认错误。如果责任模糊，不妨多承认些错误。对低风险事情甚至可以包揽责任。例如"这都是我的错，是我能力不够"，也许对方会安慰你"这不是你一个人的错""我也有责任"；但对高风险错误（严重追责或有法律风险），只需保持中立。

③ 真诚反思。分析错误发生的原因，具体到行为，尽量遵循正面陈述并采用汉堡包结构。这是道歉中最容易失败的环节，一不小心就变成提醒对方你曾如何忽略、错待他，造成二次伤害。同时应在合适的时机与地点进行道歉。道歉未必越快越好，有时可以等待对方情绪平复后进行。

④ 合理补偿。考虑为错误提供一定的补偿。私下道歉比公开道歉好，但有时对方会要求公开道歉作为补偿。

⑤ 提出改善行动。明确个人的改善行动建议，在正面与温暖中结束道歉。对方接受道歉后可诚恳商量双方行动，如果对方不接受或不完全接受道歉，可考虑再次道歉。

完整的道歉话术可参照表2-16。

表 2-16　道歉话术

	道　歉　话　术
明确动机	我非常珍惜……
承认错误	这次失误完全怪我，因为……
真诚反思	由于……导致……
合理补偿	我诚恳地向……道歉，也非常愿意……
提出改善行动	希望……

如果事情没有严重到要用话术来道歉，可以试一试用感谢代替道歉。

5. Powerful——控制声调、音量和口头禅

声音控制带来的影响非常微妙。尖细的声音让人感觉柔弱，低沉磁性的声音让人感觉安全。法语升调多，听起来温柔浪漫，法国人很浪漫；德语降调多，听起来理性有力，德国盛产哲学家也许跟它的语言有关；波兰

语有高频音节 "Za"，掷地有声，经常说这样的音调，骨子里大概已经融进血性，表面柔弱浪漫的肖邦能写出《英雄协奏曲》这样铿锵有力的作品，或者跟他的波兰母语有关。

因此人的声音能塑造形象，对自己也有潜移默化的影响，调整自己的声音就是在优化个人形象，提升说服力。调整分五个方面：

① 音域。采用略低音域，低沉磁性的声音让人感觉更安全。

② 音量。太大、太小都不合适。

③ 速度。过快，对方可能听不清或觉得你缺乏自信；过慢，听起来会有点悲伤，容易让对方困倦，转而不想听。

④ 韵律。说话时抑扬顿挫，而说话过于平淡容易让听者注意力涣散。

⑤ 话语的结尾注重升降调。升调好像在祈求对方，降调则能大大提升说者的自信。较低沉的声音，结尾基本采取降调，这样的声音听起来坚定且有说服力。

除此之外，要精心修炼口头禅：有怎样的口头禅，就有怎样的人生。口头禅在不经意间会泄露你的性格，甚至会影响你的处事态度。一个经常说"行""好""没关系""无所谓""都可以""ok"的人，和一个经常说"你应该""你不应该""你总是""你从来""你永远"的人，他们会怎样处事？有哪些差异？尝试留意自己和客户特别喜欢说的高频词，并列出改善计划。

有项研究指出，国外的孩子说"不"的次数远远高于国内的孩子，中国的家庭教育更倾向于教育孩子听话，因此中国孩子更容易说"是"。需要警惕的是，在"听话"环境中长大的我们，在销售工作中会不会太容易说"是""ok"，太容易妥协而忘了自己的价值、公司的价值、销售的价值？

6. Powerful——让发言权流动

说得越溜、越快、越多，销售就越厉害？大错特错，厉害的销售人员反而擅长停顿。普通销售人员这样介绍产品：

"您看，这个绣花包特别好，用的是上好的苏州真蚕丝线，上面的花纹全部用手工绣成，绣工精细，而且图案特别漂亮古雅，都是参考古代名画设计的……"

真正厉害的销售人员是这样说的：

"您看，这个绣花包特别好，它有三个特别之处（略停）。首先，它采用的是上好的苏州真蚕丝线，远远一看都能感受到它很高档，拿在手上感觉柔滑，和其他线完全不同……（略停，看顾客对'高档'和'手感'哪个更感兴趣。如果是高档，就拿在手上示范给顾客看；如果是手感，就让顾客上手试一下。）而且，这个包全部都是用手工绣的，每个都不一样。图案都是参考古代名画设计的，特别漂亮……（略停，看顾客对'手工'和'设计'哪个更感兴趣，然后有针对性地向客户沟通。）"

真正的销售以产品的特征和产品带给顾客的利益来满足顾客需求，而停顿才能确认顾客需求。同时停顿能方便对方接过发言权。

在任何对话中发言权都是流动的，只是流动方式与程度不同，如表 2-17 所示。

表 2-17　发言权的流动

	决策权	权力流动过程	移交说话权力
沟通	在双方	双方是平等关系，都有表达观点的机会。剥夺对方发言权，会造成沟通障碍	让对方多说
说服	在对方	销售就是说服。即使说到对方哑口无言，对方依然有权拒绝。留出足够话语空间，让对方表达非常重要	让对方多说
谈判	在双方	双方需要来回交换交易条件，发言权流动频繁	按需
辩论	在第三方	例如，针对美国总统候选人电视辩论这件事，看电视的选民才是真正决定谁是总统的人。影响观众投自己一票是目的，辩论只是手段之一	按规则
演讲	演讲者逐步赢得决策权	演讲者通过话语与舞台表现逐渐获得观众的认可，渐渐形成自己的话语权	较少

因此，日常沟通与销售均需注重让发言权流动。在销售中，遇到让对方难懂的地方要略停顿，令其消化一下，给对方留出思考和提问的时间。更重要的是，利用停顿观察对方反应，及时调整销售方向。在销售中，常常是没有自信的菜鸟才不敢停止说话，而优秀的销售进程是一段进退得宜的双人舞。

除了停顿这个调节器，另一个让说话权利流动的技巧是：一问两答，给对方一个接话的"钩子"。（见表 2-18）

表 2-18 带"钩子"的对话

无"钩子"的尬聊	有"钩子"的畅聊
A "你喜欢打高尔夫球吗？" B "不喜欢。"（不知如何接话了。）	A "你喜欢打高尔夫球吗？" B "不喜欢。我喜欢周末爬山，爬山时出出汗，一周的压力好像都缓解了。"（对方可接周末活动、爬山、压力等，谈话就容易多了。）

接话"钩子"也常常用于介绍两人认识："这是 James，这是 Jerry。巧了，据我所知，两位都来自湖南。"James 和 Jerry 顺着"湖南"这个钩子就很容易展开聊天。

7. Powerful——舒服地说"不"

舒服地说"不"有两层含义，首先是"舒服"，其次是说"不"。要舒服，必须在内心做到：

- 平静面对愤怒或语言暴力。
- 保持真实。

愤怒情况或语言暴力实际上是话语权力争夺战，如表 2-19 所示。

表 2-19 话语权力争夺情况一

	话语权力争夺情况	示　例	后　果
吵架	双方争夺权力	A："你这个白痴！" B："你才是白痴！" A："看你又老又丑！" B："你又矮又笨！" A："你天天净干些蠢事！" B："再蠢也没有你蠢！"	战事升级，引发更激烈的后果
受辱	一方绝对优势	A："你这个白痴！" B："……"（挨骂无语） A："看你又老又丑！" B："……"（憋屈无语） A："你天天净干些蠢事！" B："……"	一方很受伤

表面看来很难处理：提升吵架技巧不靠谱，各种建议提升包容能力的鸡汤也不管用，但抓住"话语权力争夺"的本质就很好解决——直接退出这个权力竞争的游戏，如表 2-20 所示。

表2-20　话语权力争夺情况二

	话语权力争夺情况	示　例	后　果
停止对方的语言暴力，进入平等沟通	单方主动退出权力竞争游戏	A："你这个白痴！" B："确实我自己有时都觉得自己挺笨的。" A："看你又老又丑！" B："哈哈，真的呢，我年纪不小了，你比较可爱。" A："你天天净干些蠢事！" B："活得越久，做的蠢事就越多。你比我聪明，做的蠢事肯定比我少多了。"	没有谁能自己吵起架来，顺利转入沟通

面对语言暴力，解释、反驳或沉默都不会奏效。2019年有个热点新闻，深圳有个小朋友以沉默面对妈妈的暴力，结果妈妈打得更凶了，退出权力竞争游戏才是解决的根本之道。在退出权力竞争游戏的回应中，我们可以清晰地看到"重复"的应用，迅速缓解了对方的情绪。

假设对方说了很过火的话，涉及人身攻击，我们可以先皱皱眉头，向对方传递一个信号"我听到了且并不赞同"，应用"重复"后，坚定而温和地跟对方说："关于×××，我觉得没必要这样说，不过，这不是重点。我们要不要一起来研究这次的解决方案？"面对恶劣的人身攻击，既不要生吞，也不要回击，只需告诉对方你不接受。

保持真实的意思是尽量不要说谎。说谎的时候，身体会出卖你，具体参见2.3.1节。"爸爸和妈妈，你更喜欢谁？""你每个月工资有多少？""你公司能给的费用底线是多少？""你给我的竞争对手的价格是多少？"这样的敏感问题就没法如实回答，可采用"误导性事实"回答，这可是大哲学家康德给出的建议。例如，你的朋友为躲避杀手藏入你家，杀手问你的那个朋友是否在这里。"我下午在公园见过他！"这就是误导性事实回答。

测试：朋友送给你一条围巾，你一看就不喜欢，但朋友充满期待地看着你，问你喜欢吗？你的回答是：＿＿＿＿＿＿＿＿＿＿＿＿＿

参考答案：（惊喜地）"噢，这颜色好特别！"

像"你公司能给的费用底线是多少？""你给我的竞争对手的价格是多少？"这类问题，标准答案是："我们对每个客户都是一样的。""所有费用都和销售业绩挂钩。"

拒绝有四种方法：

（1）直接拒绝事而非人

直接说"不"，但强调只是"拒绝此事"而不是"拒绝你"。例如：

"我宁可现在拒绝你，也不希望将来有负于你。"

"这个提议真的很棒，可惜我已经有安排了。"

"我认为我不是帮你解决难题的最佳人选，你可以找……"

这些拒绝很清晰而且让听者不难受。

（2）公开拒绝三段法

公开拒绝比较困难，例如拒绝别人递来的烟或酒。因为对方递的不是烟酒，而是"给面子不"的公开询问，拒绝容易让对方感觉公开受辱，带来更大的麻烦。处理方法是：给予公开回答"我很尊重你，很给你面子"，这样满足对方深层需求后，烟酒不沾也完全没问题。例如：

"和你喝个痛快是我最大的心愿，可惜我身体跟不上！我随量喝一口，敬你！你的工作效率之高让我印象深刻！"（注意，表扬到具体行为。）

"只要是你给，我就想抽。只是肺有毛病，我已经戒烟了。我喝口茶算是抽了这根烟，你的高工作效率让我非常敬佩！"

拒绝的话分三段：

① 我很重视你。

② 此事我因不可抗力做不到。

③ 我采取什么替代行动，因为我尊重你。

这样的拒绝让双方都舒服、满意。（注意，要清晰说出尊重的事实依据，否则有谄媚嫌疑。）在销售中，在采购助理面前拒绝采购经理可以这样说：

"你知道我一直全力配合你的工作，你也知道地堆费在合同中的规定就是 4000 元，如果超过，法务部会直接开除我。这支笔是公司给员工的赠品，我们办公室总共只分到了 50 支，我下次给你带 5 支好吗？你的数据分析非常精准，经常直接指出我们的增长点，令我非常敬佩。我肯定全力配合你！"这样采购经理在采购助理面前保住了面子，沟通自然畅顺了。

（3）答非所问

很多人难以说出拒绝的话，尤其具备讨好型人格的人。还有很多难以拒绝的深层心理原因，这里不深究，只需牢记：如果觉得不合适或者不舒服，我们可以说"不"，同时不是生硬地说"不"，而是采用拒绝技巧。当一时反应不过来时，可以停顿一下，说：

"容我想一想。"

"这个想法很有意思，让我想一想。"

"这件事情不小，让我想一想。"

"我很重视你的想法，让我想一想。"

利用"想一想"的时间，思考如何拒绝。也可以答非所问，这一点最好向政客学习，他们有很多必须说"不"的情况，很多拒绝的话术非常值得学习。2018 年德国总理默克尔去酒吧，吃瓜群众一看总理非常激动，缠着问她各种问题。有人问："你对英国脱欧怎么看？"默克尔回答："能不说这么扫兴的问题吗？"大家哄笑起来，这个问题也就过去了。

（4）用"是"说"不"

说"是"也可以代表"不"（销售员都是哲学家）。例如，"这个提议很好，只是工作量比较大。如果要本周完成，我需要额外两个助手才行。""免费提供饮料，也是可以的。如果每人消费不低于 300 元，饮料是免费喝的。""地堆费 8000 元？有一次大润发提供饮料区一个月 12 个卡板的地堆，我们还真付了 8000 元，其他都没有超过 4000 元的。注意：不要说"只要×××，就×××"，这是要挟，不是说"是"。正确用说"是"表达说"不"的句式是："是的，如果……"

在生活中经常练习这四种拒绝的方法，在销售中就能娴熟使用。

小旭放下讲义，不禁长叹："说了 20 多年话，忽然发现自己真的不懂如何说话！"

"其实也不是什么高难技巧。如果说沟通是艺术，像弹琴、画画一样，那么没有经过练习，怎么会达到艺术一样的水平呢？你可以为自己制订计划，每天专门高频练习一个小技巧，以新习惯代替旧习惯。其他技巧记得就用，不记得就等专门练习时多练习。一段时间后，相信你整个人说话都不一样了。这份练习清单值得再次翻阅，自查是否已经达 PAP 良言水平。"

"嗯！"小旭接过练习清单。销售里有哲学，还有艺术，看来迟早安怡要和我说销售美学……销售很高大上嘛，小旭笑了。

练一练：PAP 良言法的练习清单

（1）保持正面

练习 1：回忆今天的经历，你有使用负面语言吗？

今天我在这种情况下使用了负面语言：＿＿＿＿＿＿＿＿＿＿＿

结果：＿＿＿＿＿＿＿＿＿＿＿＿＿＿＿＿＿＿＿＿＿＿＿＿

如果改用正面语言，我可以这样说：＿＿＿＿＿＿＿＿＿＿＿

练习 2：思考一个朋友的一个缺点，你会怎样用汉堡包反馈法给他提建议。

一层好的开始：＿＿＿＿＿＿＿＿＿＿＿＿＿＿＿＿＿＿＿

一层建议：＿＿＿＿＿＿＿＿＿＿＿＿＿＿＿＿＿＿＿＿＿

一层好的总结：＿＿＿＿＿＿＿＿＿＿＿＿＿＿＿＿＿＿＿

练习 3：正面用词

觉察：我平时有说脏话或粗俗的用语吗？上一次是怎样使用的？

结果：＿＿＿＿＿＿＿＿＿＿＿＿＿＿＿＿＿＿＿＿＿＿＿＿

我以后可以这样：＿＿＿＿＿＿＿＿＿＿＿＿＿＿＿＿＿＿＿

（2）以疑问代替诘问

- 代替反问

练习：思考一下，你频繁使用反问语气吗？

今天我在这种情况下用了反问句：＿＿＿＿＿＿＿＿＿＿＿

结果：＿＿＿＿＿＿＿＿＿＿＿＿＿＿＿＿＿＿＿＿＿＿＿＿

我决定：＿＿＿＿＿＿＿＿＿＿＿＿＿＿＿＿＿＿＿＿＿＿

- 以"How"代替"Why"，用问"怎么样"来代替问"为什么"

练习：思考一下，我曾问过什么"为什么"，可以改为"怎么样"。（见表 2-21）

表 2-21　将"为什么"改为"怎么样"

为什么（Why）	怎么样（How）

（3）以感谢代替道歉

练习：回忆你的一次小道歉，把它改为感谢。

我曾这样道歉：_____

下次我可以这样以感谢代替道歉：_____

（4）真诚而体贴地道歉

练习：回忆你的一次正式道歉。

我曾这样道歉：_____

下次我可以这样：_____

明确动机：_____

承认错误：_____

真诚反思：_____

合理补偿：_____

提出改善行动：_____

愿意再次道歉：_____

（5）控制声调、音量与口头禅

练习：

以快速、尖细的声音，升调结尾说："我们这个产品质量可好了。"

以中速、低沉饱满的声音，降调结尾说："我们这个产品质量可好了。"

你的感觉是什么？_____

你的声音速度：快、中等、慢

你的声音：尖细、中等、低沉

你平时说话结尾比较多的是：升调、降调

未来会做什么不一样的行动：_____

口头禅的修炼：

回忆你的日常用语，你最常用的五个口头禅/词语是：_____

这意味着：_____

你决定：_____

_____（一个你熟悉的人）最常用的五个口头禅/词语是：

_____

这意味着：_____

你决定：_____

（6）让发言权流动

练习1：你今天说话有停顿吗？

通过观察自己说话过程的停顿状况，我认为我的停顿做得好、一般、不好。

我决定：_____

练习 2：一问两答。

观察一对聊得起劲的人，还有一对聊不起来的人，他们的对话是怎样流动的。可以怎样运用一问两答帮助他们对话？_____

（7）舒服地说 "不"

练习 1：回忆一次面对愤怒的人，你可以怎样退出说话权力竞争的游戏。

_____

练习 2：回忆一个经常对你使用语言暴力的人，现在你可以怎样做。

_____

练习 3：保持真实。

一个朋友送你一份礼物，你不喜欢。朋友期待地看着你，问你喜欢吗？你会怎样回答？

_____

练习 4：拒绝他人。

回忆一个朋友上次请你帮忙的情景，你可以怎样拒绝他。（见表 2-22）

表 2-22 怎样拒绝朋友

	请在采用的方法后面打√	你 的 说 法
直接拒绝事而非人		
公开拒绝三段法		
答非所问		
用 "是" 说 "不"		

在公司聚会上，你的上司来敬酒，你不想喝，你可以怎样拒绝他？（见表 2-23）

表 2-23 怎样拒绝上司

	请在采用的方法后面打√	你 的 说 法
直接拒绝事而非人		
公开拒绝三段法		
答非所问		
用 "是" 说 "不"		

> **Day 6　今天我要记住的**
>
> - 不仅是行动，语言也能够伤人。语言给人造成的创伤，甚至比挨打还要大。
> - 大部分人都在语言暴力中长大，因此使用暴力语言而不自知。
> - 当语言开始转变时，思考方式也开始转变。
> - 好好说话，实际上是一种体贴他人的思考方式。
>
> **Day 6　今天我要掌握的**
>
> - PAP 良言法。

⮕ 2.5　锻炼"销售肌肉"——问

"你认为厉害的人物是怎样的？"

"聪明，有成就，执着，洞察人性！还有，他们总是能提出别人想不到的好问题！"

"怎么说？"

"比如，乔布斯就以'乔布斯问'著称——'为什么计算机改变了几乎所有领域，却唯独对学校教育的影响小得令人吃惊？'让人醍醐灌顶；HR怎么都搞不定百事可乐总裁跳槽来苹果，而乔布斯一句'你到底想卖一辈子糖水，还是想获得改变世界的机会？'就让对方痛下决心了。"小旭兴奋了，"还有美国前总统肯尼迪以'不要问这个国家能为你做什么，而要问你能为这个国家做什么'，成功掀起了美国爱国主义的高潮；反对者则针锋相对，'不要问我能为这个国家做什么，而要问这个国家能为我做什么'，又掀起大家对国家的起源、意义、执行等的思考。一个好问题，有时就是答案，甚至比答案还重要。"

"同意，怎样才能问出一个好问题？"

"呃……"小旭语塞了，很快脑子一转，"等我百度一下……最会提问的人是苏格拉底……"

****

苏格拉底的提问

苏格拉底总是用提问让对方主动推翻自己的想法。苏格拉底是这样问的。

① 讥讽：让对方说出看法。

② 助产：揭露对方话中的自相矛盾。

③ 归纳：通过同主题系列问答揭示事物的本质或普遍之处。

④ 定义：从归纳得出事物定义。

案例 1　欺骗是正义的吗?

市民：欺骗是不正义的。

苏格拉底：如果一个孩子有病不肯吃药，父亲欺骗他说药不苦，很好吃，哄他吃下去了，结果治好了病。这种行为该属于哪一类呢?

市民：应属于正义类。

案例 2　偷盗是正义的吗?

市民：偷盗是不正义的。

苏格拉底：如果一个人发了疯，他的朋友怕他自杀，偷走了他的刀子和利器。这种偷盗行为是正义的吗?

市民：是，应属于正义。请允许我收回我刚才说过的话。

****

"哇，太难了！销售也要这样问吗?"

安怡扑哧一下笑出来："讥讽严重违反正面陈述啊，说不定客户恨不得跟你绝交呢。但助产这个概念很好。销售中也会用提问引导客户发现我们的销售方案正好满足他的需求，但这对提问技巧要求很高，你必须先练好提问基本功。"安怡又递给小旭一沓资料。小旭接过资料，感觉资料的分量越来越重了。

SOS提问法

1. Small questions at first——从小开始

不可能通过一个提问就得知一切，但从什么开始问很重要，随意发问不但浪费宝贵的销售时间，还可能造成沟通障碍。例如孩子放学回家后，通常家长会问："你今天过得怎么样？"这个问题很大，孩子不知道怎样回答，只能笼统地回答"好""还行"等。家长也不知道怎么继续提问，高呼亲子交流好难。其实，只要从小问题开始，就很容易让孩子说起话来。例如，"今天，男孩子乖还是女孩子乖啊？"这样有选项的问题孩子就比较容易回答。

"今天男孩子乖还是女孩子乖啊？"

"肯定是女孩子乖呀！"

"男孩子不乖呀，他们做了什么事情让老师批评呀？"

请留意对话中的"节选重复"技巧，这也是让交谈顺利的重要原因。针对孩子的回答有两个方向可以"重复"：

"男孩子不乖呀，他们做了什么事情让老师批评呀？"

"女孩子乖呀，为什么呀？"

这样从"老师今天穿什么颜色的衣服？""你喜欢吗？为什么？"之类的小问题开始，节选重复着一点点地延伸开来，慢慢地就得到了有价值的信息。

小的问题比较具体，能从"虚"到"实"，节省销售时间。例如，在房地产中介门店，顾客想租一套房子，地产顾问怎么回应最好？

A. 你想租哪里的房子？

B. 你想租怎样的房子？

C. 你想租给谁住？

最佳选项是 C。"你想租怎样的房子？"这问题太大——当然是越大越便宜越方便越好，这个问题问了等于白问。C"你想租给谁住？"答案是固定的，员工住、长辈住、自住的房子是截然不同的；然后再问 A，一来租价与交通合适，地域范围可能不定；二来因住客不同，地域可能有定向要求。

客户拜访中，大部分人问客户的第一句话就是"最近生意怎么样？"，这句话跟"你好"的效果几乎完全一样，可谓浪费时间。从小开始可以这样问：

"假期开始了，店里来的人是不是更多了？"

"本周整体营业额超过上周吧？"

"快到国庆节了，国庆节档期安排已经出来了吧？"
问与销售方案相关的小问题，省时又自然。

2. Optional questions——有选择提问

从小开始提问后，接下去怎样问？有个人去看望叔
叔，但忘了叔叔家的地址，于是他在手机上问爸爸（见
图 2-12）。提出问题，也得到了正确的答案，但对解决
问题毫无作用。

要提出正确问题，首先必须区分提问类型，了解其
作用并根据需要进行选择（见表 2-24）。

图 2-12　爸爸的回复

表 2-24　提问类型示例

提问类型	回答难易度	定　义	作　用	示　例
封闭式	很容易	封闭式即二选一的问题，对方只能回答"是"或"否"，"A"或"B"	帮助双方跳出空泛的讨论，直达结果	"今天是否就签合同？" "你今天开心吗？" "你要红色还是蓝色？" "今天下 100 箱还是 150 箱订单？"
限制式	容易	在开放式与封闭式之间，具体但不固定的回答	找出明确具体的信息，或让信息量化	"过去一年，对你来说最高兴的是哪一天？" "你们每隔多久盘点一次门店库存？" "你认为新产品上市，一个月销量达到多少才可以接受？"
开放式	中等	一般开放式，不是简单的二选一问题	带来丰富信息，增加互动	"今年周年店庆，你们公司计划怎么做？" "你们是怎么相爱的？"
	较难	探询式提问，建立在经历或假设基础上的反思问题	引发客户思考，寻找高价值的信息	"对比去年，今年中秋销售情况如何？" "今年中秋的来客数比去年有所下降，主要是由哪些原因造成的？" "如果生命只剩下三年，你会做点什么以改变生活？"

从表 2-24 可见，每种提问类型的作用不同，应用顺序与频率也不同。
"从小开始"应当从封闭式和限制式问题开始，然后是重复+中等难度的

开放式问题。探询式提问虽然看起来"提问质量"最高，能迫使双方更有想法、更有计划性地思考，但如果连问几个探询式提问，对方会非常累，因为面对这样的提问对方要思考后才能回答。销售中连续的探询式提问会立即提升对方警惕度："他在刺探情报？他想干什么？"反而阻碍销售，因此不能连续提出多个探询式提问，最多两个。

开放式提问有助于对方打开话匣子，既能实现良好的人际互动，也能帮助双方发掘更多有价值的信息，在销售中主要有三个作用：

① 鼓励客户自由表达或挖掘客户的想法。（"你觉得这个促销怎么样？"）

② 收集更多的信息。（"他们给的合同条件是怎样的？"）

③ 当客户拒绝接受我们的想法时寻找突破口。（"为什么？"）

封闭式提问在销售中也有三个作用：

① 查证对信息理解的准确性，确认我们理解的是否与客户一致。（"我刚才听到您说……我理解得对吗？"）

② 建议达成协议的一种方法——选择法。（"10套为一组。你是先来1组还是2组？"）

③ 查证客户是否同意。（"是不是我今天能解决这个问题，你就会下订单？"）

限制式提问能迅速锁定相应信息，对绕圈的客户、不说明朗信息的客户最为有效。

三种提问类型的应用汇总如表 2-25 所示。

表 2-25　提问类型销售应用示例表

类 型	小分类	目 的	举 例
开放式	疑问式	当你想了解情况时 当你要鼓励客户自由表达时 当你不了解客户的想法时 当客户拒绝接受你的想法时	最近销售情况怎么样？ 今年元旦，贵公司会安排什么促销？
	探询式	引发客户思考，寻找有价值的信息	对比去年，今年中秋销售情况如何？
限制式	限定式	限定范围找出明确具体的信息	你多久检查一次库存？
	量化式	量化需求	你的预算大约是多少？

（续表）

类　　型	小 分 类	目　　的	举　　例
封闭式	封闭选择式	查证对信息理解的准确性，查证自己的理解与客户一致，取得确认 建议达成协议的一种方法 查证客户是否同意	今天是下 10 箱还是 15 箱？

3. Structural questions——有结构提问

建立提问结构有三个步骤：

① 明确提问目的；

② 确认提问类型与提问路径；

③ 建立提问框架。

首先，明确提问目的：了解什么信息？实现什么目的？目前状态如何？例如，女朋友谈分手的案例，一般人都会绝望地追问："为什么？！"学过保持正面的你已经知道，不能问这么愚蠢的问题了，已经掌握销售技巧的你迅速问了自己三个问题：

① 了解什么信息？——分手原因

② 实现什么目的？——挽留她

③ 目前状态如何？——刚开始谈分手，有机会挽回

其次，根据提问目的选择提问类型，用开放式、限制式还是封闭式？——要了解原因，应该采用开放式问题；根据提问难度与状态确认提问路径——是直接提问，还是间接提问？据说，著名的"上海丈母娘"会这样问："你家停车管理费要多少？"停车管理费虽是间接问题，但能了解"有没有车、住何种档次的房子"等核心财务问题，问题设计得非常精妙。你迅速做出判断：

● 确认提问类型——选择开放式问题以了解更多信息。

● 提问路径——直接提问会引出负面回答，应采取间接提问。

最后，建立提问框架。按时间线索提问，从回忆中间接挖掘原因。于是你捧起她的小手，贴在脸上（适度身体接触能增加亲密感），面露深情与悲伤，颤声地问："我们是怎么走到这一步的？"这样既能找出分手原因，又能勾起以往与她一起的甜蜜时光，也许有机会挽回这段感情（见表 2-26）。

表 2-26　挽留女朋友计划表

提 问 步 骤	提 问 计 划
明确提问目的	了解她为什么要和我分手，挽留女朋友
确认提问类型与提问路径	根据提问难度（中等）与状态（有机会挽回），确认提问类型（开放式提问）与提问路径（间接提问）
建立提问框架	提问框架：按时间线索提问 行动：捧起她的小手贴在脸上，面露深情与悲伤，颤声问："我们是怎么走到这一步的？"

了解孩子校内经历，如表 2-27 所示。

表 2-27　了解孩子校内经历计划表

提 问 步 骤	提 问 计 划
明确提问目的	了解孩子校内经历
确认提问类型与提问路径	根据提问难度（中等）与状态（孩子愿意沟通），确认提问类型（先封闭式、限制式，再开放式）与提问路径（直接提问）
建立提问框架	提问框架：从小开始，把大问题"你今天上学怎么样？"拆分成多个易答的小问题，涵盖同学、老师和用餐等。 行动：准备一些欢迎回家的饮品/食品，从小开始，辅以重复技巧提问："今天上课有没有被老师点名提问？是哪门课啊？你怎么回答的？然后呢？这肯定是最喜欢的课吧？那你最喜欢哪门课？为什么？……在学校吃了什么午餐？喜欢吗？为什么？……"

有了提问框架并熟练应用重复技巧，和孩子聊上一小时基本没有问题。在销售中有多种提问结构可套用，但无论提问框架看起来多炫、多复杂，无非三段：

① 你在哪？

② 要去哪？

③ 怎么去？

或者

① 你目前如何？

② 目标如何？

③ 要如何实现？

以三段论为框架，撷取常用问题清单（见表 2-28）内的问题，就可以得心应手地组成各种提问框架了。

表 2-28 常用问题清单

类　型	例　句
了解问题	造成×××的主要问题是什么？ 时间、地点，多久一次，什么比率，什么范围？
了解起因	是什么导致了这个结果？ 是什么引起的？为什么会发生？触发事件是什么？根本原因是什么？驱动因素是什么？抑制因素是什么？它是怎样起作用的？机制是什么？当×××出现时会发生什么？这是事情的起因，还仅仅是一个相关因素？ 是什么让你有这样的想法/感觉/感受的？ 是你自己的想法，还是听别人说的？你总是有这样的感觉吗？你的观点是否受到了某人或某事的影响？这个问题为什么很重要？你为什么这样认为？
澄清问题	你的意思是什么？可以给我们举一个例子吗？你可以做进一步的说明吗？ 你是不是在说×××？×××是指什么？ 你说的那话是什么意思？如果那样的话，还有可能发生其他的什么事？为什么？
确认问题 是否成立	前提假设是什么？ 你把什么当成必然了？这是否存在？这是不是唯一的？这是好事，还是坏事？ 为什么有人会做这样的设想？在这里，×××假设的是什么？ 你似乎正在假设×××，我是否正确理解你的意思了？ 你怎么知道你是对的？ 你是怎么知道的？你是从哪里听说的？此人的可信度如何？是否有数据支持？数据是否可靠？有哪些可选项？在什么范围内选？谁来做？可以用什么来举例？你为什么相信这是真的？我们还需要什么信息？能解释一下原因吗？你是如何得出此结论的？是否有理由怀疑这一结果？是什么让你相信的？
继续/中止 问题	我们是否需要讨论这个问题？ 这是不是我们现在要讨论的问题？ 谁关心这个问题？讨论的目的是什么？ 你和我是否需要参加这个讨论？还有谁需要参加这个讨论？ 讨论的重点是什么？那真的有可能发生吗？ 根据这个问题，我们可以进行什么样的假设？ 这个问题会不会引起其他问题？ 其他小组会对这个问题有什么样的反应？为什么？你如何解决因_____造成的困难？相信_____的人可能会有什么看法？什么是可供选择的办法？_____和_____的观点在哪些地方一致？哪些地方不一致？

（续表）

类　型	例　句
确认问题 影响	那会带来什么影响？结论是什么？成果是什么？所以呢？短期效应如何？中期呢？长期呢？哪种是最好的情形？最坏的情形？最可能的情形是什么？有哪些意外后果？积极的有哪些？消极的有哪些？
确认行动	应该采取什么行动？ 我们应该做什么？怎样应对？与谁合作？什么时间完成？这是不是意味着解决了根源问题？是否全面？是否有应对风险的策略？是否有支持？ 那会有什么结果？ 可供选择的办法是什么？ 从这件事中你学到了什么？未来你要怎么做？

通用提问框架：

① 发生了什么问题？有什么表现？

② 这个问题背后的意图/立场是什么？这个问题实际上是什么问题？这个问题是怎么来的？

③ 你想要什么？

④ 你可以怎么做？从现在开始，你将做什么？

确认能力提升计划的提问框架：

① 销售能力不好主要体现在哪些方面？——现状

② 想改变到什么程度会满意？——目标

③ 有哪些方法可以实现改变？——可能性

④ 现在开始可以做什么？——行动计划

⑤ 怎样让别人逐步看出你改变的效果？——效果检验

以终为始的提问框架：

① 你想要怎样的结果？如何知道问题已解决？问题解决时看到了什么？

② 要做到什么才能带来想要的结果？这个结果能为你带来什么好处？

③ 需要什么资源可得到想要的结果？目前有哪些差异？你会如何克服？

表面上看，提问计划无从下手，但借助常用框架和常用问题清单，很快就能列好提问框架与清单。

放下资料，小旭感慨地说："难怪伏尔泰说判断一个人要根据他的问话，而不是他的回答。"

"是的，用提问引导客户同意我们的提议，这个技巧绝非一两天就能练成的。你至少要花上一两个星期而且每天都要练习，才能基本掌握 SOS 提问法。只有练好了基本功，才能打出销售拳谱里的组合拳。"

"嗯。"小旭接过练习清单，神色坚定。

练一练：提问计划表

选择一个人，思考一下，你想问他什么，并完成提问计划表（见表 2-29）。

表 2-29　提问计划表

明确提问目的	
确认提问类型与提问路径	
建立提问框架	拆分法/ABC 三段论 ① 开放式/限制式/封闭式 ② 开放式/限制式/封闭式 ③ 开放式/限制式/封闭式 ④ 开放式/限制式/封闭式 ⑤ 开放式/限制式/封闭式 ⑥ 开放式/限制式/封闭式

Day 7　今天我要记住的

- 提出一个正确的问题远比回答问题更重要。
- 三个提问类型、作用与适用情景。

Day 7　今天我要掌握的

- 常用问题清单。
- 提问计划表。

⇒ 2.6 锻炼"销售肌肉"——洞察

"今天书房有什么不同吗?"

小旭看了一圈,蒙了:"没什么不同啊!"当再次仔细观察书房时,小旭发现:"桌上的盆景换成了玫瑰,钢琴旁边多了把吉他,茶几上多了一个烟灰缸……还有烟灰!"

"所以?"

"有个弹吉他的男人来过,还送了你一束玫瑰!啊!他忘记拿走吉他了!"

"你出远差的姑父回来了。"安怡无奈地说。

"啊……"小旭尴尬地笑了。

安怡也笑了:"但你的观察能力和推理能力不错,今天我们就学和看相关的"销售肌肉"能力——洞察。"

"洞察?"

"嗯,比观察更高级,英文叫 Insight。效果还真有点像在表面事实的高墙上成功挖开一个洞,看墙后面真实、高价值的世界。"

"窥斑见豹!"

"嗯,知己知彼的口号容易喊,但执行很难。在商业世界里,客户和竞争对手不会把信息全部公开;客户的心思也未必会主动向你透露;天上也不会掉下来一个商业方案,你照着做市场份额保准赢。想知道更多,必须懂得洞察。创造解决方案,同样需要洞察。你是否留意了我们小区门口那家面包店?它生意不好,想请你给点建议。你会给什么建议?"

"我看那家店挺漂亮的,里面干净整齐、灯光充足,面包看起来陈列得很吸引人,店员也有礼貌,怎么会生意不好呢?肯定是面包不好吃!"

"面包确实不好吃。"

"改配方,学五星级酒店蛋糕房,换面包师傅……"

安怡笑了:"看,你这么快就给出了建议。经过深入了解,你发现这家店以前是现场做面包的,非常好吃。但后来门店越开越多,改为中央工厂供应面包,成本低了很多,但面包没那么好吃了。门店越开越远,中央工厂不得不在面包里加入更多添加剂以延长保质期,面包更不好吃了。因为改中央工厂供应,不用那么大面积,这家店已经退租了部分店面,想恢复现场制作也不行。这附近的社区较高档,大家对口感要求高,就不到那里买面包了。不但如此,中央工厂投资巨大,现在有 50%的门店都出现这种情况，这才是老板最头疼的。"

"这样啊……"小旭一下想不出办法来了。

"所以未经洞察就提出的解决方案经常经不起考验。对于一家面包店来说，影响生意的可能性有很多，可能是附近消费群减少了，大家早餐的口味转变了，附近竞争对手开店了，面包口感不好等等，很多原因。整体了解后锁定影响'面包口感'的真正原因已经迈出解决问题的关键一步。对于整体生意来说，老板可能需要重新调整门店。例如，不再把店开在对面包口感要求高的社区，而是开在对面包口感没那么高要求的门店，如车站、低端小区等地方，或者开发适合网上销售的门店。现有对面包口感要求高的门店，短期内可以调整为代售其他口感好的面包或转让出门店，中期可以开发饼干等口感好的替代产品，长期可以考虑关店等。"

小旭睁大了眼睛："有了洞察，感觉做事情都很有系统，很不一样！"

"系统思考正是洞察的典型特征。"

"洞察好厉害。"小旭吐了吐舌头，"我要学，我要学！"赶快拿起讲义看起来。

洞　察

1. 什么是洞察

洞察（Insight）是通过清晰的表面现象找到系统中隐藏的事实，以此确定新的机会并引发令人鼓舞的系列行动。

2. 如何辨别洞察

辨别洞察有三个准则：

① 隐藏的真相。

② 激发目标听众的积极反应。

③ 转化为具体的行动。

例如，对餐厅老板来说"50%的顾客点餐时会改变饮料选择"属于洞察吗？根据洞察辨别表（见表2-30），餐厅老板觉得这个观察他之前不知道，看起来也很有意思，但这个观察能引发什么行动？如果不确定，则还不是洞察。

表2-30 洞察辨别表

三 种 说 法	隐藏的真相	激发目标听众的积极反应	转化为具体的行动
A. 50%的顾客点餐时会改变饮料选择	√	×	×
B. 50%的顾客点餐时会改变饮料选择,但您这不足 10%的服务员建议顾客选择利润更高的饮料。	√	√	×
C. 50%的顾客点餐时会改变饮料选择,但您这不足 10%的服务员建议顾客选择利润更高的饮料,增加推荐的培训、奖励或竞赛等活动,相信能推动饮料利润提升30%以上。	√	√	√

同时,"50%的顾客点餐时会改变饮料选择"对餐厅老板和消费者的洞察结果是不一样的,具体如表2-31所示。

表2-31 餐厅老板和消费者对同一观察的洞察结果

观 察	餐厅老板可得洞察	餐厅消费者可得洞察
在餐厅 50%的顾客点餐时会改变饮料选择	50%的顾客点餐时会改变饮料选择,但您这不足 10%的服务员建议顾客选择利润更高的饮料,增加推荐的培训、奖励或竞赛等活动,相信能推动饮料利润提升30%以上。	餐厅的殷勤推荐可能只是基于对自身盈利的考虑。我应该根据自己的需要点餐,不能盲从推荐。

3. 如何使用 ICE 洞察生成器

洞察的方法非常好玩,可以真的将其想象为挖宝藏,如图 2-13 所示。A 及 B 洞口下是容易塌方的松土;C 洞口下是一堆白骨;E 洞口下什么都没有;D 洞口下,有阿里巴巴的宝藏!

留意:洞察不是"D 洞口下有宝藏"而是"ABCDE 这个系统下面有易塌方(松土)且可能有毒气(白骨)的宝藏",否则只顾着挖宝藏可能会因塌方、白骨释放的毒气而丧命。真正的洞察基于系统考虑并锁定隐藏的真正原因,而且要考虑有效的行动对策。正如前文的面包店,仅仅盯着面包口味,无法真正解决问题;在了解中央工厂、面包店、面包、顾客全景(系统)后再锁定真正的原因(口感),制订系列行动方案(调整适合中央工厂的面包口感的门店、门店短中长时期的调整,而不是简单地"把面包口感做好"),这才是真正的洞察。

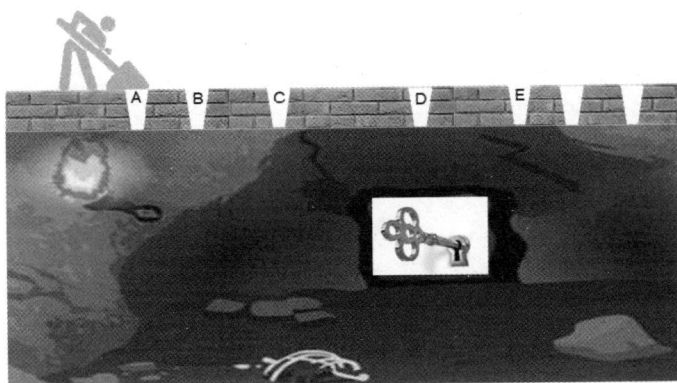

图 2-13 从哪儿开始洞察

怎样了解系统、锁定真正的原因并创造有洞察力的系列行动？——使用 ICE 洞察生成器。

（1）Information——收集信息

借助已发现的关键信息，根据相应模型收集系统的全面信息。常用的模型如表 2-32 所示。

表 2-32 洞察系统的入口模型表

洞察目的	模型	说明
洞察门店生意机会	5P	产品、价格、陈列、促销、人员
洞察购物者	门店生意公式	单次销售额=来客数量×购买率×购买数量×平均单件金额 单个顾客年销售额=平均单次客单价×消费次数
	货架销售公式	销售额=来客数量×货架到达率×拿起率×购买率
	计划性	购物篮销售额=计划内购买额+计划外购买额
洞察业绩影响因素	PEST	政治、经济、社会、技术
	7C	国家或地区（Country）、公司（Company）、竞争对手（Competitor）、渠道（Channel）、品类（Catagory）、客户或经销商（Customer）、消费者（Consumer）

选定模型意味着，当看到来客数量的表面信息时，你就知道要收集购买率、购买数量、平均单件金额的数据。模型告诉我们，我们已经知道了什么，还不知道什么。也许探寻原因后发现，购买率中没有隐藏的高价值信息，但在变动的商业状况里，今天没有不代表明天没有，因为这个洞口

一直都在。即使未来你采取的行动是为了提升客流量的促销活动，这个活动也可能对购买率产生影响。在商业中，没有孤立的原因，必须时刻留意系统的影响。

收集信息后，将信息进行事实与观点区分：事实是已发生的，是不可更改的；观点则是见仁见智，有推测成分。例如"足球是圆的，比篮球好玩"，"足球是圆的"是事实，"比篮球好玩"就是观点。

很多看起来确凿可信的"数据"其实是"观点"，必须区分以下六个陷阱。

数据陷阱1——平均数陷阱

平均数大多没有意义。例如，马云走进你的房间，房间内人均财产暴涨20亿元，但你的财产增加20亿元了吗？而中位数较数学平均数更能指出真相：公司人均工资8888元，表面看来，你拿1万元超越平均水平。其实很可能公司一共500人，中位数——排在第250位的人的工资是1.3万元，你的收入只属于中下游。

数据陷阱2——取样陷阱

某年可口可乐和百事可乐同时都用精准无比的数据、炫彩夺目的图表告诉这个世界，"我的市场份额第一"。很明显，其中有一个在说谎，对吗？

可口可乐说的是销售额第一，百事可乐说的是销售量第一。

可口可乐取1—3月的数据，百事可乐取2—3月的数据。

可口可乐取广州的数据，百事可乐取深圳的数据。

可口可乐取现代渠道的数据，百事可乐取批发渠道的数据。

……

数据的花样太多，所以务必确认取数范围、时间、地点。如果是调查报告，还需确认取数样本。请看图2-14所示的报告。

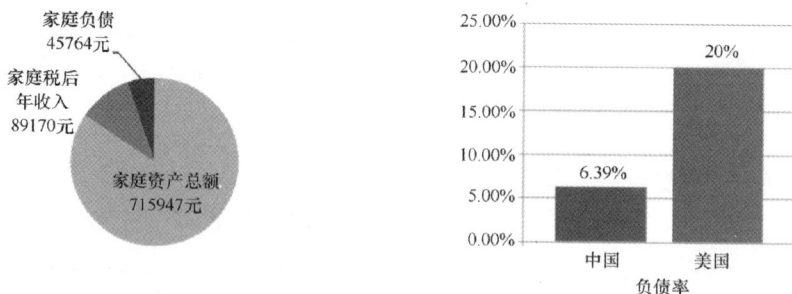

图2-14　城镇家庭报告

怎么样？图表漂亮吧？中国家庭负债 45764 元，家庭税后年收入 89170 元，家庭资产总额 715947 元，因此负债率只有 6.39%。对比美国的 20% 来看：

① 中国人很有钱。

② 中国人喜欢储蓄。

这么精准的数据是怎么算出来的？美国的 20% 又从何而来？再细看，中国数据来自 24 个城市 5800 个家庭的调研。5800 个家庭能否代表全国的城镇家庭？这 5800 个家庭分布在哪里？……因此，这样的数据有意义吗？

抽样类型有很多种（见图 2-15），流程也很复杂，其中可玩的游戏也很多。例如，要调查本书读者阅读满意度，作者在自家亲戚群里选 10 个人，问这本书好不好——回答自然是好。作者的奶奶仗着自己辈分高竟然说不好。没事，去掉 90 岁以上的数据。于是本书第 2 次印刷时，腰封上就可以印：强力推荐，第 1 版读者 100% 认为这是他们读过的最好的销售书！

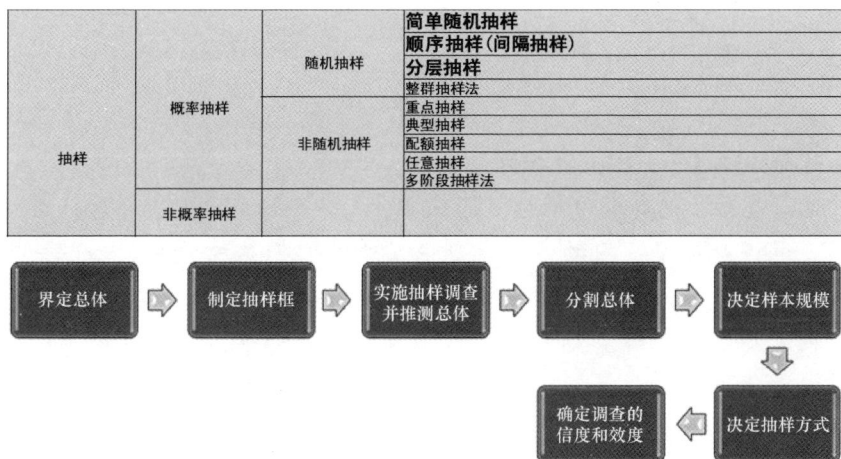

抽样			
	概率抽样	随机抽样	**简单随机抽样**
			顺序抽样（间隔抽样）
			分层抽样
			整群抽样法
		非随机抽样	重点抽样
			典型抽样
			配额抽样
			任意抽样
			多阶段抽样法
	非概率抽样		

界定总体 ⇒ 制定抽样框 ⇒ 实施抽样调查并推测总体 ⇒ 分割总体 ⇒ 决定样本规模 ⇒ 决定抽样方式 ⇒ 确定调查的信度和效度

图 2-15　抽样类型

怎么样？这可没说谎！测试：以下广告你怎么看？

① 比普通牙膏有效防止蛀牙高达 23%。

② 99% 有效杀菌，长达 24 小时保护。

数据陷阱 3——统计图诱导

一图胜过千言万语，来看图（见图 2-16）。

其实，两张统计图数据是一样的，给人感觉如此不同是因为纵坐标的起点不同。图 2-16（a）纵坐标起点是 46.3，最高是 47.4，于是看起来波动很大；图 2-16（b）纵坐标起点是 30，最高是 50，于是看起来波动不大。看图有风险，坐标要看清！

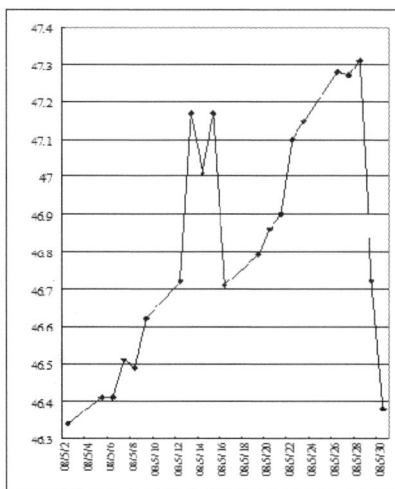

（a）黄金有风险，投资须谨慎　　　　　　（b）黄金量保值，投资首选金

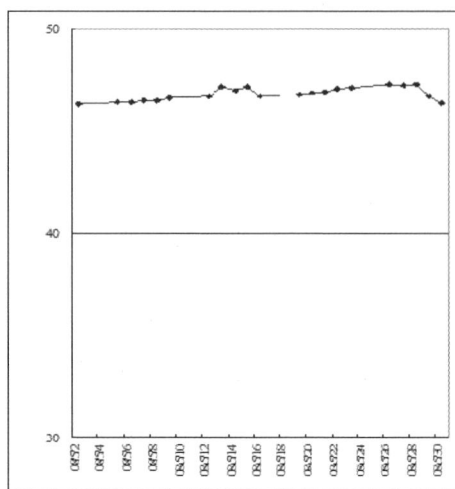

图 2-16　统计图

数据陷阱 4——相关还是因果

某调查称，拥有电视机越多的国家，人的平均寿命越长。即使数据是真的，电视机多了，人的寿命就延长了吗？它们是相关的，却不一定构成因果关系。也许是因为有电视机的人更有钱、生活更好、医疗水平更高，因此更容易长命。如果不信，你可以调查一下，是不是使用的手机越贵，寿命越长？

数据陷阱 5——统计或问卷操纵

15 位同学聚会，老师决定提供一种饮品：茶、啤酒或鸡尾酒。15 位同学各自投票，把饮品从喜欢到不喜欢分别打分：2 分（喜欢）、1 分（一般）、0 分（不喜欢）。老师统计后宣布投票结果。其实，喝什么饮品，大家投票没用，老师说了算，因为老师有 N 种算票方法。这是其中三种：

① 一人一票，最高票数获胜。

结果：茶∶啤酒∶鸡尾酒＝6∶5∶4，结论：喝茶。

② 两轮投票法。第一轮投出最受欢迎的两种，第二轮在这两种中再投一次。第一轮结果是茶和啤酒，在第二轮，喜欢鸡尾酒的人倾向于酒精类饮品，所以全部投给了啤酒。

结果：茶∶啤酒＝6∶9，结论：喝啤酒。

③ 总分最高的饮料获胜。

结果：茶：啤酒：鸡尾酒=19：14：12，结论：喝鸡尾酒。

老师想让大家喝什么饮料，就能找到什么统计方法，这就是统计操控。除此之外，还有问卷操控陷阱。例如，新生入学问卷上不是问"要不要购买学校医疗险"，而是默认购买、不购买须单独说明并解释原因。思考一下这两种做法的购买成功率。

从另一个角度说，这是帮助销售的方法。例如在网上预订车票和酒店，默认购买旅行险，不购买要额外操作；或者提问"购买保险吗"的默认选项是"购买"。

再有，问题的诱导性设计。例如针对本书，你喜欢本书吗？

A. 非常喜欢

B. 喜欢

C. 非常喜欢并愿意推荐给他人

D. 非常喜欢并愿意进行练习

E. 我再想想

在五个选项里，四个都是"喜欢"，而且全部排在前面。你猜结果如何？测试一下：《最新消费者调查报告（2019）》第 69 页写着"超市里 63% 的消费者都愿意尝试新的沐浴露品牌"。对此，你可以提出怎样的疑问？

①

②

③

④

⑤

⑥

因此，信息要尽量详细。例如，"新品娇兰沐浴露对消费者缺乏吸引力"，可细化为：

"新品娇兰沐浴露上市已经 6 个月，销量不足力士的 1%。"

"上月天猫娇兰沐浴露的 1000 名消费者试用测试反馈，只有 7% 的消费者在试用后愿意购买，而天猫日用品平均测试后购买率为 23%。"

同时，还要清晰地知道，沐浴露上市的排面位置大小、排面货量多少，以及同期竞争对手的反击力度等都会影响最终的销量结果。也许，娇兰沐浴露是一个极好的产品，可惜的是，当第一批卖完后，货架就一直空着，没人补货，竞争对手趁机占了它的排面，导致娇兰沐浴露仅仅销售了一天，销量当然不好了。这些都需要我们用"洞察"深挖出来。

数据陷阱6——伪装为事实的观点

对比以下两句话：

A：销售下降20%。

B：在受疫情严重影响的情况下，全体同事日夜奋战、与经销商全力配合，终于取得销售仅仅下降20%的成绩。

表面上，A和B说的都是销售下降20%，但B夹带了大量观点，有明显诱导性。在收集信息这个部分，事实应该像A一样，删除所有形容词与副词，中立地呈现即可。

至于收集信息的方法，可以借用中医的"望闻问切"：

望：看人，看气息，看姿态，看物，看装饰，看流程，看环境。

闻：听内容，听真假，听语气。

问：问你想问，或间接提问（参考提问技巧）。

切：切身体会一下，例如假扮一个客户到竞争店体验，假扮一个经销商了解经营竞品等。

（2）Check——探寻原因

从有意思的表面事实开始，连问五个为什么探寻原因，即5Why探寻原因法。

洞察案例：星巴克的"隐藏菜单"

有一段时间星巴克有一个"隐藏菜单"，在一些门店你可以在现场下单一杯黑寡妇咖啡（或者加奥利奥咖啡）——虽然在星巴克菜单上完全没有这个名字。不少年轻人争相尝试，并在社交媒体上晒出各种各样的星巴克菜单上没有的咖啡。为什么星巴克提供"隐藏菜单"，既然能提供，为什么不印在菜单上？让我们一起来连问五个为什么，看看能带来什么不一样的洞见。

① 为什么星巴克会推出"隐藏菜单"？

因为可以给顾客个性化新选择。

② 为什么要给顾客个性化新选择？

因为65%顾客是年轻消费者。

③ 为什么要给年轻消费者个性化新选择？

因为他们喜欢猎奇，如果没有新事物可尝试，他们可能会去其他店。

④ 为什么年轻消费者那么喜欢新事物？

因为他们都是互联网的重度使用者，新事物可以让他们在社交媒体上有"炫"的资本。

⑤ 为什么年轻人喜欢在社交媒体上"炫"新事物？

因为他们追求独特，希望被看见，"炫"可以体会到网红式被看见的快乐。

因此，假设你也做年轻人的产品市场，星巴克的隐藏菜单就会让你恍然大悟，原来要给年轻人"炫"的资本！于是你马上动手做"'炫'年历"，把一年每个月可供年轻顾客"炫"的活动安排好。

看，洞察让我们从直觉反应调整到有创造力的解决方案，这就是连问五个为什么的作用——挖掘真正的宝藏。

问五个为什么的五个注意事项

第一，从事实开始发问。例如，从"为什么领导对我不满意"这样的观点性问题开始，答案就会天马行空甚至离题万里，可调整为"为什么上周我提议之后，领导否决我的提议并一直摇头"。

第二，不要"跳"问，要层层递进地问（见表 2-33）。

表 2-33　"跳"问与层层递进地问

"跳"问	层层递进地问
"为什么害怕客户生气？" "因为怕我的销售业绩变差。"	"为什么害怕客户生气？" "因为客户一生气就可能减少我的订单。" "为什么害怕减少订单？" "因为订单减少，我的业绩就会变差。"

第三，尽量采用事实回答（见表 2-34）。

表 2-34　采用观点回答与采用事实回答

A 采用观点回答	B 采用事实回答
"为什么害怕客户生气？" "因为客户一生气就可能减少我的订单。" "为什么害怕减少订单？" "因为订单减少，我的业绩就会变差。"	"为什么害怕客户生气？" "因为客户一生气就可能减少我的订单，最高能少 1 万箱。" "为什么害怕订单减少 1 万箱？" "因为订单减少 1 万箱，我的业绩就会下降 25%。"

从表 2-34 可知，当回答以观点为主时，难以继续提问；当以事实回答时，就有清晰继续提问的路径。A 容易指向"如何讨好客户"的错误行为，而 B 很可能指向"如何降低客户依赖度"的解决方案。

第四，采用节选重复延续发问，但避免进入死循环。请看下面画线部分的正确节选重复示例：

为什么星巴克会推出"隐藏菜单"？

因为可以给一些<u>顾客</u>个性化新选择。

为什么要给<u>顾客</u>个性化新选择？

因为 65% 的<u>顾客</u>是<u>年轻消费者</u>……

但不能陷入死循环，如表 2-35 所示。

表 2-35　死循环与解开死循环的模型

死　循　环	解开死循环的模型
为什么我们餐厅的销量额下降 3 万元？ 因为旁边新开了两家餐厅。 为什么新开了餐厅我们的销售额就下降？ 因为旁边新开了两家餐厅啊！	餐厅销售额=来客数量×平均消费金额

问"为什么我们餐厅的销量额下降……"，答"因为旁边新开了两家餐厅"（客流）后陷入了死循环，而继续问"为什么餐厅要在我们旁边开"就离题了。正确解法可以借助模型进一步探究。例如针对销售额公式，可以继续提问到店客人平均消费金额有没有下降，消费数量如何等。因为我们都不知道里面有什么宝藏，所以只能一一尝试。5W2H 也是常用的模型：

Where（地方）——客流分几个地区？是不是所有地区的客户都被分走了？

When（时间）——客流分几个时段？是不是早上、中午、下午、晚上、消夜五个时段全部下降？如果不是，为什么？

Who（谁）——客流分几种人？是不是家庭、企业，还是老、中、青全部下降？如果不是，为什么？

What（什么）——客户消费什么产品？是不是前菜、主菜、酒水、甜品全部下降？如果不是，为什么？

Why（为什么）——客户为什么来吃？是自吃，还是宴客？是想犒赏自己，还是其他原因？是不是所有消费目的都下降？如果不是，为什么？

How（怎样）——客人怎样吃？是喜欢自己下锅烧烤，还是喜欢服务员代劳？是不是所有吃法都下降？如果不是，为什么？

How much（多少）——客人平均吃多少？平均单价是多少？是不是所

有数量或单价都下降？如果不是，为什么？

如此我们就可以看到，死循环被打开并再次分流，又有许多探查的可能。在洞察中，对模型的了解是成功的关键，需要跨学科的阅读和对业务的熟悉与理解。

第五，分岔同步试探。

"因为可以给一些顾客个性化新选择。"有两种延续提问：

A：为什么要给顾客选择？

B：为什么要给个性化新选择？

这是两个分岔"洞口"，各试一试直到找到真正的洞察。必须把整体洞口模型牢记在心，因为每项成功或失败都是系统共同作用的成果，完成所有洞口（五个为什么）探寻后，才能锁定最重要的原因。

（3）Execution——采取行动

有意义的积极行为因人而异。星巴克的案例对市场部主管来说，积极行动可能是制作"年轻人'炫'年度活动"；对普通消费者来说，则可能的行动是：

- 类比推广——星巴克有"隐藏菜单"给我炫，其他喜欢年轻消费群的门店（如"喜茶""COSCO 咖啡"等），是不是也有"隐藏菜单"给我炫？
- 夸大效应——原来我很希望被关注、被看见，除了炫，还有其他方法让更多的人看见我、关注我吗？例如直播。
- 深层改变——可以采取行动降低对外界关注我的依赖吗？例如，自己看见自己，就能得到快乐？

如上引发的行动才是真正积极而有意义的。在商业洞察中，积极的行动应当达到对己、对客户、对购物者的三赢。洞察是难度最高的"销售肌肉"，但有了这块肌肉，才有销售的"神来之笔"。将行动列入 SSS 表（见表 2-36）。

表 2-36　SSS 表

	基于洞察：		
	Stop 停止以下错误行为	**Strengthen** 继续以下优秀行为	**Start** 开始以下改善行动
1			
2			
3			

一切不能带来行为上的改变的洞察都是耍流氓。

小旭放下讲义，感叹道："洞察真不容易！"

"是的。"安怡说，"这是最难练习的"销售肌肉"，洞察生成器工具可以帮助你温习并练习，希望你从此看什么都能看到系统对结果的影响。"

"嗯，这是帮助从单点思考到全局思考的重要一步，我会加油的。"小旭认真地接过清单。

练一练：ICE 洞察生成器

任选你感兴趣的表面事实完成一个洞察（见表 2-37）。也可以从以下主题选择一个。

- 为什么在超市里，大品牌都争相放在货架最靠近走道的"第一位置"？
- 为什么中国离婚率越来越高？
- 为什么孩子开始上幼儿园时都会哭着说"不愿意"？

洞察主题：

表 2-37 ICE 洞察生成器

信　　息	用这个洞口模型： 我找到以下信息：	
1Why	为什么	因为
2Why	为什么	因为
3Why	为什么	因为
4Why	为什么	因为
5Why	为什么	因为
（Why 数不足自行增加）	为什么	因为
洞察	对_____来说，洞察是： 对_____来说，洞察是： 对_____来说，洞察是：	

Day 8　今天我要记住的

- 洞察是系统的观察与思考方式。
- 警惕事实与数据的六个陷阱。
- 洞察不容易，但值得花时间去做，而且有方法可循。
- 高洞察力是直觉的基础。

Day 8　今天我要掌握的

- ICE 洞察生成器。
- 5Why 探寻原因法。

▐▶ 2.7　锻炼"销售肌肉"——销售心境

"今天的任务是决定要不要做销售。"安怡说。

"这有什么好犹豫的，我决定了，做销售！"

"没那么简单。"安怡笑了，依然递来两张纸，很特别地，这两张纸经过装裱，烫着金边。

销售心境

1. 确认销售

销售之前，必须先确认，你是否真的愿意销售它。

如果产品质量欠佳，或者产品是假货，或者产品只值 10 元，而通过各种手段使产品售价虚高到 1000 元，那么无论销售技巧有多高，最终都只会惨败收场。在这些情况下，销售技巧或许会帮助你获得短期利益，但你终将失去长期利益，得不偿失。销售如果不考虑社会利益与道德价值，时间一长，就可能带来灾难性的后果。

一家著名企业推出了一款新饼干，产品质量非常棒，酥脆可口，加上销售网络本来就完善，销售人员也训练有素，产品迅速大卖。半年后，企业领导想，成本控制一下，利润不就更高了？于是面粉从每包 130 元下降到 110 元。市场反应如何？利润没有下降，消费者也没有投诉！企业领导乐了，面粉从每包 110 元降到 100 元……最后降到 90 元。不料，销售量突然暴跌——消费者吃出了口感差异。企业急了，赶紧把面粉重新调整回 100元、110 元……130 元，但商誉易走难回，这个产品后来退市了。不得已企业又推出了一个新产品，但之前退市门店库存没有处理好，品牌美誉度也受到损害，企业整体业务受到很大打击，这样的困难就不是通过销售技巧能够解决的了。

在微商刚起步的 2015 年，某品牌面膜半年销售过亿片，成为神话。实际上这个面膜的质量很一般，一盒 5 片的面膜便宜的要 200 元，贵的能到1000 元，超越世界顶级护肤品品牌。凭什么？传销销售机制。果然，不到两年，这个品牌就倒闭了。

如果你卖的是这种饼干和面膜，真的，请停止学习销售技巧，因为你的技巧越高，被你祸害的人就越多。

可口可乐的员工曾经有一段时间痛苦不堪，因为网上传闻使用可口可乐可以刷马桶、灭蚊子、除铁锈等。幸好后来有专业人士解释，可乐中的二氧化碳形成了碳酸，而马桶中的污垢多是尿碱，酸碱中和起了化学反应，因此起到了除污的效果。市场上含柠檬酸添加剂的饮料、平时炒菜用的醋，都有这个除污效果。你要是舍得的话，倒一瓶香槟去刷马桶，效果也是杠杠的。在专业人士的帮助下，员工的疑虑渐消。图 2-17 是常见果汁与可口可乐每 100 毫升的热量对比。

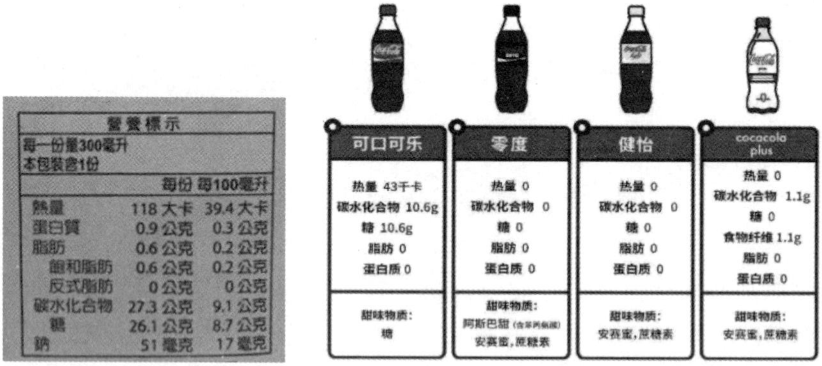

图 2-17　常见果汁与可口可乐每 100 毫升的热量对比

果汁的热量更高，而且为了口感，内含的添加剂更多。所以可口可乐员工明白，他们卖得越多，消费者越能迅速地安全健康地补充水分，销售才又充满了乐趣。

因此在决定做销售前，请先自测（见表 2-38）。

表2-38　销售前自测表

销售前自测问题	是/否
你的产品质量是可靠的吗？	
你认为你赚取的利润合理吗？	
你的产品值得顾客购买吗？	
如果你是顾客，你也愿意选择你现在销售的产品/服务吗？	

如果上述回答均为"是"，就继续学习以下销售心境。

2. 销售心境

好的销售心境就是简单快乐，包括：

（1）销售不是万能的

销售没有万全之策。根据销售成功公式（销售额＝产品×销售人员×客户），销售成功有三要素：产品、销售人员、客户。三者是相乘而不是相加的关系，也就是说，如果产品为零，那么你是最强销售员也没有用，结果依然是零。销售不成功还有客户方面的原因，他可能财务有问题、正在生病、准备调职……有无数种与你无关但足以拒绝你的原因。因此，销售成功不会只因你，销售失败也不会只因你，坚持做好自己的本分工作即可。

除此，个人的心态对成败影响很大。患得患失时、心有所虑时，你的经验和技巧都不可能得到充分发挥、呈现最佳表现。

庄子在《田子方》里说道：列御寇为伯昏夫人表演射箭，他在胳膊肘上放了满满一杯水，搭弓射箭。一支，两支，三支，连发三箭，手臂上那杯水纹丝不动。

这样的射箭技巧，不可谓不高，但伯昏夫人不以为然。她请列御寇一同"登高山、履危石、临百仞之渊"，在高山上踏着危石，面临百丈深渊，转过身来背向深渊倒退，一直退到自己的脚掌有一部分已经在悬崖之外。站在这个地方，伯昏夫人请列御寇上来射箭。而此时列御寇只能趴在地上，汗流到脚后跟。

伯昏夫人说："夫至人者，上窥青天，下潜黄泉，挥斥八极，神气不变。"

面临销售的意外、困境、拒绝仍能"神气不变"，安静自信，这个人才是销售的真正勇者。他知道自己的价值所在，能管控好个人的情绪，并坦然接纳结果。在销售中：

- 失败是正常的，困难是正常的，被拒绝也是正常的。
- 销售是一场马拉松，别将一次的得失看得太重。
- 销售的早期非常艰苦，不要过早放弃。
- 销售有已经证明很有效的技巧，练习，练习，练习。

（2）创造销售乐趣

尽量让销售有趣一点。不但要让自己工作得有趣，也要让客户觉得你是一个有趣的人。销售是人和人之间的沟通，不要让这个沟通只剩下赤裸裸的金钱关系。让销售多一点儿人情味。

- 即使做着重复的工作，也请尝试给自己一些挑战，哪怕只是一点点不同。
- 当第一次销售成功时，自己奖励自己。
- 对每一次重大销售成功，都值得祝贺。
- 当客户第一次向你下单时，可以送其一件小小的礼物表示感谢。
- 根据不同的人送不同的礼物，但不能把送礼物作为订单的标准回赠，只是表达你的心意而已。
- 当你感谢客户时，真的只是感谢，而不是谋求订单。

放下讲义，小旭沉默了良久，抬头说："我还以为销售心境是一碗鸡汤，不料是一场灵魂的拷问。"

安怡微微一笑："克莱公司的产品你可愿意卖？"

"国际第一大饮料公司的产品我还是很有信心的，当然，如果它挣的都是黑心钱，我就不卖，辞职！"

"不为五斗米折腰，有骨气。"

"我相信，如果我的销售能力好，到哪里都可以谋到一份好工作。真正的铁饭碗不是捧着一只打不烂的铁碗，而是到哪里都有一碗饭吃。"

"好极了，"销售肌肉"的练习方法和辅助工具都已经给你了。有没有肌肉就靠你自己了。你可看过《清单革命》？"

"看过，就是用清单来帮助记忆，从而有效降低错误率。"

"很好，请列一张到目前为止你所学到的知识点清单，配合之前所有练习清单，连续练习 21 天。"销售肌肉"练成以后，我们就开始实战辅导。"

"嗯！21 天后见！"小旭坚定地回答。

练一练：销售心境

① 针对计划销售的产品进行销售前自测（见表 2-39）。

表 2-39　销售前自测表

销售前自测问题	是/否
你的产品质量是可靠的呢？	
你知道成本吗？你认为利润合理吗？	
对比同类竞争对手，你的产品更超值吗？或者对比同类竞争对手，你的产品虽然更贵，但是值得的吗？	
如果你是顾客，你也愿意选择你现在销售的产品/服务吗？	

② 销售心境（见表 2-40）。

表 2-40　销售心境

	目前状态	提升行动
面对拒绝		
压力下销售		
创造销售乐趣		

Day 9　今天我要记住的

- 只卖自己也愿意买、愿意卖的产品。
- 销售不是万能的，销售额=产品×销售人员×客户。
- 销售被拒绝是正常的。
- 销售是一场马拉松，一次得失不重要。
- 要勤奋。

Day 9　今天我要掌握的

- 销售前自测表。

这是一份可拓展使用的清单（见表 2-41），在清单中可以持续补充、更新更多销售技巧，使其成为一份你的能力清单，逐步发展为个人销售认知体系。

表 2-41　销售技巧清单 1——规划与"销售肌肉"

模　　块	分项	技巧或知识点	关　键　词	是否掌握
销售规划	规划销售事业	MPS 选择职业法	意义、乐趣、优势交集点	
		DREAM 人生规划表	以人生终点为起点	
			职业规划是人生规划的一部分	
			Death announcement 明确终局	
			Role portraits 角色画像	
			Estimation of resources 预估资源	
			Action 行动计划	
			Modification 定期回顾	
	销售入门	销售的定义	以产品或服务的利益满足客户需求	
		销售与谈判的区别	满足需求 vs 交换交易条件	
			说服对方接受开价 vs 新成交价	
		胜任力模型	胜任力冰山：表面—浅层—深层	
		ASK 模型	态度、技巧、知识	
		能力评估雷达图	现状、目标、差异、成长计划	
锻炼销售肌肉	BRT 聆听	Body language 用身体语言听	放松表情，点头示意与简单回应	
			放松双手，暴露双方让对方可见	
			放好双腿，不要 4 字脚抖腿等	
			呼吸觉察法	
			可实践的空杯心态	
		Repetition 重复事实与感受	论点论据法	
			原样事实	
			节选重复	
			归纳重复	
			演绎重复	
			减少四种重复错误	
		Translation 归因于事解读	双向沟通流程	
			ABC 三段法	

（续表）

模　　块	分项	技 巧 名 称	关　键　词	是否掌握
锻炼销售肌肉	PAP良言法	Positive 保持正面	正面陈述	
			从评判到辨别	
			汉堡包反馈法	
		Positive 以疑问代替诘问	从问"为什么不"到问"不如"	
			从问"为什么"到问"什么""怎么样"	
		Attentive 以感谢代替道歉	以感谢代替道歉	
			道歉应当遵循"正面原则"	
		Attentive 真诚而体贴地道歉	小道歉大包揽责任	
			大道歉五要素（明确动机、承认错误、真诚反思、合理补偿、提出改善行动）	
		Powerful 控制声调、音量和口头禅	音域、音量、音调、速度、韵律、结尾升调或降调	
			修炼口头禅	
		Powerful 让发言权流动	用停顿让发言权流动	
			一问两答	
		Powerful 舒服地说"不"	退出权力斗争的游戏	
			保持真实	
			敢于拒绝	
			直接拒绝事而非人	
			公开拒绝三段法	
			答非所问	
			用"是"说"不"	
	SOS提问法	Small questions at first 从小开始	从具体小问题开始	
			将开放式大问题拆分为几个封闭式或限制式小问题	
			以节选重复衔接下一个提问	

（续表）

模 块	分项	技 巧 名 称	关 键 词	是否掌握
锻炼"销售肌肉"	SOS 提问法	Optional questions 有选择提问	开放式	
			限制式	
			封闭式	
			各类问题的适用情况与禁忌	
		Structural questions 有结构提问	明确提问目的	
			确认提问类型与提问路径	
			建立提问框架	
			基础三段式结构与常用结构	
	ICE 洞察生成器	Information 收集信息	什么是洞察	
			洞察的作用	
			按系统/模型收集信息	
			区分事实与观点	
			六个数据与观点陷阱	
			收集信息的四个方法	
		Check 探寻原因	5Why 探寻原因法	
			从事实开始发问	
			层层递进地问	
			采用事实回答	
			采用节选重复延续发问	
			5W2H 解开死循环	
			分岔同步试探	
			完成全系统探寻后总结原因	
		Execution 采取行动	不同人行动不同	
			创造积极行为	
			SSS 行动计划	
	销售心境	销售不是万能的	销售伦理	
			销售成功公式	
		创造销售乐趣	让销售多一点变化与趣味	
			在销售中增加一点儿人情味	

记住：知识清单与练习清单配合练习。

清单只是健身**指南**，八块腹肌全靠**练**！

第 3 章

小试牛刀

本章概览

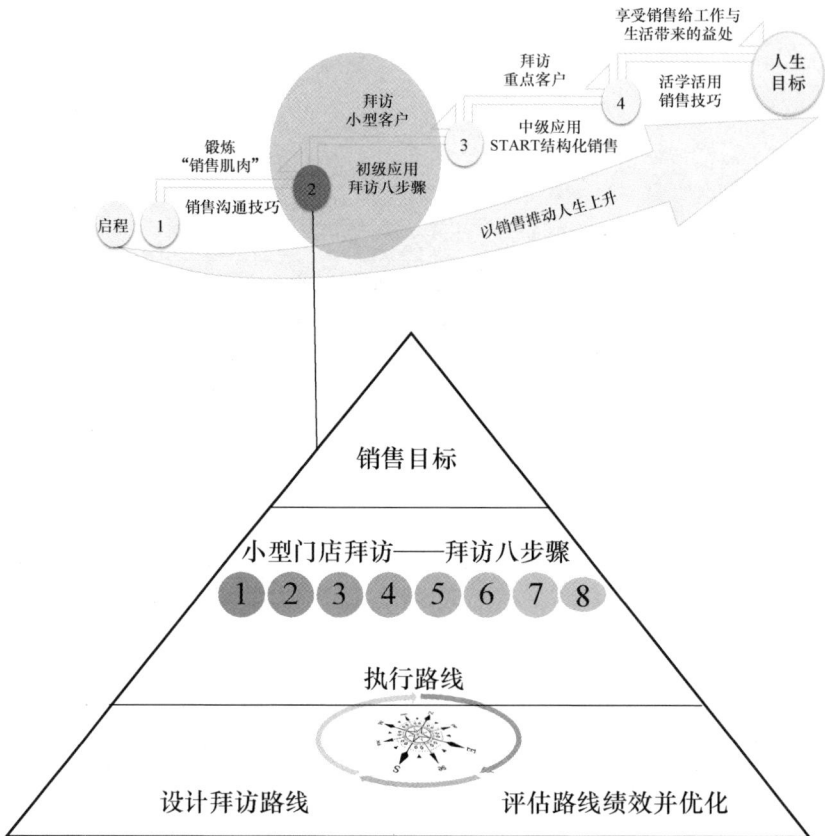

本章目标收益与技巧练习协助工具

内 容	目 标 收 益	工 具
MAP 拜访路线设计	了解如何普查售点并分类 了解售点评估工具 掌握根据计划拜访的售点科学设计拜访路线的方法 掌握评估路线绩效的主要指标与评估方法 优化拜访路线、整体业绩	售点调查表 渠道分类示例表 售点拜访与服务标准表 售点服务方向与能力需求表 拜访群安排顺序表 每日拜访群分配表 拜访路线计划表 小型客户资料卡示例 路线耗时分析表

（续表）

内　容	目　标　收　益	工　具
MAP 拜访路 线设计		区域售点分布图 拜访路线图 售点意义图 售点分布图 每日拜访路线图 客户集中度分析图 路线优化二维四象图
拜访八 步骤	能利用拜访八步骤拜访小型门店并获取订单 能应用基础销售沟通方法提升销售成功率 能熟悉处理小型异议	拜访八步骤工作要点与示例 高效门店拜访 ASK 能力清单 三类异议示例表 附录 C　常见异议处理大全

⯈3.1 设计拜访路线

"姑姑，姑姑！"小旭高喊着冲进书房，浅蓝 Polo 衫配深蓝色牛仔裤，脚蹬黑色休闲鞋，头发刚刚剪过，一身干练清爽，再看不出学生的样子了，"我遇到难题了！"小旭把怀中厚厚一叠文件往桌上一放："上班两个星期天天加班，姑姑救我！"

"怎么了？"

"刚上班主管领着我协同拜访，感觉还好。现在开始独立拜访，公司分给我一个业务区域，让我管理 200 多个传统渠道售点。本来我以为将区域划分为五个格子，每天拜访一个格子正好。哪料有些门店一周两访，有些门店一周一访甚至两周一访；有时店主不再让我白跑一趟，有时其他格子中的客户临时有急事又把我喊去……每天在不同格子里跳来跳去，路上浪费了很多时间，所以经常加班！你看，这是我其中一天拜访的路线情况。"小旭抽出两张示意图（见图 3-1 和图 3-2）给安怡。

图 3-1　区域售点分布图

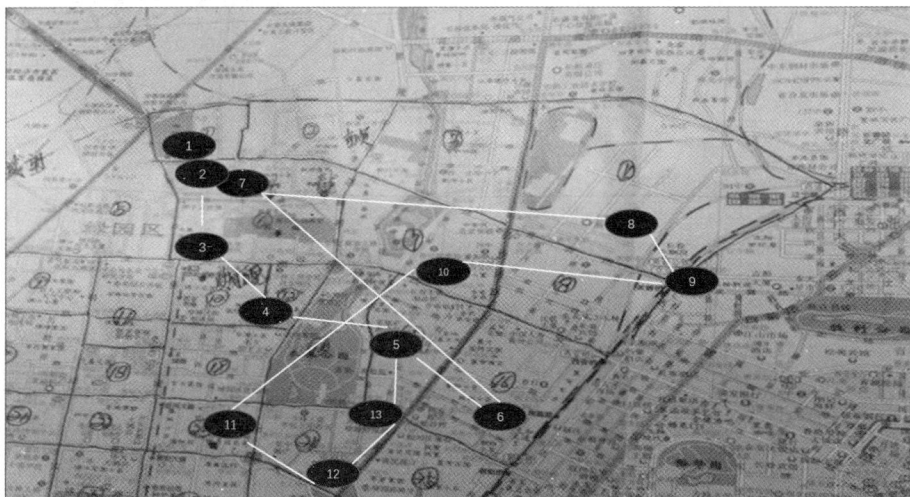

图 3-2　拜访路线图

"路上浪费很多时间啊!"

"是呢,门店数量也在变化。比如门店关门或者新店开张,每天还有没完没了的报表要上交! 根本没办法日事日清! 我都要疯了!"

"上班第一个月快疯了? 正常。公司应该有系统自动设计拜访路线啊,路线设计将来肯定会交给 AI 或小程序做,你怎么还要自己设计?"

"本来是有的,你看,这是公司的系统。"小旭拿手机给安怡看(见图 3-3)。

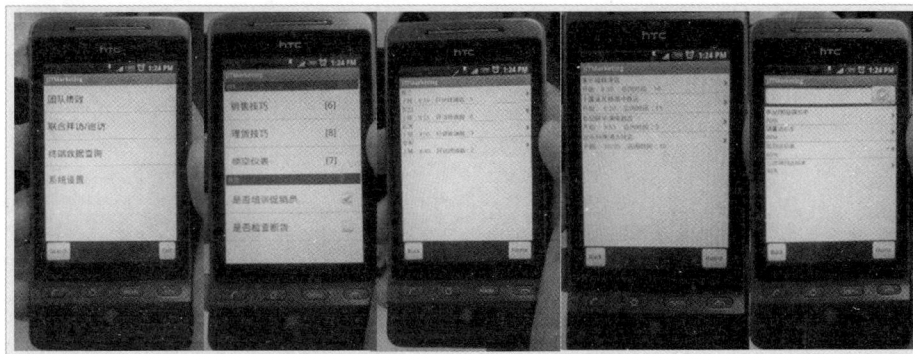

图 3-3　路线与拜访手机系统示意照片

"入职时公司还培训过我们怎么使用,这是流程图(见图 3-4)。

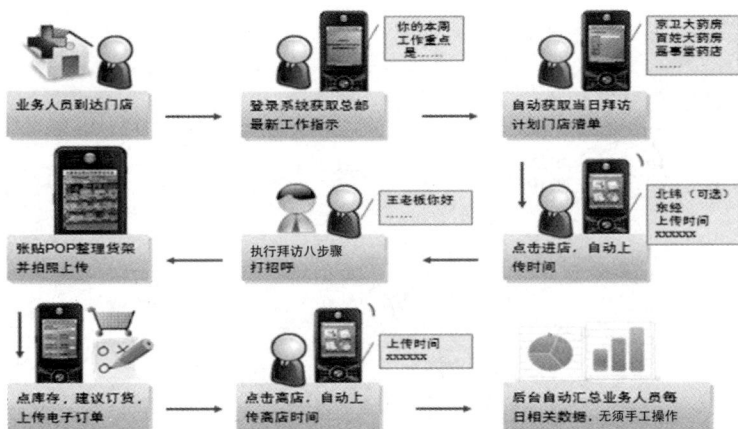

图 3-4　路线与拜访手机系统使用流程图

"每天的拜访路线也是电脑帮忙设定好的（见图 3-5）。

图 3-5　路线与拜访手机系统每日拜访路线清单图

"但公司系统忽然出了故障，要求我们暂时手工设计路线。大家用系统太久，都不会手工设计路线了！主管也忙得晕头转向，没空理我！"

"幸好我还留着当年系统没普及时用的路线设计工具。销售人员每天工作时间只有 8 小时，MAP 路线设计工具能帮助你选出最值得拜访的门店，减少路途时间，把更多时间留给销售。"安怡说着递给小旭一个文件夹。小旭顾不上说"谢谢"，赶紧翻看起来。

MAP拜访路线设计

1．Market analysis——售点普查

门店通常称为售点，简称 POC（ Point of Connecting，直译为连接点 ），或者 POP（ Point of Purchasing，直译为购买点 ）。前者强调与购物者沟通，后者强调购买行为发生地点，不仅局限于货架，鼓励创造多点购物。售点包含 POC 与 POP 的含义。

> 售点的定义
> 向购物者传递销售信息，激发购物者购买欲望并
> 促成购买行为的连接点。

产品从品牌商到消费者手中，经过了漫长的流程，如图 3-6 所示。

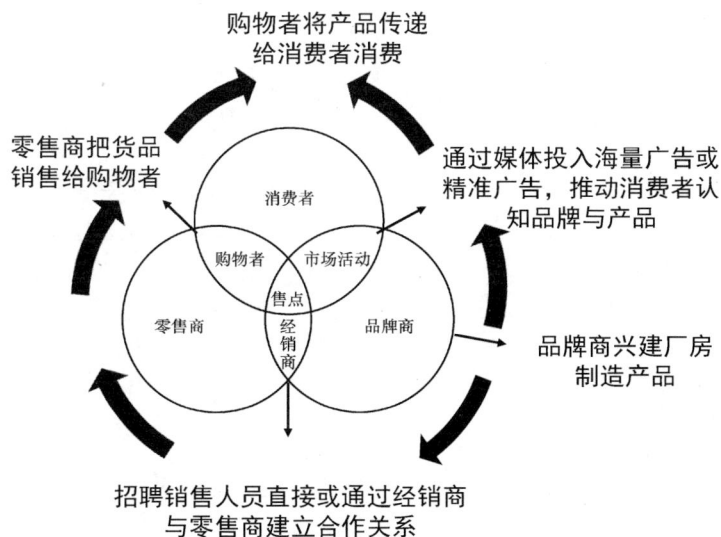

图 3-6　产品从品牌商到消费者的流程

品牌商、经销商、零售商、购物者在流程中分别承担不同职责（见表 3-1 ）。

表 3-1 品牌商、经销商、零售商、购物者在流程中的职责

类　　别	主 要 流 程
品牌商	制造产品，通过媒体/自媒体投入海量广告或精准广告，推动消费者认知品牌与产品；招聘销售人员直接或通过经销商与零售商建立合作关系；推动经销商或安排自有销售人员维护售点执行表现；收集消费者反馈信息
经销商	维护售点执行表现
零售商	在售点销售产品
购物者	在售点购买所需产品，把产品传递给消费者。购物者可能是消费者，也可能不是消费者（如婴儿奶粉的购物者与消费者就明显不重叠）

售点可能是实体门店，也可能是淘宝店、微商、直播带货等网络门店，甚至是个人直销，但不管什么形式，所有参与者包括品牌商、生产商、零售商、购物者和消费者最终在售点交集连接，因此售点是业务链中最关键的连接环。

可口可乐品牌无论做得多好，如果购物者在售点找不到可口可乐，销售一样不会好，"赢在终端"就是这个道理。

市场上关于渠道、通路、售点的概念非常混乱，快消品大品牌基本采用这些定义（见表 3-2）。统一定义的好处是：统一语言，不会我说 A 你说 B，引起混乱；精细的定义帮助各司其职，并有针对性地提高系统运作效率与能力。

表 3-2 常用通路渠道售点概念

概　　念	定 义
通路	通路（Route to Market，RTM），是指产品从生产商到消费者手上的全过程。 ① 通路营销。所有线下（Below the Line，BTL）与消费者直接接触的营销活动。对应的线上（Above the Line，ATL）营销指通过大众媒体如电视、网络影响消费者的营销活动。 ② RTM 部。管理搭建产品从工厂流通到售点的销售网络的部门，通常主要负责制定区域经销商策略，针对全新市场进行评估及选定经销商，然后交给销售部跟进、修正与维护，实际上 RTM 部思考的事情远较经销商多。 ③ 经销商也称通路，但绝不称为"渠道"
渠道	同类售点的总和称为渠道（Channel）。例如，便利店渠道、学校渠道。 ① 很多名为"渠道为王"的书，内容其实不是"渠道"，而是经销商。讨论"渠道"及"通路"时，最好先确认彼此定义。 ② 渠道部负责制定渠道发展策略，包括不同渠道的消费者画像与销售发展策略，渠道经销商策略、产品组合策略、陈列策略等
售点	售点也称终端，例如常来便利店、常来饭店、沃尔玛超市 61 号分店。是向购物者传递销售信息，激发购物者购买欲望并促成购买行为的连接点

概念的演化也催生了销售部门组织架构的变化。最早负责销售的部门只有销售部，但与销售相关的工作实在太多了，于是拆分为品牌营销部（Brand Marketing）负责品牌营销，以及销售部（Sales）负责实际销售执行。但品牌营销部经常投诉销售部，正是因为销售部对品牌营销部的策略理解有差异、执行不力；销售部则投诉品牌营销部设计的销售方案不切实际，与其乱花钱砸广告还不如分出一点钱进行线下营销活动……为解决它们之间的矛盾，渐渐派生出通路营销部（Trade Marketing，TM），专门负责"翻译"工作，协助两部门更好合作。例如，品牌营销部设计了海报图，通路营销部把海报图做成 X 展架、货架跳跳卡、吊旗等，然后和各销售部门沟通，最终让正确的 X 展架等宣传品以正确的数量、用正确的形式、在正确的时间、放在正确的店里正确的位置。通路营销部通常属于销售部，同时有一定费用预算，是销售部的"大脑"和财神爷。如果没有 RTM 部、渠道部，通路营销部通常会把这两部门的活也干了。

区域的规划与销售策略由销售管理层制定，但要产生销售，考验的仍然是一个个售点的执行情况。销售代表——销售中最底层的职位，拥有最低的技能，拿着最低的工资，却负责着最关键的一环——最终表现。所以，如果忽略销售培训，就是企业噩梦的开端。

了解售点定义后，首先要明确市场整体售点情况。

① 区域内有多少售点。

- 在百度地图上搜"餐厅""超市"，上面的数据清晰齐全，交叉对比"美团外卖"，售点数据库便建好了。
- 参考各大快消品公司的系统数量。
- 业务代表实地摸查。

② 确认售点的容量、竞争状态与潜力。

仅仅有门店名称是不够的，还必须补充完善各店的生意数据，至少包括门店容量、在售品牌、各品牌销量与合同等。有些饮料公司的调查资料详细到店里有几台冰箱，冰箱里放了什么，竞争对手有几个排面、占多少比例，每个月品牌商付给店里多少费用（电费或陈列费）等。这些数据现在只有靠人工检查。表 3-3 为某快消品公司的调查表。可见，所需调整的事项相当细致。

表 3-3 售点调查表

地址 Address	售点名称 POC Name	类型编码 POC Type Code	货品来源 Product Sourcing	店内售卖的产品 Selling Products in POC								月销量合计 Monthly Total Vol.	冰柜数量 No. of Cooler			促销材料及用品POCM					
				Top1		Top2		To3		其他 Others						促销品(伞1/杯子2/POP3) POS(Umbrella/Glasses/POP)		店招1/灯箱2 Signage/Light-Box			
				销量 Vol.	价格 Price	销量 Vol.	价格 Price	销量 Vol.	价格 Price	销量 Vol.	价格 Price		公司 Company	竞争对手 Competitor	自拥 POC Owned	公司 Company	竞争对手 Competitor	公司 Company	竞争对手 Competitor		

区域Area: _____

街名Street: _____

编码code: _____

渠道分类 POC Type Code:

1) 大型餐馆 High-End Rest. 2) 中型餐馆 Mid-End Rest. 3) 低档餐厅 Low-End Rest.

4) 酒吧/KTV/俱乐部/迪斯科 Bar/KTV/Club/Disco 5) 其他（宾馆．差旅）Others(Hotel.Travel)

6) 大卖场 Hypermarket 7) 超市 Supermarket

8) 便利店 Convenience Store 9) 杂货店 Grocery/Dept.Store

货品来源 Product Resource:

1 工厂 Brewery

2.经销商或批发(具体名字) Distributor/WS (with specific name)

3.第三方物流 Others

月销量合计 Monthly Vol. calculated at unit of case:

用箱(1X24 640ml)为单位 By Standard Case (1X24 640ml)

2．Account categorization——分类并制定拜访标准

建立门店数据库后，为售点分类并制定拜访标准。通常渠道部会提供这些分类与拜访服务标准（见表 3-4～表 3-7）。有些次渠道很难定义，例如高档、中档、低档餐厅怎样定义？各公司的定义标准五花八门，但大都极有洞察力，经过调研公司大范围研究后制定标准，如是否有侍应服务、是否有包房、是否能用信用卡结账、是否采用桌布、是不是白色桌布、椅子是否有靠背、是否有咨客服务、是否提供红酒等，也有直接按常见的酒水饮料或菜品标价作为判断依据。

表 3-4　渠道分类示例表

消费者行为类型分类		销售渠道		次渠道	
编号	说　　明	编号	说　　明	编号	说　　明
A	杂货购物	A1	超级市场	A10	独立超级市场
				A12	连锁超级市场
		A2	便利店	A20	便利店
		A3	加油站	A30	加油站
		A4	特大货场	A40	特大货场
		A5	食品店	A50	面包店/蛋糕店
				A51	其他食品店
		A6	传统杂货店	A60	传统杂货店
				A61	窗口式传统杂货店
B	其他购物及服务	B1	一般商店	B10	小型一般商店
				B11	一般商店——百货公司
		B2	小卖亭/书报摊	B20	小卖亭/书报摊
C	饮食	C1	饮用	C10	酒吧
				C11	茶室/咖啡室
		C2	中餐店	C20	中式快餐店
				C21	非中式快餐店
		C3	餐馆	C30	高档中餐馆
				C31	中档中餐馆
				C32	低档中餐馆
				C33	非中式餐馆
		C4	其他类别饮食场所	C40	流动熟食贩卖店

（续表）

编号	说　明	编号	说　明	编号	说　明
D	娱乐/休闲	D1	游乐/休闲/旅游点	D10	游乐/休闲/旅游点
		D2	电影院	D20	电影院
		D3	运动场所	D30	运动场所
		D4	娱乐	D40	网吧
				D41	浴室/按摩
				D42	迪斯科/夜总会/卡拉OK
				D43	游戏机中心/保龄球场
E	交通/运输/住宿	E1	住宿	E10	酒店/度假村
				E11	小旅馆/招待所
				E12	家庭
		E2	运输	E20	运输供应者
				E21	运输地点
F	教育	F1	小学/中学	F10	小学食堂
				F11	中学食堂
				F12	中学传统杂货店/小卖亭/其他校园内售点
		F2	大专院校/职校/技校	F20	大学食堂
				F21	大学超市
				F22	大学传统杂货店/小卖亭/其他校园内售点
				F23	大学宿舍
				F24	大学餐馆
G	工作场所/工矿	G1	工厂/公用	G10	工厂/公用食堂/餐馆
				G11	工厂/公用超市/传统杂货店/小卖亭/其他
		G2	商业办公室/专业事务所	G20	商业办公室/专业事务所
		G3	军事	G30	军事
		G4	员工福利采购	G40	员工福利采购
H	中间商	H1	承包贩卖及食品服务	H10	承包贩卖及食品服务
				H11	第三者促销
		H2	现卖场	H20	现卖场
		H3	批发商	H30	批发商
				H31	批零
		H4	城县101	H40	城县101
		H5	餐饮101	H50	餐饮101
		H6	乡村101	H60	乡村101
I	内部	I1	内部/公共关系/特别项目	I10	内部/公共关系/特别项目

对不同的售点类型，需要不同的拜访服务频率与标准，如表 3-5 所示。

表 3-5　不同售点类型的拜访服务频率与标准

售点类型	售点拜访频率	拜访时间	客户标准	执行标准
大型超市	每周 3 访	30 分钟	年度 T2T 会议 月度业务回顾 每日销售跟进	分销 27 个单品，1 节货架，全年平均 2 个地堆，6 次促销
中型超市	每周 2 访	20 分钟	季度业务回顾 每周销售跟进	分销 23 个单品，1 节货架，全年平均 1 个地堆，3 次促销
小型超市	每周 1 访	10 分钟	半年度业务回顾 每 2 周销售跟进	分销 13 个单品，0.5 节货架，全年平均 0.5 个地堆，2 次促销

不同城市的拜访服务标准也可能存在差异，如表 3-6 所示。

表 3-6　不同城市的拜访服务标准表

市场	渠道	基础城市			进攻城市		
		每人覆盖门店数	门店每月拜访次数	每日拜访门店数	每人覆盖门店数	门店每月拜访次数	每日拜访门店数
大型市场	仓储式特卖场	19	5	5	15	5	4
	特大型综合超市	19	5	5	15	5	4
	大超市	19	5	5	15	5	4
中型市场	小超市	57	3	9	51	3	8
	连锁式便利店	152	2	16	124	2	13
	非连锁式便利店	304	1	16	247	1	13
传统市场	百货店	124	2	13	95	2	10
	传统杂货店	124	2	13	95	2	10
	药店	124	2	13	95	2	10
	婴儿用品店	70	3	11	57	3	9
特殊渠道	目录直送	24	4	5	19	4	4

对不同的售点，服务侧重点也不同，同时要求销售代表具备不同的能力，如表 3-7 所示。

表 3-7　售点服务方向与能力需求

售 点 类 型	大型连锁客户（着重客户管理）	小型独立门店（着重流程管理）
消费目的	储备型购物，休闲	临时补充购物
价格带	高档/中高档	中高档/中档
单店销量	大	小
售点管理人员	专业人员	家庭成员或帮工
店主的管理背景	高	低
售点利润率	中	高
生意发展策略	中长期	短期
生意关系	合同/契约/有账期	即结
售点库存管理	售点专业人员	供应商
生意推动方向	推多于拉	拉多于推

"推"代表激励经销商与门店主动推动销售。在餐厅能影响销量的人很多：

餐厅主管在每日例会上说："今天主推烧鸡和苦瓜煲，注意，百事可乐今天沽清。"百事可乐的销量今天就废了，尽管仓库里还有库存。

酒保也可以对服务员说："今天可口可乐冻得不够，只有王老吉。"可口可乐的销量便很快转给王老吉。

服务员也可以对顾客说："您要的王老吉没有冰冻的，不过天地一号有，也很适合您的菜，先来一瓶还是两瓶？"

……

真是环环不能得罪，这就是"推"，"推力"不够，你本应到手的销量转眼就灰飞烟灭。

"拉力"代表在售点对消费者实施各种诱惑，如叫卖、买赠、地堆、试吃、试饮……诱惑购物者购买产品。有些面包品牌定时在微波炉烤黄油蛋糕，整个卖场香气四溢。为了博取购物者的欢心，可谓无不用其极，这就是拉力。

门店数据库建立并分类后，也许你的区域内有1200个售点，但并非所有门店都必须提供服务。一般来说，销售管理层决定"覆盖策略"。例如，"第一阶段只需覆盖20%的门店，学校与高档社区3公里商圈内优先。"如果销售管理层没有提供这些策略，只好由销售代表提早练习销售主管的能力，自行摸索。假设指定覆盖售点有220个，这些售点分布可能如图 3-7

所示，其中：

A 类售点每周拜访 3 次；每家拜访时间 40 分钟。

B 类售点每周拜访 2 次；每家拜访时间 30 分钟。

C 类售点每周拜访 1 次；每家拜访时间 15 分钟。

由于每周拜访频率不同，所以简单划分区域无法高效设计拜访路线，必须进行更细致的规划。

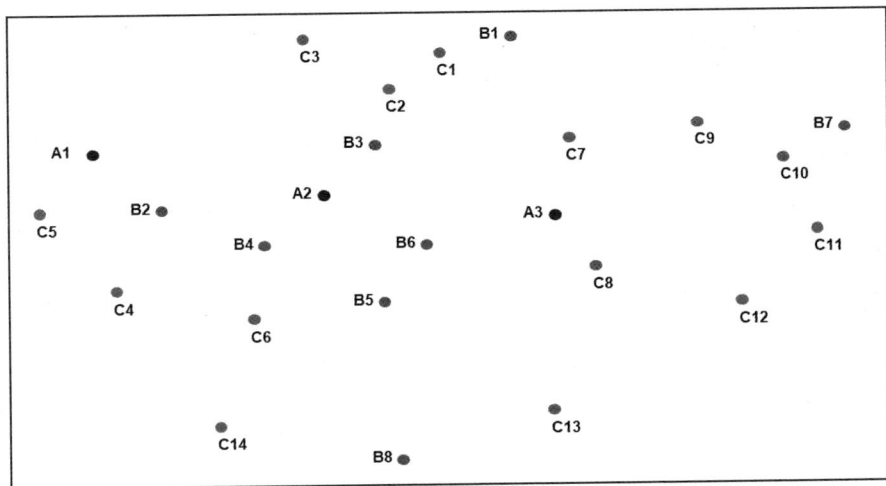

图 3-7　售点分布图

3. Planning——制订拜访计划

按顺序完成拜访计划的三个表格（表 3-8、表 3-9、表 3-11）就可以得出初步拜访路线。

首先，通过"拜访次数计算表"（见表 3-8）计算总拜访次数与时间，估算平均每天最高总拜访时间与拜访店数。

$$总拜访次数 = 售点数量 \times 售点拜访频率$$

$$总拜访时间 = 售点数量 \times 售点拜访时间 \times 售点拜访频率$$

以图 3-7 为例，总拜访次数 39 次，每周 5 个工作日，即每天拜访的总数约 8 家。总拜访时间为 1050 分钟，即每天店内的销售时间平均 210 分钟，约 3.5 小时。每天工作 8 小时，扣除办公室内时间、路途时间、休息时间和预留弹性时间（处理突发事件或开发新店），每天店内销售时间实际仅有约 4 小时，3.5 小时已经接近满负荷。

表3-8 拜访次数计算表

售点类型	售点数量（个）D	售点拜访频率（次/周）E	每周拜访总次数（次）F=D×E	单次拜访店内销售时间（分钟）G	总拜访时间（分钟）H=F×G
A	3	3	9	40	360
B	8	2	16	30	480
C	14	1	14	15	210
合计	25		39		1050

其次，将售点表3-8指引分配到周一到周五，先分配高拜访频率售点，再分配低频率售点，得出每日拜访群分配优先顺序表，如表3-9所示。

表3-9 每日拜访群分配优先顺序表

售点类型	拜访频率	安排顺序	可能的拜访日期
A	每周3访	1	周一、周三、周五
B	每周2访	2	周一、周四，或周二、周五
C	每周1访	3	周一至周五

A类售点每周3访，隔天一访，即周一、周三、周五各一次。

B类售点每周2访，有两种拜访方案：周一、周四，或周二、周五。这两种方案的间隔时间最合理。将售点分配入周一、周四组或周二、周五组，区域相近或交通方便的售点放在同一组，例如周一、周四北区，周二、周五南区，周一、周四地铁3号线，周二、周五地铁5号线。

按顺路原则并考虑每天工作量，将C类放入每天路线内。

根据上述分配原则即可将售点粗略分配到每个工作日（见表3-10）。

表3-10 每日拜访群分配表

	周一	周二	周三	周四	周五	合计
A	3		3		3	9
B（周一和周四组）	4			4		8
B（周二和周五组）		4			4	8
C		4	6	4		14
合计拜访客户数量	7	8	9	8	7	39
合计店内销售时间	240	180	210	180	240	

最后，根据实地情况列出每天拜访线路的顺序，考虑以下因素：

- 符合右手原则——尽量向右转而不是左转(减少左转等交通灯的时间)。
- 过马路是否方便,是否需绕行或走天桥。
- 是否有安全的捷径,例如小巷或穿过购物中心以节省路程。
- 交通工具限制,例如限行或电动车进不了步行街。
- 交通工具拓展,例如可否利用共享单车减少步行时间等。

列出初步"拜访路线计划表"(见表 3-11),在地图上画出路线图(见图 3-8)。

表 3-11　拜访路线计划表　　　　　　单位:分钟

	拜 访 路 线	A类拜访 时间15	B类拜访 时间10	C类拜访 时间8	总拜访 时间	总路途 时间
周一	A1—A2—A3—B1—B3—B6—B7					
周二	B2—B4—B5—B8—C4—C5—C6—C14					
周三	A1—A2—A3—C7—C10—C11—C12—C8—C13					
周四	B1—B3—B6—B7—C1—C2—C3—C9					
周五	A1—A2—A3—B2—B4—B5—B8					

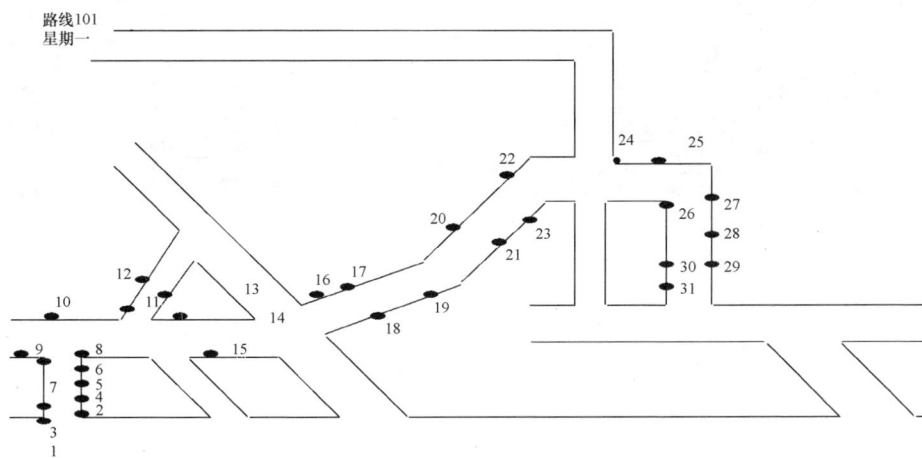

图 3-8　每日拜访路线图

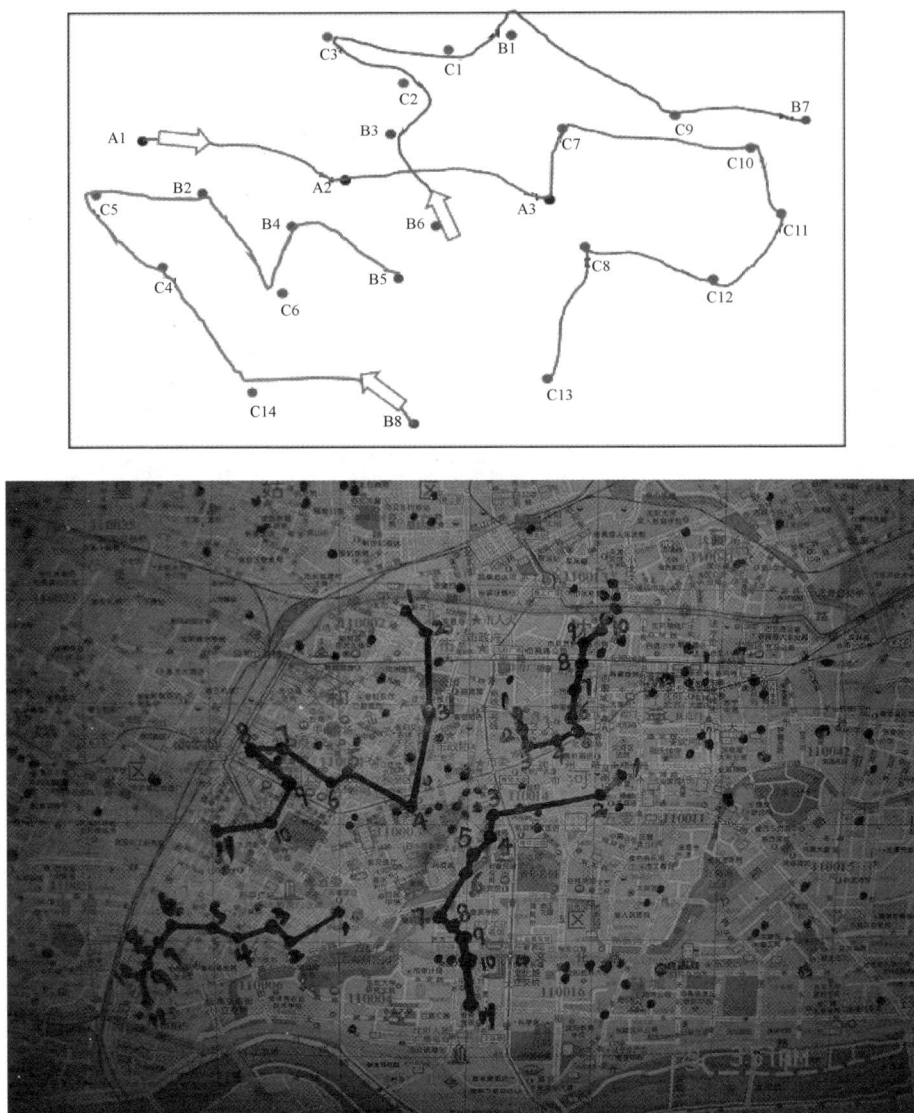

图 3-8　每日拜访路线图（续）

路线经实地确认后就可以成为固定路线，并与日常工作一并列在每日、每周、每月的工作计划内。路线固定后为每条路线的客户建立客户档案。客户档案包括客户基础信息、地址、大小等，客户的架构、主要管理方法（如新品入场找老板谈、地堆找店长谈），以及决策人的生日、店庆等客情维护所需的信息（见表 3-12）。对大型客户还有更丰富的客户档案，在第 4 章会有更详细介绍。

表 3-12　客户资料卡示例

客户名称		客户编号	

地址		营业时间	

联络人	决策业务	生日/爱好	沟通方式

信用状况		经营实力	

市场投入	
冰柜	合作灯箱/店招/广告
合同号	合同号
押金	押金
进场费	其他
合同号	
支付方式	

销售代表		区域	

更新日期		区域主管	

拜访服务	
路线	拜访频率
供货商	送货频率
平均订货量	目标库存天数

核心事件/违纪记录

4．实施拜访路线的注意事项

销售代表每天的拜访任务很繁重，基本都在满负荷工作。如何管理好时间就显得格外重要——否则加班就是常态。虽然"时间管理"的说法很流行，但实际上再怎么管理，时间没有任何弹性，不可能积累时间，也不可能减少时间。我们能管的，其实只是自己。管理自己的方法有四个常用技巧：

- 预留弹性时间。
- 巧用能自动重复的计划表。
- 管理能量。
- 管理例外。

（1）预留弹性时间

每周在路线上要预留弹性时间——一小段没有安排的空白灵活时间，可以每天固定留半小时，也可以集中在某天预留半天。这一点点工作的"余闲时间"能让工作节奏完全不同，否则一件小小的突发事件、一个客户的紧急需求、上级临时指示等无法预料的小事，就能让人陷入疲于奔命的恶性循环。销售永远不够也永远都不嫌多，销售人员极容易进入"时间饥荒"状态：有太多事情需要做，却没有足够时间来做，人会变得焦虑不安，反而给销售带来负面影响。"弹性时间"帮助销售人员减轻时间造成的紧迫感和压力，获得"时间富裕"———一种时间很充足的感觉，从而有效降低焦虑，提升对销售和生活的满意度。耶鲁大学"幸福快乐课"的桑托斯教授就明确指出，要快乐，就得学会为自己营造"时间富裕"的状态。同时这点珍贵的余闲时间可以帮助你回顾路线、开发新售点并优化路线业绩。

开发新售点在路线管理中非常重要，新售点可以弥补流失和做得不成功的售点。在路线客户已经饱和的情况下，通过开发销量较高的新售点来替换销量较差的售点，可以提高路线的生产力，还可以给旧客户施加压力，增加客户的配合意愿度。电脑系统通常不会预留弹性时间，需要手动调整。以下方法可帮助你第一时间了解新售点：

- 留意正在装修的店面。
- 询问地产项目的招商部门有哪些准备进驻的售点。
- 从现有客户处获得信息，例如其新店计划。
- 从潜力客户处获得信息，例如当客户抱怨竞品服务不够好时就是进攻的最佳时间。
- 从经销商处获得信息。
- 建立口碑，让客户主动找上门来。
- 根据经验，提早为季节性售点的出现与结束营业做准备。

（2）巧用能自动重复的计划表

尽管大多数人以工作计划表辅助工作，但能正确使用的人并不多。一份好的每日工作计划能：

- 提供一个更宽泛的时间范围来安排各项工作。
- 厘清工作优先级，把可用时间集中在最重要的任务上，将可延期的甚至可忽略的工作推后。
- 使工作计划的调整更容易实施。
- 便于宏观掌控不同工作的截止日期和提醒工作的完成时限。
- 对关键日期和周期性工作提供自动重复的时间提醒，如客户生日、签约、开发新客户等。

使用工作计划的小窍门包括：

- 基于年度计划制定"月度大事"。
- 基于"月度大事"制定每周工作重点。
- 基于"每周工作重点"制定每日行程。每日结束应列出第二天的行程并做好准备，使第二天能迅速进入工作状态。例如，第二天要用的拜访包、海报、工作等都应准备好才离开办公室，而不是第二天再准备。
- 对销售代表来说，80%的时间应用于实地拜访，工作计划表有助于记录时间、定期回顾时间占比并持续优化。

（3）管理能量

管理能量，而不仅关注时间。一天 6 小时路线拜访工作强度很大，碎片化休息有如高速充电宝。留意自己的能量变化，及时做出调整。1.5 小时左右的一次休息是个不错的选择，做个小小的伸展运动或 5~10 分钟的冥想就能让你迅速回复活力。

（4）管理例外

德鲁克说，管理得好的工厂，总是单调乏味，没有任何激动人心的事件发生。意外、出错都被管理者掐死在摇篮里了。优秀的路线也是这样的，很少计划路线外拜访（俗称"跳线""跳点""离线"）。对公司来说，稳定的拜访频率可保证稳定的订单量，不会让每天的配送量波动很大。越大的公司越需要稳定的销售预测与物流安排系统，从而减少库存过高的成本损失或配送不及时的销售损失。保持拜访频率，每次拜访认真完成拜访八步骤，才能在限定拜访时间内完成工作，呈现优秀门店的形象，减少例外情况。

遇到要求打乱原定时间安排的突发事件，不要急着调整行程，要尝试：

- 能否说服客户在下次计划拜访进行处理？
- 能否可以电话、视频通话辅导客户自行处理？
- 如果不行，经销商可以协助处理吗？
- 如果不行，向主管咨询是否要离线处理，经主管同意后再离线更改行程并进行路线拜访补救行动。

路线偏离计划越多，加班越严重，所以要尽量根据路线进行拜访。计划外拜访后，应用 ICE 洞察技巧思考：为什么会出现这种情况？它是怎样发生的？可以采取怎样积极的行动避免此类情况再次发生？

"噢，原来要经过这些计算！不过公司现在给我的工作量是基于传统小店单次拜访时间只需 10 分钟这个前提，又点库存又整理货架，10 分钟无法完成拜访八步骤啊！"

"一个月清洁一次，清洁工作当然就耗时。10 分钟完成拜访八步骤，首次拜访做不到、偶然拜访做不到，但每周拜访、每次拜访认真执行拜访八步骤，随着工作熟练度的增加、客情的逐步稳固，1~3 个月后你就能顺利达标。不过，很多代表没熬过这 3 个月，前 3 个月的辛苦把他们吓坏了，最后拜访八步骤只剩下进店劈头问：'老板下单吗？公司有促销，10 箱送 1 箱。不下？好，再见。' 1 分钟就能结束拜访并离店。"

小旭笑了："我真见过这种情况，真是恶性循环。"

"是的，但 '1 分钟' 拜访并非没有意义，有时还会专门进行 1 分钟拜访。例如，传统小店很多会在农历年前关店返乡，年后再重新开店。针对这些特点，你可以：

"返乡前为门店额外多备约 10 天库存，防止节前缺货或重新开店时缺货。

"将回程时间标注在工作计划上，可利用春节后集中的弹性时间增加一次大面积电话拜访或 1 分钟拜访，迅速补货。

"春节后是售点变化的高峰，在春节后安排一次路线优化。"

"嗯，要工作久了才知道这些情况。"

"不一定。如果第一次出现这样的情况，可将其列入年度计划或路线提醒内，这些经验就能 '传承' 下来，不需要一个销售代表一个销售代表去摸索。日复一日的拜访，是积累一年经验，还是把一天经验重复 365 次，差别就在于能否对售点与渠道管理进行反馈分析和持续改善。洞察每个渠道、客户的季节特点、区域性特点及经营特点，如逢 5—7 月有啤酒广场，10—12 月有烤蚝夜宵摊等，将成功经验或特点都固定、标准化并写进客户档案、路线档案、年度安排内，路线中的弹性时间就是帮助你在繁忙的常规拜访中，硬挤出一定的时间——珍贵的余闲时间来完成这些工作。"

"噢，是的！"小旭说，"要是这些都写在客户档案里，上一个销售代表的经验就都能顺利传递给我了。我工作起来会更快上手，业绩也会更好，公司整体发展也会更快！"小旭赶紧翻看带来的路线资料："上一个代表没把这些经验写下来，太惨了，我要自己再摸索一遍！"

"这正是销售主管应该督促下属完成的销售管理，看来你的销售主管没受过训练或者忘记检查销售主管工作清单完成度了。现在你知道从销售代表做起的好处了吧？不同的前线职位，能听到不同炮火的声音。"

"嗯！我赶紧设计路线！"

"等等，顺便把原有路线优化一下！"安怡继续递给小旭一个小文件夹。

优化拜访路线

每3~6个月需要回顾路线并做必要更新，因为售点数量、销量难免有变化，交通的改变也常常对路线带来影响，如开通了地铁或者地铁增加了安检。

首先评估路线绩效，检查哪些路线需要调整，可从哪些方面进行调整（见表3-13）。

> 路线销量=应访客户数×拜访完成率×拜访成功率×平均订货量
> 拜访完成率=实际拜访客户数/应访客户数×100%
> 拜访成功率=总路线订货客户数/实际拜访客户数×100%
> 平均订货量=总路线订货量/总路线订货客户数

表3-13　路线指标的理想状态与需调整状态

路线指标	理想状态	需调整状态
每天的拜访售点	应该与历史平均数相比没有大的偏差	低于历史水平
每天的拜访时间	占全天80%时间，且应该为新售点开发留有拜访时间	路程时间过长 加班
售点拜访成功率	100%是不言而喻的目标	拜访成功率低于平均水平
平均订货量	达到平均水平，销售趋势持平整体市场趋势	销量趋势向下或低于整体水平

系统通常能直接给出统计数据与报表（见图3-9），如无，Excel能满足所有分析需要。

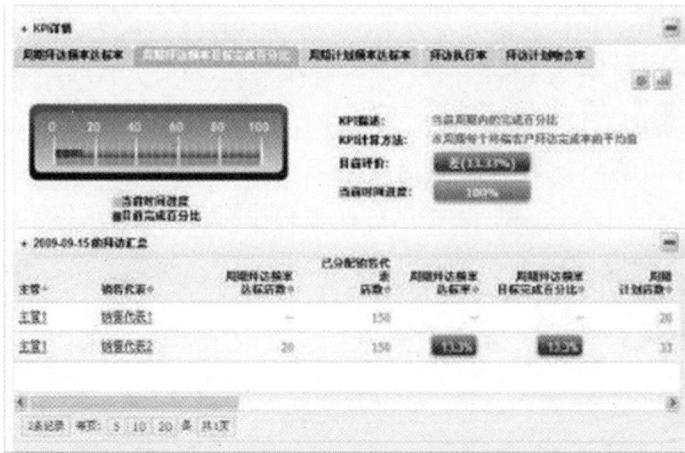

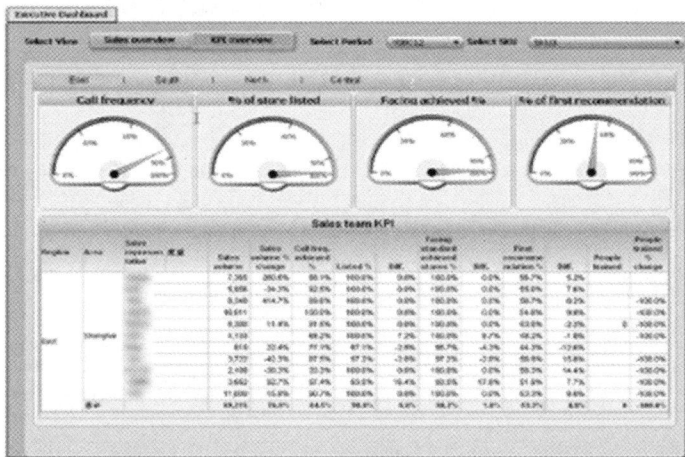

拜访推															
周计划拜访数	周计划重复拜访数	周实际拜访数	周实际重复拜访数	日计划拜访数	日实际拜访数	环实际重复拜访数	日实际重复拜访数	日计划外拜访数	日实际在拜访数	CO/TT计划拜访	拜访达成率	GPS编辑送达率	第一个信息点GPS编辑	最后一个信息点GPS编辑	售点拜访完成率
0	0	0	0	23	23	23	23	0	0	23	100.00%	65.22%	Y	N	82.61%
0	0	0	0	37	37	37	37	0	0	37	100.00%	97.30%	Y	Y	100.00%
0	0	0	0	18	18	18	18	0	0	18	100.00%	83.33%	Y	Y	100.00%
0	0	0	0	32	32	32	32	0	0	32	100.00%	96.88%	Y	Y	100.00%

订单成率				报样销量				时间流					
线订单数	线外订单数	CO/TT订单	CO/TT订单成率	线报辅铺间	线外报辅铺间	售平均销量	下单SKU数	平均售点时间(MIN)	平均在店时间(MIN)	最长拜访时间(MIN)	平均拜访开始时间	平均拜访结束时间	平均两售点间(MIN)
12	1	12	52.17%	70	0	5.38	1	1.00	6.00	317	10.45	18.21	139.00
33	0	33	89.19%	513	0	15.55	2	7.00	1.00	73	10.34	18.30	284.00
12	0	12	66.67%	110	0	9.17	1	9.00	7.00	91	10.44	18.18	245.00
19	0	19	59.38%	486	0	25.58	1	4.00	6.00	32	10.56	18.32	304.00

图 3-9　路线与拜访手机系统报表系列图

时间统计必不可少，如表 3-14 所示。

表 3-14 时间统计分析表

日期	项目	拜 访 路 线									售点合计时间
		1	2	3	4	5	6	7	8	9	
周一	拜访售点	KA1	KA2	KA3	A7	A8	B13	B14			7
	拜访时间	45	45	45	30	30	20	20			3.9
	路程时间	40	20	15	30	10	15	15			2.4
周二	拜访售点	A3	A4	A5	A6	A1	A2	B1	B2	B3	9
	拜访时间	30	30	30	30	30	30	20	20	20	4.0
	路程时间	45	15	15	10	20	15	15			2.3
周三	拜访售点	KA1	KA2	KA3	A7	B9	B10	B11	B12		8
	拜访时间	45	45	45	30	20	20	20	20		4.1
	路程时间	45	20	15	30	20	15	15			2.7
周四	拜访售点	A8	A1	A2	B3	B7	B8	B4	B5		8
	拜访时间	30	30	30	20	20	20	20	20		3.2
	路程时间	40	20	15	15	10	15	15			2.2
周五	拜访售点	KA1	KA2	KA3	A3	A4	A5	A6			7
	拜访时间	45	45	45	30	30	30	30			4.3
	路程时间	45	20	15	15	10	15	15			2.3

注：拜访时间和路程时间的单位均为分钟；售点合计时间的单位为小时（已四舍五入）。

应用 ICE 洞察生成器（见 2.6 节）进行三种路线优化。

（1）路线优化1——拜访时间优化

I 收集信息。 根据收集的时间信息，整理每周路线所用时间，如表 3-15 所示。

表 3-15　各类客户路线时间占比表

售 点 类 型	门 店 数 量	拜访时间（分钟）	时 间 占 比
A 类客户	20	900	28%
B 类客户	15	300	10%
C 类客户	115	920	29%
路程时间		1050	33%
每天工作时间		636	

C 探寻原因。 追问为什么，发现：

- 每天平均工作 10.6 小时，路程时间过长。
- 路程时间占 32%，有效时间过低。
- 总共 220 个门店，只服务了 150 个，总覆盖客户数偏低。

主要原因：A 类客户占用时间过多，重复路程过多。

E 积极行动。

- 减少 A 类客户拜访时间与频率，减少路程时间。
- 路程时间控制在 8 小时，帮助提升拜访完成率。
- 增加每周灵活时间。

（2）路线优化2——客户结构优化

I 收集信息。 整理出客户销售集中度分析图（见图 3-10）。

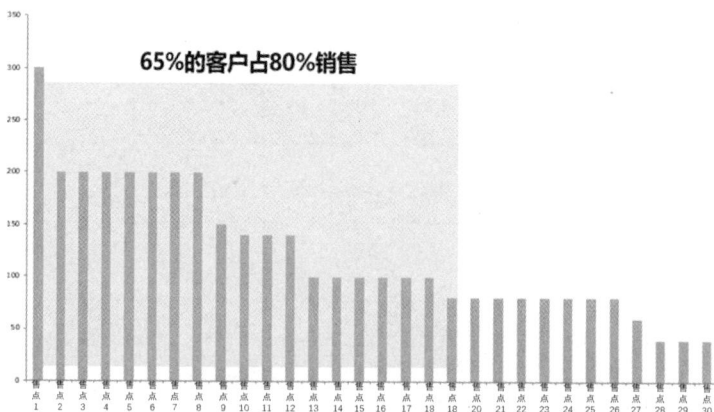

图 3-10　客户销售集中度分析图

C 探寻原因。追问为什么，发现：

- 65% 的客户产生 80% 的销售，35% 的客户有优化空间。
- 有 70 家（220-150）未覆盖门店可供调整。

E 积极行动。

- 减少 A 类客户拜访时间与频率，减少路程时间。
- 路程时间控制在 8 小时，帮助提升拜访完成率。
- 增加每周灵活时间。

（3）路线优化 3——投入产出优化

利用 ICE 洞察生成器，配合门店销售与单箱费用二维四象限（见图 3-11），进行投入产出优化，这样门店的投入产出也得到优化。

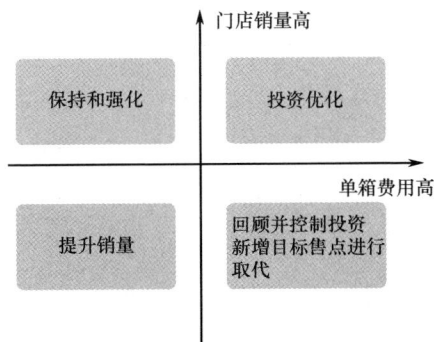

图 3-11 路线优化二维四象限

最后以新的售点替换质量低的售点，同时根据新的售点清单再次设计路线，预估路线优化销售的提升额，定期回顾是否达到目标并及时调整。

小旭说："好的，我先评估原有路线再重新设计！这里还用上了洞察生成器，我怎么一直没想到可以应用呢？！"

"销售技巧应用有四阶段（见图 3-12），一开始要死记硬背、生搬硬套，用多了就能熟能生巧。当你能自由应用并融会贯通的时候，这个技巧才算真正掌握，才能越用越好。这份路线练习清单可以指引你设计和优化路线。"安怡笑着说。

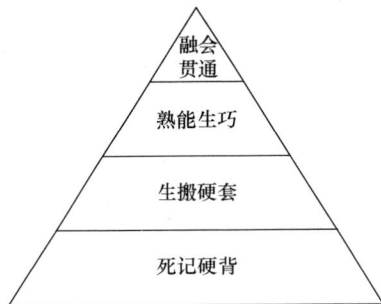

图 3-12 销售技巧应用四阶段

练一练：MAP 拜访路线设计

练习 1：对照你的售点清单，在百度地图上搜索，看能不能找到新的售点机会。

练习 2：优化拜访路线。

① 计算以下指标，并圈出你需要提升的项目。

路线销量=应访客户数×拜访完成率×拜访成功率×平均订货量

拜访完成率=实际拜访客户数/应访客户数×100%

拜访成功率=总路线订货客户数/实际拜访客户数×100%

平均订货量=总路线订货量/总路线订货客户数

提升行动：

② 路线优化。分析每周路线所用时间（见表3-16）。

表 3-16　每周路线所用时间

售 点 类 型	门 店 数 量	拜 访 时 间	时 间 占 比
路程时间			
每天工作时间			

做出客户销售集中度分析图与路线优化分析二维四象限：

路线发现：

列出优化行动，并确认需拜访的售点清单。

练习 3：对照公司售点分类标准，你认为还可以怎样分类。

练习 4：检查客户档案，你认为它做得好的地方在哪里，哪些项目需要提升，以及怎样提升。

练习 5：设计拜访路线。

① 计划拜访总数量（见表 3-17）。

表 3-17　计划拜访总数量

售点类型	售点数量 D	售点拜访频率 E	每周拜访总次数 F=D×E
合计			

② 创建每日拜访群。把售点要分配到周一到周五内（见表 3-18）。

表 3-18　创建每日拜访群

售点类型	周一	周二	周三	周四	周五	合计
合计						

③ 创建每日拜访路线（见表 3-19）。

表 3-19　创建每日拜访路线　　　　单位：分钟

	拜访路线	A 类拜访时间 15	B 类拜访时间 10	C 类拜访时间 8	总拜访时间	总路程时间
周一						
周二						
周三						

（续表）

	拜访路线	A 类拜访时间 15	B 类拜访时间 10	C 类拜访时间 8	总拜访时间	总路程时间
周四						
周五						

Day 10 今天我要记住的

- MAP 拜访路线设计（见表 3-20）。

表 3-20 销售技巧清单 2——路线规划

模块	分项	技 巧 名 称	关 键 词	是否掌握
MAP拜访路线设计	M	借鉴普查 网络普查 实地核查 普查要点	借鉴其他公司 参考地图与美团等 App 实地进店核查 查整体而不仅是自己	
	A	渠道分类 制定标准	了解公司渠道的定义 拜访时间/频率/服务标准	
	P	计算拜访总次数 分配每日拜访群 建立每日拜访路线 更新客户档案 时间管理 回顾拜访计划	门店数量×拜访次数 先 3 访，再 2 访，插空 1 访 右手原则，实地检查 运作方法 不跳线跳点，预留新售点开发时间 优化时间/客户结构/投入产出	

Day10 今天我要掌握的

- 路线设计与优化系列工具。
- 应用洞察技巧进行路线优化。

▐▶ 3.2　名满天下的拜访八步骤

又过了一周,小旭行色匆匆地来了:"现在路线基本顺畅,时间也合理,但拜访八步骤不好用啊!"

"拜访八步骤可是好东西,宝洁、可口可乐、联合利华、雀巢等公司都用拜访八步骤,只是名字不同,什么天龙八部销售版、屠龙八刀、降龙八掌都是同一样东西。"

"可是我已经很认真地每周拜访了,但销售成功率还是不够高,怎么办?"

安怡忽然想起什么:"公司培训拜访八步骤了吗?听说现在拜访八步骤都不提供现场培训了。"

"对,只是让我们自己在公司网上看了视频。"

安怡找到一个厚厚的文件夹递给小旭:"也许这比视频详细一些,你再看看。"小旭接过文件夹赶紧翻起来。

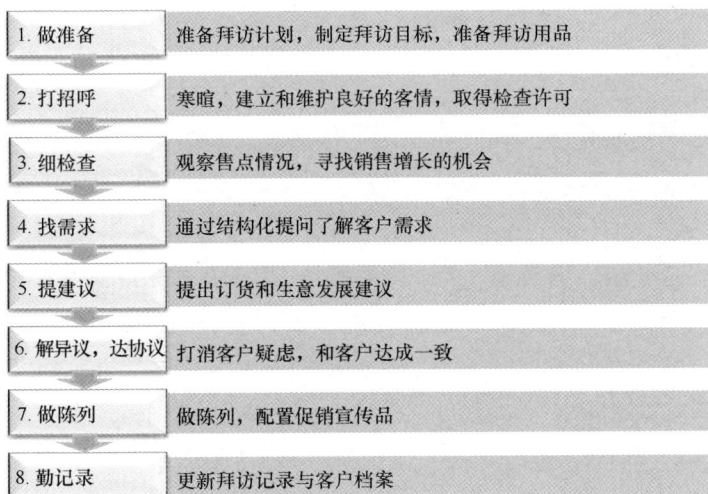

拜访八步骤

1. 什么是拜访八步骤（见图 3-13）

步骤	内容
1. 做准备	准备拜访计划,制定拜访目标,准备拜访用品
2. 打招呼	寒暄,建立和维护良好的客情,取得检查许可
3. 细检查	观察售点情况,寻找销售增长的机会
4. 找需求	通过结构化提问了解客户需求
5. 提建议	提出订货和生意发展建议
6. 解异议,达协议	打消客户疑虑,和客户达成一致
7. 做陈列	做陈列,配置促销宣传品
8. 勤记录	更新拜访记录与客户档案

图 3-13　拜访八步骤

2. 为什么要按照八步骤进行拜访

这件事还要从美国古典管理学家、科学管理之父弗雷德里克·温斯洛·泰勒说起。泰勒当年对工人的执行标准提出了很多细致要求，如工人应该弯多少度的腰，把榔头举到多高等，通过这些细致的标准化优化动作与流程，来提升工作效率。有专业咨询公司对酒店清理房间工作做了深度研究，整理出清理房间总共有哪些任务，这些任务能被拆解为哪几个动作；按什么顺序、什么步骤清理房间最快、最干净且无遗漏，细致得叹为观止。

****

客房清洁的标准流程

第 1 次进房间：带工具篮检查房间，记下要更换的所有布草与用具，收垃圾

① 检查进门口的灯具开关（如有损坏，停止做房，通知维修），并开启洗手间灯与排气扇，将工具篮放入洗手间；检查电视机、空调是否正常，空调温度设置夏天 26℃，冬天 20℃。

② 检查水壶有无用过，有无水渍和污渍。

③ 检查线位和窗帘；收拾房间垃圾，床垫拉出约 30cm，按顺序撤脏布草。

④ 将需清洗的客用品放到洗手盆台面；收拾洗手间垃圾，并冲马桶。

⑤ 默记所有需要更换的用具，关闭洗手间的灯。

第 2 次进房间：更换物品

（1）换布草

① 取干净布草，放置写字桌干净处。

② 检查保护垫。

③ 抖单一次到位，床单中线对齐床中线；目测检查床单是否破损或有污迹。

④ 四角包紧，内角 45°，外角 90°，把边角全部塞进床垫底下。

⑤ 抖开被套，检查是否破损或有污迹。

⑥ 将棉被均匀套入被套，中线与床中线吻合，不能拖地。

⑦ 套枕套并抖松，枕头须四角饱满，并摆放好。

（2）收卫生间

① 从工具篮中取出手套，戴上手套，并清洗手套。

② 清洗客用品（水壶和烟灰缸清洗完后拿出卫生间）。

③ 清洗抹布、拖布、马桶专用百洁布、干湿区地漏盖等，并冲洗防滑垫，注意检查防滑垫有无头发。

④ 用中性清洁剂分别喷洗脸池、淋浴玻璃和墙壁。

⑤ 喷中性清洁剂到马桶内壁、坐圈、盖板和浴缸。

⑥ 用毛刷擦洗干净洗脸池、台面、置物架、淋浴玻璃和墙壁，用玻璃刮刮干净水渍。

⑦ 用马桶刷擦洗马桶内壁，并用百洁布按顺序擦洗马桶坐圈正面、盖板反面、盖板正面、水箱、坐圈反面、浴缸、外壁。

⑧ 按擦洗顺序将马桶冲淋干净，喷洒消毒水到马桶坐圈、盖板内侧、缸沿。

⑨ 用指定抹布抹干净洗脸池、镜子、台面、纸巾盒、置物架等金属器件，并抹干净淋浴玻璃、边角位、花洒。

⑩ 用指定抹布按顺序抹干马桶。

⑪ 用擦地抹布擦干洗手间地面，注意检查和清理地面、地漏口的头发。

（3）除尘

① 摘下手套，用湿抹布擦拭门框、门的正反面。

② 用干抹布擦拭防盗链等金属物品，并将防盗链挂好；用干抹布抹电视机、路由器；各种线盘放整齐。

③ 将托盘物品取出，清洁托盘，按标准摆放物品。

④ 擦拭玻璃、窗框、窗台。

⑤ 抹电话，检查是否正常；抹床箱、挂画并检查物件。

⑥ 用擦地抹布抹地脚线，用抹尘抹布擦拭防毒面具。

（4）清洁地面

① 从里往外清洁地面。

② 清洁死角，拖把不能挨到被。

第 3 次进房间：补全用品并检查

① 带齐需补客用品，一面检查一面补。

② 灯具、电视机、音响设备、电话机、电吹风等电器设备的用电安全指数和性能是否正常；检查家具、用品等是否有损坏。

③ 客房用品齐全，摆放标准；严格执行一客一换；检查浴巾、地巾是否摆放标准；套垃圾袋，摆放美观，符合标准。

这样清洁一个房间只需要进房三次，减少来回跑动的耗时，同时每一个动作还要练到标准。例如抖床单，一抖一压空气，一次中线对直平铺成功，理、折、插三个动作就要把床单压进一个床角，这样的客户整理工作效率会非常高。

****

但销售不同于客房清洁，门店不是标准化的，和客户的互动交流也千变万化，太精确不切实际，太粗放效率不高。拜访八步骤是平衡的结果：不遗漏任何重要的步骤，也指出了每个步骤的核心要点，同时给予一定的自由度。现有拜访八步骤大都针对传统渠道小型门店而设计，拜访连锁便利店、超大卖场、餐厅等其他渠道须在此基础上做适当调整。

关于拜访八步骤，通常开始时会有这些疑问：

① 为什么不在检查时顺便把陈列做了？这样岂不更快？

整理客户的排面，需要得到客户的允许，同时也提醒我们从中洞察改善陈列执行表现的机会。

② 为什么只有10分钟？10分钟经常不足以完成八个步骤。

对陌生售点或销售代表新人，早期1~3个月10分钟确实不够。随着每周固定拜访，排面整理工作开始减轻，同时和客户也发展出一定的客情与默契，销售会更快，10分钟则是充分的。

③ 为什么要有固定的拜访日和稳定的拜访频率？

这样有利于：定期与客户沟通，及时解决日常问题；固定的拜访日和稳定的拜访频率带来的是稳定的订单，配送从随机乱送到稳定配送，将大大节约成本，也有利于客户养成定期下单及备货的习惯。

执行拜访八步骤的意外好处也有很多。想象一下，如果你是一个小店的老板，你看到某个品牌的销售代表，每周风雨不改都来认认真真地擦干净店里的货品，专业地协商如何合作业务，老板的感受如何？销售代表的敬业将赢得店主的尊重并建立信任，这份信任是销售的不二捷径。事实上，销售管理层走访区域市场时，如果发现某品牌门店的执行表现非常惊艳，常常会直接建议 HR 把负责该品牌这个区域的销售代表挖过来。

拜访八步骤完成得不好或不按计划拜访，客情就会变差，客户就会降低对销售人员的信任，竞争对手将开始抢走份额。同时随着门店的销量下降，公司也开始减少费用投入与促销，这样销量下降更多，形成恶性循环。拜访八步骤不难，但每天每店地坚持执行很难。坚持的好处能带来职业生涯的转折，而不坚持的行为也能像一只蝴蝶一样，引起奖金下降、升职受挫，扇起职业生涯毁灭性的风暴。

3. 怎么进行拜访八步骤

第1步：做准备

- 办公室内准备拜访路线、拜访目标、拜访工具与预约确认。
- 进店前进行店外检查。

办公室内准备：

① 拜访路线。按路线规划、新店开发及突发情况，列出今天的拜访路线。

② 拜访目标。列出每个客户的拜访目标，包括正常订单、公司近期项目（如新品铺货）、目标执行改善状况 [查看客户档案及历史拜访记录，确认执行改善目标（如扩大排面），并简要列出客户销售话术]。

③ 拜访工具。

- 路线销售目标表（见表3-21）、客户资料卡。

表 3-21　路线销售目标表

客户	目标1		目标2		目标3		销售话术准备	
	项目	数量	项目	数量	执行	数量	客户需求是什么？如何引出客户兴趣？	卖点是什么？可能异议与应对是什么？
A	订货	30箱	新产品小区整箱送货点项目	5箱1年	扩大排面	排面从3个增加到6个		
B	订货	15箱	新产品	5箱				
C	订货	25箱	堆箱	收银机前				
D	订货	45箱	冰柜陈列					

- 今天需要用的销售资料、文件、海报、样品、赠品。
- 理货工具，如胶带、剪刀、裁纸刀等。
- 其他常用物品，如名片、笔记本。

④ 预约确认。与部分客户电话确认预约，如重点客户或调整拜访时间的客户，并检查个人仪容仪表，服装整洁，发型整齐，让自己精神饱满。

办公室内准备项目可参考表3-22。

表 3-22　办公室内准备项目

	准 备 项 目	如有请打钩
工作报表与用品的准备	路线资料	
	协议、订单	
	常规宣传品	
工具的准备	剪刀/界纸刀	
	抹布	
	双面胶/封箱胶	
	笔/马克笔	
	干净整齐的包	
销售介绍材料准备	名片	
	样品	
	各门店的拜访目标	
	纸质版公司及品牌介绍、活动手册	
	手机专门相簿——陈列照片及活动照片	
	手机专门视频相簿——陈列活动	
	公司官微/公众号	
个人的准备	干净整齐——头发理过，指甲剪过，衣服鞋子干净	
	心情美好，面带微笑	

进店前店外检查：到达每个售点，在进店前均需检查一些事项并做必要记录（见图 3-14）。注意：不要忘了用上 ICE 洞察生成器！

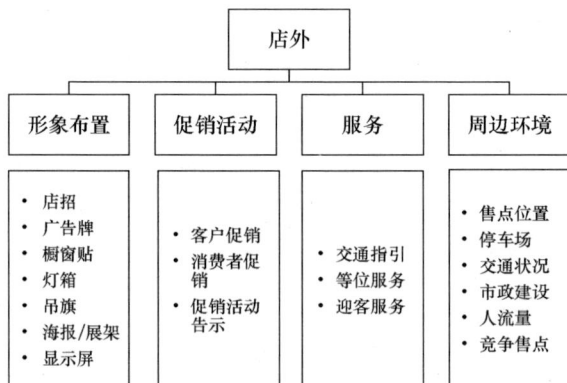

图 3-14　店外检查

第 2 步：打招呼

无论在哪里，进入他人领地时都不可太随意，打招呼就是进入他人领地的礼貌征询。打招呼要点：向所见到的每个店员问好或点头示意，同时照顾到每个驻场促销员，当然还要尊重店内的顾客。

① 充满自信，面带微笑，和店内每个人打招呼，先来一句"废话"暖场：

- 记住店里每个人的名字，必须喊出他们的名字。
- "早，张姨，今天可真热，你说是不是？"（注意：用上论据论点法。）
- "王叔好，你今天看起来精神抖擞，是不是有什么喜事？"

② 第一次见面，或在客户还没熟悉到叫出你名字之前，你需要介绍公司、自己和拜访目的。介绍要简短而清楚，辅以适度音调：

"你好，王先生，我是××公司新来的业务代表小张，昨天电话跟您联络过。由于上一任销售代表小李已经辞职离开我们公司，现在由我继续为您服务。今天过来拜访您，看您有哪些事情要交代我跟进处理，同时我也熟悉一下店里的情况，看我们能怎样一起把生意做得更好。"

"你好，王老板，我是××公司的小李，逢周三来拜访您，看看店里的情况，希望我们一起把生意做得更好。"

在生活中练习打招呼是最好的，早上和家人道早安，进入电梯和乘客打招呼……美好的一天从打招呼开始。

第 3 步：细检查

观察售点情况，寻找销售增长的机会。你需要观察图 3-15 所示的项目。

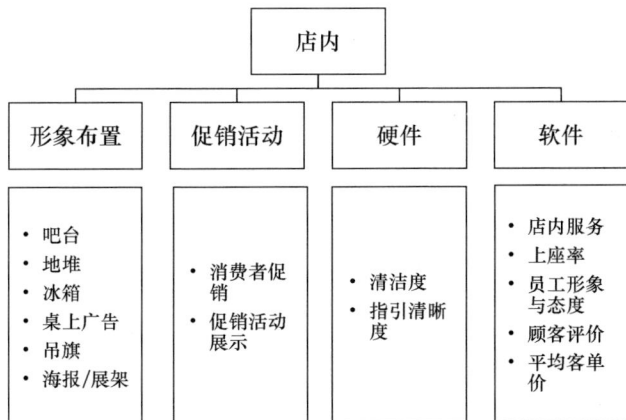

图 3-15 店内检查

如果系统有要求，也许你还需要即时上传相关数据与照片，如图 3-16 所示。

图 3-16　路线拜访手机系统示意图

检查库存前须先取得店方的同意，清点仓库，排面库存，检查产品新鲜度，并在检查时"洞察"生意增长机会，如表 3-23 所示。

表 3-23　销售技巧清单 3——小型门店销售潜力发掘检查清单

	发掘潜力要点	行　　动
产品组合	① 对比分销标准，我们是否有分销机会？ ② 产品组合是否符合消费者需求与行为？ ③ 对比竞争对手，我们是否有提升空间？ ④ 各种产品比例是否合适？产品组合是否能对抗竞品？ ⑤ 我们上周销售了多少？趋势是上升，还是下降？竞争对手呢？	
生动化陈列	① 目前的陈列是怎样的？ ② 这样陈列是否符合公司要求？ ③ 能与竞争对手竞争吗？ ④ 这个客户的消费过程是怎样的？生动化陈列可以怎样改善？ ⑤ 如果费用有限，先做什么陈列？	
价格	① 这个客户目前定价是怎样的？ ② 目前价格标识是怎样做的？准确、易见吗？ ③ 这个定价符合公司要求吗？ ④ 有竞争优势吗？ ⑤ 能利用价格杠杆推动消费者消费更多吗？ ⑥ 还可以怎样把价格标识做得更好？	

（续表）

	发掘潜力要点	行　动
人员激励	① 这个客户有哪些人可以帮助我们推动销量？ ② 目前我们是怎样激励他们的？ ③ 还可以怎样激励他们？	
促销	① 目前安排了什么促销？效果如何？还可以增加或减少吗？ ② 目前我在促销前、促销中、促销后是怎样做的？ ③ 还可以怎样做让促销执行得更好？	

根据表 3-22 的"行动"修订"做准备"中的路线销售目标（见表 3-24）。

表 3-24　路线销售目标

客户	目标 1		目标 2		目标 3		销售话术准备	
	项目	数量	项目	数量	执行	数量	客户需求是什么？如何吸引客户兴趣？	卖点是什么？可能异议与应对是什么？
A	订货	30 箱	新产品小区整箱送货点项目	5 箱1 年	扩大排面	排面从 3 个增加到 6 个		

第 4 步：找需求

还记得销售的定义吗？销售是以产品或服务的利益，满足客户特定需求的过程。找需求找的就是我们的销售目标与客户需求的重合点——销售的切入点（见图 3-17）。

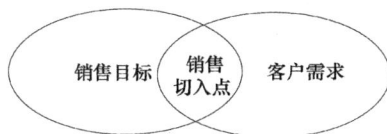

图 3-17　销售切入点

客户需求分两种，一种是生意需求，如销售公式所示。

客户销售公式

销售额＝客流量×购买率×购买数量×客单价×重复购买次数

利润＝销售利润额＋费用利润额

利润率＝销售额×［（售价－成本）/售价］

客户的生意需求有：

客流量——期望更多购物者，吸引新的购物者或留住原有购物者。

购买率——期望更高购买率，包括增加产品拿起率，减少产品放回率，提升计划内购买完成率及计划外购买率，增加更多冲动购买。

购买数量——期望更多购买数量，高于市场平均水平，高于历史水平，高于店内平均水平。

客单价——期望更高购买单价，包括单件产品单价及购物篮总价。

重复购买次数——期望提升购买次数，即忠诚度，包括：

- 个人重复购买。假如购物者一年要到零售门店购买 12 次，最好 100%均在本店采购。
- 他人重复购买。即放大效应或乘数效应，顾客带来几个新顾客？

另一种是个人需求——不是贿赂，客户像我们一样，也渴望被看见、被尊重，希望在老板面前有面子等。

找需求就是确认客户目前最想得到改善的方面。很明显，如果一家餐厅旁边新开了一家竞争对手的餐厅，那么客户最关心的一定是客流问题，尤其是"留住老顾客"。分别思考两圈内容并打钩（见图 3-18）。重合的项目就是销售切入点。锁定销售切入点后，就可以在这方面和客户开始进行试探（见表 3-25）。

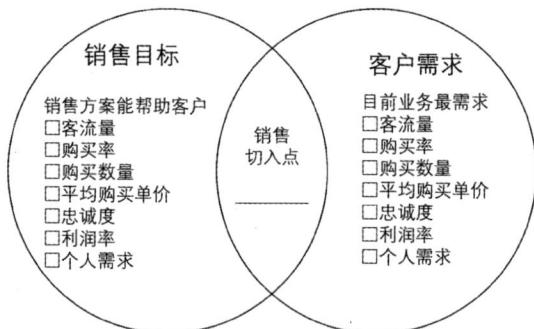

图 3-18　锁定销售切入点

表 3-25　试探销售切入点

切入点	试　探
客流量	"老板，我检查过库存，你上次又多卖了两箱，看来店里来的客人是越来越多了吧？"（停顿，发现老板不感兴趣）
购买率	"进店的人，很多人都买了东西，生意看来不错呀！"（老板回答：哪有！光看不买！）

首先，表 3-25 所示试探客户真正感兴趣的方向，注意用"正面原则""停顿""让发言权流动"的技巧。如果客户感兴趣就证明已找准需求，否则尝试销售公式中的其他项。如果客户都不感兴趣，则可能存在沟通障碍，要确认是否适合销售。是你没有坚持拜访客户不信任你了，还是竞争对手做了什么，抑或是客户对公司有什么不满？在小店，如果坚持每周拜访，客情正常，"需求"应该锁定得比较准确，客户也不会有太多刁难。对小型门店来说，这个环节不需花太多时间，大约 1 分钟就能完成"找需求"，而且早上在办公室准备的销售话术（见表 3-26）也无须做太大调整。

表 3-26　销售目标

客户	目标 1		目标 2		目标 3		销售话术准备	
	项目	数量	项目	数量	执行	数量	客户需求是什么？如何吸引客户兴趣？	卖点是什么？可能异议与应对是什么？
A	订货	30 箱	新产品小区整箱送货点项目	5 箱1 年	扩大排面	排面从 3 个增加到 6 个	我们满足客户需求：客流量、客单价、购买率 客户需求：客流量 切入点：客流量	

典型的传统小店销售对话可能如下。你能看出销售代表在用"销售肌肉"中的哪个小技巧吗？

代表："老板，我检查过库存，你比上次又多卖了两箱，看来生意不错，进店的顾客越来越多了吧？"

老板："哪里，还是附近的老顾客。现在网购越来越厉害，顾客少了！"

代表："是啊，网购是越来越厉害了，可您这是回小区的必经之路，客流量大，要不要想个办法吸引路过的顾客多购买？"

老板："说的也是！那怎么吸引才好呢？"

第 5 步：提建议

如果看到客户感兴趣了，就可以提出生意发展建议以及下订单。例如，承接上面的示例，就可以说："我可以帮您在门口做些陈列来吸引过路人，我们公司还有一个'一次买够'的项目帮助顾客在您这购买更多！"同时解释相关运作情况。

如果没有计划项目销售，只在"细检查"中发现了可提升的潜力。例如，可引进一个新品或者扩大排面，承接找需求，你建议的这句话就可以是：

"您附近有一个学校，现在的学生都很喜欢尝试新东西，用新事物来吸引他们来这里购买效果应该不错。（停顿并以节选重复回应）我们公司推出了一个新口味，这周就上市（递去样品），广告已经在推，您最先销售，不就把学生们都吸引过来了吗？到时我再帮您把海报贴在门口，人气肯定很旺！"

提建议要把我们的销售方案和客户需求结合起来，客户的需求因人而异，因此在"做准备"时，表3-27中的六项客户主要需求都需分别准备，现场灵活应用。

表3-27　六项客户主要需求的准备

我们的销售计划	新产品铺货
客流量	"我在门口帮您贴一张新品上市活动海报，把行人都吸引到您的店里来。"
购买率	"您有好多学生顾客，他们都很喜欢尝试新东西。这个产品一卖，光他们的尝试销售量都不得了。"（购买率） （客户要是不感兴趣）"前面几家都已经进货了，如果您不进，到时候顾客都去了别家尝新，改去别家消费，就不值得了。"（客流量）
购买数量	"新品，很多人都会自己试一瓶再带一瓶给朋友尝新，一个顾客两份购买呢。"
客单价	"您的顾客中大多数都挺有钱，饮料从3块钱升级到4块钱不是问题，您赚的钱就更多了。"
忠诚度	"现在的孩子都喜欢尝新。如果他们来您这里经常都有新的发现，他们就更喜欢来您这里买东西了，撵都撵不走啊！"
利润率	"反正每个月都卖那么多箱饮料，而换个产品就可以多挣20%。何不尝试一下？您说是吧？"

刚刚开始做销售，不容易找到客户需求。最简单的方法就是熟背各种话术并迅速轮换。实际上，以上六种需求客户都需要，只是程度不同。只要节选重复做得好，在小店找需求提建议并不难。在这个过程中，如果能保持"说出对方利益"的习惯，销售效果就会更好。对比以下两句话，你对哪句更心动？

A. "老板，我帮你在门口贴张新品上市活动海报。"

B. "老板，我帮你在门口贴张新品上市活动海报，把过路人都吸引到你的店里来!"

对比 A，B 增加了特征利益法这个小技巧：

特征利益法

通过清晰陈述"产品/方案"的特征，逻辑推导对方得益，强调对方得益以提升对方的兴趣和意愿的一种增强说服力的方法。

特征利益法能让客户更为心动，这个方法在第 4 章有细致讲述。在拜访八步骤中，只需时时养成"说出对方利益"的习惯就可以了。客户并非购买产品，而是购买这些事物提供给他们的利益。消费者买的不是饮料，而是解渴。当然，如果消费者购买的是可乐，不仅是解渴，还有喝"快乐水"的喜悦感觉，甚至熟悉的安全感、面子等。

结束项目与执行销售方案建议后，最后建议订单。

建议订单=未来平均日销量×应有库存天数−本期库存

应有库存天数=拜访间隔天数+送货天数+安全库存天数

上述补货原理不仅适用于传统小店，即使沃尔玛等大型超市的自动补货订单系统也是采用上述原理自动下单的，如表 3-28 所示。

表 3-28　订单建议表

细检查结果	上期库存	48 箱	
	上次进货	20 箱	
	本期库存	36 箱	
	拜访间隔天数	7 天	距离上次拜访的时间间隔天数，理论上应是稳定值
	未来平均日销量	（48+20−36）/7=4.5 箱	
	目前库存天数	36/4.5=8 天	
提建议	应有库存天数	=拜访间隔天数+送货天数+安全库存天数=7+3+7 =17 天	这个天数应较固定，不用每次算
	销售系数	1.2	下周是万圣节，销售会较上周好，预估系数是 1.2
	建议订单	（4.5×1.2）×17−36=56 箱	

以下提订单建议的说法哪个比较好？

A. 为了避免你在下周断货，建议你今天进货 50 箱。

B. 我刚才已经看过库存了，你每天销售 10 箱。如果要保证你在将来的 5 天不断货，我建议本次进货 50 箱。

C. 明天给你送 50 箱。

D. 我这个月销量紧张，明天给你送 50 箱。

尽管 B 看起来更有理论依据，但是拜访小店时间短，如果已经和老板建立了较稳定的合作关系，可以直接采用 A，老板有疑问再解释。如果你之前讲的是客流量需求，承接找需求提订单可以是："顾客既然都来了，买不到货就可惜了。为了避免你在下周断货，我建议你今天进货 50 箱。"C"明天给你送 50 箱"没有采用特征利益法，说服力就低一些。特征利益法和节选重复一样，应用原则很简单——无死角，全面应用。

第 6 步：解异议，达协议

在正常拜访情况下，大部分小店都会同意你的订单建议。如果客户不同意，处理异议后再促成协议。小店处理异议分三步。

（1）确认异议真假

有时你还没说什么，店主就开始不停地说开了：

"你的返还什么时候才给？"

"我不想和你聊这个，先说上次的事情处理得怎么样了。"

"上次你答应我的事情都没有做，这次不要谈了！"

上述是沟通障碍而不是异议，真正的异议只针对本次销售提案。要是每周坚持拜访并运用拜访八步骤，90%的"异议"都会自动消失。拜访八步骤很单调、沉闷，但坚持做好就是小店销售的关键。假如客户说"这新产品，我没有仓库/没地方放啊"，实际上在"细检查"时看到仓库明明还有很多空位，排面也并不拥挤，就可判断客户只是借此拒绝或者索要更多条件，可以问客户："除了位置，你还有什么顾虑？"老板要是回答"嗯，利润好像也不太高啦"，这就属于真异议，可进入下一步处理。

（2）理解异议

以下情况极为常见：

客户："你的产品太贵了！"

代表："不贵呀！……"

客户："这包装一点都不好看！"

代表："挺好看的呀，怎么这么漂亮都说不好看？"

销售不是辩论比赛，和客户争执即使赢了也会输掉生意，异议处理必须杜绝对抗式回应。最好用"节选重复"理解客户的真实意思或表达对客户想法的理解。

"您说贵，是和什么产品对比呀？"

"您说产品很多，确实，我在货架上已经看到八种饮料了。"

（3）处理异议

接下来分三种情况处理异议，如表 3-29 所示。

表 3-29　三类异议处理原则表

异议类型	定　义	示　例	处理要点
怀疑	对未来的不确定	"真的能卖那么多吗？""消费者真的喜欢吗？"	同理+提供证据
误解	对历史的错误理解	"你的产品质量肯定不好。""你卖这么便宜，一定不是好货。"	同理+澄清事实
缺点	对比竞争对手无法改变的劣势	"你的费用比××少多了！"	同理+强调整体利益以淡化缺点

处理示范如表 3-30 所示。

表 3-30　三类异议处理示范表

异　议	处理示例
"真的能卖那么多吗？""消费者真的喜欢吗？"	"您放心，××门店没有您的大，促销也只是常规的，每个月都能卖 30 箱，所以您卖 35 箱肯定没有问题！"
"你的产品质量肯定不好。""你卖这么便宜，一定不是好货。"	"价格刚出来时我也吓了一跳，这么便宜是不是偷工减料啊？后来公司说这是一个入门产品，希望用合理的价格帮助消费者试用我们公司的产品。它用 135 克进口纸浆，公司不打广告也不挣钱，所以才这么便宜"
"你的费用比××少多了！"	"是的，我们提供的费用确实不多，但这个产品能帮助你吸引高端客流，提升门店形象，这也正是你想要的啊。"

在销售初期新手练习异议处理时可借助汇集历史所有异议的《异议处理大全》，预先练习临场再发挥效果很好。例如，百事公司就曾为刚入职员

工列出 100 多条常见异议的处理方法，方便刚入职员工快速准确地处理客户异议。

其中一条就是，异议1-7 （口味）新口味不要了，新产品一定不好卖？

- 新产品确实有风险，但我们公司的成功率还是很高的。你还记得去年冬天的"火辣"味吧，上市前谁都不看好，上市后消费者到处找着来买。

- 我们的招牌就是卖得好的保证，我们已投入了大量的广告及大量的宣传，消费者很快就会认识的。

- 新产品上市一般有很多促销优惠支持，你不参加就少了赚钱的机会，这一次的进货政策是……你看你这次是每件一套还是？

- 附近有些商店都卖得不错，不妨先少量进货，以确保店里品种齐全。

- 你看你旁边的几家都进了（前几家要努力说服，为后面客户做榜样），你不想比他们少一个赚钱产品吧？

- 我们还有着众多详细有效的推广方案，以帮助你能卖得更好。这些方案分别是：

  - 媒体广告细节（需提供详情）
  - 消费者促销计划（需提供详情）

有了这个事先的练习指引，现场处理时就快速而准确多了。更多异议可见书末附录C，内容作者已经修订，请勿当成百事公司目前仍在使用的内部文件。同时，牢记处理异议的原则才是异议处理的关键（见表3-29），《异议处理大全》只是早期的辅助工具。在拜访八步骤中，异议能完成此三步足矣（因为拜访时间只有10～15分钟），更精微的异议处理将在第4章呈现。

处理好异议后，就要以ROSES促成交易法促成协议并确认下一步行动。

****

ROSES 促成交易法

Recognize 发现信号

即使只解释了一小半方案，但只要发现成交信号，就必须马上促成交易。这些信号包括：

- 客户眼睛一亮。
- 客户略沉吟。

- 客户询问细节，如什么时候可送货，每次下单至少需要多少箱等。
- 客户略有犹豫。
- 客户提出细节上的反对意见："我第一次不可能下很大量订单。"

Options 选择法

提出选择方案，让客户二中取一。

"你希望选择第一种方案，还是第二种方案？"

"你是下 50 箱，还是下 60 箱？"

给客户下单的选项，成功率自然就提高了。而且选项一定要容易对比，不要让客户觉得选择困难。例如：

- 单点：50 元
- 套餐：55 元（送小食、甜品）。

那么，客户很容易选择套餐。这 50 元纯粹就是为了 55 元而存在的。

Suggestion 征询法

看看客户是否已有意愿签约：

"你觉得我的建议如何？"

"如果没有其他问题的话……"

"如果方便的话……"

Especially for today 今天特别法

今天特别有好处："如果在今天签约，我就可以额外送你一个周末店长推荐促销。今天刚刚收到通知可以临时加一个，明天开始后就没有了。"

今天特别有压力："所有客户都在争取这个活动，但名额有限，我们应该赶快确定下来。你认为呢？"

Suppose 假定法

假定客户已经同意你的建议，他会有什么行动？用直接磋商行动来代替询问。

"那我明天就叫陈列部调整排面吧。"

如果客户回答"不用那么急，下周吧！"，就证明他已经同意你的销售方案，直接把合同递给客户签就可以了。千万不要再笨笨地确认："这就意味着你同意了？"

****

练一练

描述一个你曾见过的成交信号情形。

依照示例，试写促成协议的句子（见表3-31）。

表3-31　五种促成协议法

促成协议的类型	示　　例	你的
征询法	"您觉得我的建议如何？"	
二选一	"您希望选择第一种方案，还是第二种方案？"	
假定法	"先订100件吧，我会尽早安排送货，估计周四就能送到。" "第一批货到的时候，我们还会赠送一个迷你收银机前陈列架。你看是放在口香糖旁边，还是纸巾旁边？"	
特别利益法	"如果您在今天签约，我就可以额外送您一箱。刚刚收到通知，为了冲月底销量只限今天。" "如果每种品项各下20箱，并于端架陈列6周，我就有把握向公司争取3箱赠品给您。" "对面的店已经开卖新品了，估计2周内新品就能成为畅销产品。如果您不卖，就可能被抢走一些顾客。"	
担忧法	"我们与所有零售商都有深度合作项目，但今年南区名额只有一个，先到先得，所以我们应该赶快确定下来。您认为呢？"	

第7步：做陈列

根据刚才和客户达成的协议，取得客户同意之后，就可以整理陈列并张贴促销宣传品了。

"好的，谢谢老板！您的货下周二之前就会送到，相信您的生意会越来越好。为了刺激顾客购买更多，我现在去帮您整理排面和贴海报。"做陈列也叫作"产品生动化"，是指为了在售点扩大我们的竞争优势所进行的吸引消费者购买的一切陈列活动，其最终目的是提升销量。陈列时可参考"黄金12定律"，该定律囊括了陈列执行的要素（见表3-32）。

表 3-32　黄金 12 定律

定　律	含　义
定律 1：抢占第一是先机	把产品陈列在能第一时间吸引消费者眼球的位置上，避免把产品放在货架背面或光线暗的角落
定律 2：看得见来拿着易	把充足的产品放在容易拿到的地方，太高或太低都不容易拿到。最好在"黄金视线"内：双手放在双眼前，头保持不动，双手上下分开，眼睛不动但眼睛余光能看到的手的最高和最低范围就是"黄金视线"范围
定律 3：排面就像老大	陈列排面与市场份额保持一致，不要拥挤，也不要缺货。如果市场份额不高，要求挨着销量第一、第二的产品陈列，这样就会得到更高的曝光度。有一些零售商会把自有品牌放在第一品牌的第二排中间，也是这个原理
定律 4：杜绝外人来插足	把公司同一品牌放在一起，将产品集中陈列。不要让竞争对手的产品插在公司产品中间
定律 5：商标朝外又整齐	产品标签朝前，有助于公司的品牌在货架上脱颖而出。要避免产品杂乱无章地摆放，商标看起来前后混杂
定律 6：价格清晰放心买	有清晰、整洁的价格标签。小店大多不肯标示价格标签，以求熟人一个价，过路人一个价，多挣些钱。必须告诉客户，标注价格可以让消费者放心购买、不担心挨宰，消费者对他的店增加信任感，能带来更多消费和更多重复消费机会。不标注价格标签，可谓得不偿失
定律 7：先进先出保新鲜	把日期久的产品摆放在前排，方便消费者更快地拿走
定律 8：产品完整又干净	把商标破损的或瓶盖生锈的产品进行换货处理，同时把产品上的灰尘擦干净
定律 9：红花还需绿叶衬	产品是红花，宣传材料是绿叶。宣传材料要靠近相应的产品，这样可提高可视性，清楚地沟通促销及价格信息。留意宣传品不要太多，否则消费者眼花缭乱，难以辨认
定律 10：第二陈列创商机	第二陈列就是货架之外的陈列。要尽可能创造优秀的第二陈列，如冰柜陈列和堆箱陈列，以便提升销售率
定律 11：冰冻产品最爽口	饮品行业特有的陈列要求，提升冰柜、冷柜内产品的库存量与陈列
定律 12：远离异味人人爱	远离气味强烈的其他产品（如香水、肥皂和清洁剂）。例如，不要将食品放在榴梿旁边，除非你卖的是榴梿味饮料；更不要把食品放在厕所旁边，即使那是一个免费的第二陈列位置

第 8 步：勤记录

现场：在离开售点前，回顾拜访目标，确保所有活动都已经完成，填写工作报表。结束一天的拜访回办公室后，更新客户档案，同时反思：

- 今天哪些地方做得好？
- 哪些地方可以做得更好？
- 今天应用了什么销售技巧？效果如何？如何改善？

将改善行动列进 SSS 表 3-33。

表 3-33　SSS 表

	Stop 停止以下错误行为	Strengthen 继续以下优秀行为	Start 开始以下改善行动
1			
2			
3			

小旭放下文件，感慨地说："原来每一步还有这么多内容！"

安怡把练习清单放在小旭掌心："练习，练习，练习。不要到客户处练手，要在办公室练兵。"

练一练：拜访八步骤

按表 3-34 所示的要点练习拜访八步骤，并把你的心得写下来。

表 3-34　拜访八步骤工作要点与示例

工作内容	示　例					常用销售 小技巧
	客户	目标1 订货	目标2 项目销售	目标3	销售准备	
第1步： 做准备 准备拜访 计划，制定 拜访目标， 准备拜访用 品	A	30	小区送货		客户需求与引导话 术卖点 异议及应对	
	B	15	新品	扩大 排面	客户需求与引导话 术卖点 异议及应对	
	C	25	陈列		客户需求与引导话 术卖点 异议及应对	

（续表）

	工作内容	示　　例	常用销售小技巧
第2步：打招呼	寒暄，建立和维护良好的客情，取得检查许可	"早上好，老板，我是×××公司的小李，逢周三来拜访您。今天来看看店里的情况，希望我们一起把生意做得更好……今天可真够热的……希望我们的销量和天气一样热。那我先去看看库存和货架？"	论点论据法、用身体语言听
第3步：细检查	观察售点情况，寻找销售增长的机会		洞察

第3步示例表格：

	发掘潜力要点	行动
产品组合	① 对比分销标准，我们是否有分销机会吗？ ② 产品组合是否符合消费者需求与行为？ ③ 对比竞争对手，我们是否有没有提升空间？ ④ 各种产品比例是否合适？产品组合是否能对抗竞品？ ⑤ 我们上周销售了多少?趋势是上升，还是下降？竞争对手呢？	
生动化陈列	① 目前的陈列是怎样的？ ② 这样陈列是否符合公司要求？ ③ 能与竞争对手竞争吗？ ④ 这个客户的消费者消费过程是怎样的? 生动化陈列可以怎样改善？ ⑤ 如果费用有限，先做什么陈列？	
价格	① 这个客户目前定价是怎样的？ ② 目前价格标识是怎样做的？准确、易见吗？ ③ 这个定价符合公司要求吗？ ④ 有竞争优势吗？ ⑤ 能利用价格杠杆推动消费者消费更多吗？ ⑥ 还可以怎样把价格标识做得更好？	
人员激励	① 这个客户有哪些人可以帮助我们推动销量？ ② 目前我们是怎样激励他们的？ ③ 还可以怎样激励他们？	
促销	① 目前安排了什么促销？效果如何？还可以增加或减少吗？ ② 目前我在促销前、促销中、促销后是怎样做的？ ③ 还可以怎样做可以让促销执行得更好？	

（续表）

	工作内容	示 例	常用销售小技巧
第4步：找需求	通过结构化提问了解客户需求	"老板，我检查过库存，您上次又多卖了两箱。看来店里来的客人是越来越多了吧？"(客流量) "老板，我看到进店里的人，都买了东西，真好，生意看来不错呀！"（购买率）……	SOS提问、锁定销售切入点
第5步：提建议	提出订货和生意发展建议	有生意发展建议时： 代表："顾客是生意之本，来多少都不嫌多。您附近有一个学校，而且现在的学生都很喜欢尝试新东西。您有没有试试用新事物来吸引他们多来您这里买东西啊？"客户："……"代表：（重复客户上面的话）我们公司推出了一个新口味，这周就上市（递去样品），包装新颖、口感好。这个产品一上市，学生肯定都来品尝，所以我帮您把海报贴在门口，保证能把人都吸引过来！" 无建议时直接建议订单： 代表："为了避免下周断货，我建议您今天进货50箱。"	正面陈述、特征利益法
第6步：解异议，达协议	打消客户疑虑，和客户达成一致	"您觉得我的建议如何？""先下一组，还是两组？""先订100件吧，我会尽早安排送货，估计周四就能送到。""第一批货到的时候，我们还会送一个迷你收银机前陈列架。您看是放在口香糖旁边，还是纸巾旁边？"	三类异议类型、ROSES促成交易法
第7步：做陈列	做陈列，配置促销宣传品	定律1：抢占第一是先机 定律2：看得见来拿着易 定律3：排面就像老大 定律4：杜绝外人来插足 定律5：商标朝外又整齐 定律6：价格清晰放心买 定律7：先进先出保新鲜 定律8：产品完整又干净 定律9：红花还需绿叶衬 定律10：第二陈列创商机 定律11：冰冻产品最爽口 定律12：远离异味人人爱	黄金12定律
第8步：勤记录	更新拜访记录与客户档案		

我做得好的步骤：

我还需提升的步骤：

我的提升行动：

Day 11 今天我要记住的

- 售点普查。
- 分类并制定拜访标准。
- 制订拜访计划。
  ① 计算拜访总数量与总时间。
  ② 分配每日拜访客户群。

③ 确认每日拜访路线。

④ 路线中的时间管理。

- 拜访八步骤。
- 客户的需求分生意需求与个人需求，生意需求在销售公式中：

销售额=客流量×购买率×购买数量×客单价×重复购买次数

- 根据客户需求以特征利益法提出建议，包括销售项目、执行改善和订单。
- 分怀疑、误解和缺点处理异议并以 ROSES 促成交易法促成协议。

Day 11   今天我要掌握的

- MAP 路线设计工作套装。
- 路线绩效评估表。
- 路线三大优化工具表。
- 拜访八步骤工作要点与示例。

⇒ 3.3　厌倦销售的时刻

小旭再次按响安怡家的门铃，已是 20 天后。姑父一见小旭，不禁大吃一惊："哎呀，我的小少爷，你怎么了？"一个月前那个帅气的小伙子已经不见了，取而代之的是一张黝黑的面庞，那双曾经用来翻书捧咖啡杯的手，黝黑粗糙，已经开始爆出青筋。

小旭叹了口气："我去做销售代表了啊，现在气温 30 多度，过去 20 天，我每天从早上 9 点一直走路到下午 6 点，为 200 家门店搬饮料上货架，拿抹布擦瓶子，用剪刀割箱子摆地堆，20 天就这个样子了。"

"不是国际大公司嘛，怎么工作像血汗工厂一样辛苦！我给你冲杯咖啡。"姑父心疼地把小旭引进屋。

小旭眼圈都快红了："这还算好的。太阳暴晒就是皮肤黑点儿，有时遇到下雨天穿着雨衣也照样去拜访，别提多狼狈了。"

"那到冬天，很冷怎么办？刮风下雪呢？"

小旭无奈地摇摇头："唉，不说了，我去找姑姑。"小旭捧着咖啡慢吞吞走下了楼。

楼下安怡正眯着眼睛在插花："你来啦？你看我这花插得有没有禅意？"

"有有有，挺有的。"小旭哭丧着脸。

安怡扑哧一笑："怎么啦？这 20 天累着啦？"

小旭道："姑姑，销售管理培训生有没有办法跳过这些销售代表的工作直接做主管？"

"没有。"

"一定要做满一年吗？"

"不一定，有时是两年。"

"啊……"小旭倒吸一口气，沉默了半晌说，"虽然我之前已经立志要熬得住辛苦，但是这份工作实际做下来的艰苦还是超越了我的想象……刚开始两周我觉得还挺好玩的，可一个月、两个月，每天这样重复着擦瓶子搬箱子，有时还得受客户的白眼，我读了四年大学，难道就是为了擦瓶子搬箱子吗？这活让经销商聘请的高中毕业的代表做还行，我……"

安怡继续插花："大材小用？行，现在让你直接晋升主管，管八个销售代表。他们比你大五到十几岁，个个心思不同，有人想混日子，有人能力不够，还有人天天想整你下台好坐上你的位置。他们结束拜访后所说的事情你听都没听过，提出的困难你也不懂怎么给建议，他们水平怎样你也不知道如何评估，甚至挖个坑给你跳你还说谢谢，你能管吗？"小旭默然不语。

"你可知道销售基层会发生什么事？有业务代表卖假货；有司机、销售代表、门店员工合伙骗走公司几百万元；有办事处集体贪污，一天之内要解雇了 20 多人……没有做过基层，你怎么知道哪里可能有漏洞？哪里可能有风险？你听到的哪句话是真的？哪句话是假的？"

"有这样的事？！"小旭惊讶地睁大了眼睛。

安怡淡淡地说："多了去了，花样年年翻新。盖楼房，基层不稳高层就得倒。一栋摩天大楼，你关注的只是楼顶的风光，这难道不是另一种目光的狭隘吗？即使在高层，你以为就不累了吗？深夜加班，出差频繁，压力大，过劳死……这样的例子还听得少吗？

"眼前的辛苦就真是苟且吗？也许在我们有生之年能看到快递员被送货机器代替；司机被无人驾驶消灭；未来零售的趋势是什么？连锁便利店、天猫小店、京东小店强大的总部执行力能大大减少拜访工作量，但在眼前，中国至少还有 500 万家小店，这是无法忽视的销量。他们的未来呢？2017 年中国便利店日均销售额 4900 元人民币，较 2016 年提升 10%，毛利 20%～30%。传统夫妻小店每天的营业额有多少？可以提升吗？怎么提升？

"传统小店要做哪些产品组合？日本市场的便利店生鲜及半成品占比为 30%～40%，而中国市场的即食品销售比例还较低，传统夫妻小店要不要做即食品？做多少比例合适？日本便利店自有品牌单品销售占比大多为 40%～50%。中国便利店自有品牌商品比例有多少？传统夫妻小店怎样发展自有品牌？欧美独创商品占 50% 的便利店才能达到 30% 的毛利，体现出一个便利店的独特个性。中国便利店的独创商品比例有多高？传统夫妻小店的独创商品比例有多高？怎样才能让自己成为独一无二的店？

"有了产品组合，怎样销售？怎样挣钱？中国便利店高净利与亏损的比例各约为 25%。为什么高？为什么低？2017 年中国便利店行业在水电、人工与房租等方面的成本分别增加了 6.9%、12% 与 18%。传统夫妻小店的盈利占比有多少？成本占比如何？日本罗森便利店、全家便利店、7-ELEVEN 便利店加盟比例分别为 75%、97%、98%。中国便利店的加盟店仅为 43%。传统夫妻小店是自己经营好，还是加盟好？有哪些经营的方法？

"从趋势看，2017 年—2018 年 7 月，便利店市场中共有 71 起融资事件，参与者包括京东与阿里巴巴，而大多数便利店的融资目的均为智能化、数字化转型。2017 年，中国无人便利店市场规模约为 0.4 亿元，预计 2020 年可达到 33 亿元。而日本，自动售卖机早已遍布全国[①]。在这个转变的过程中，中国 500 万家传统小店会消亡吗？他们的出路在何方？他们问你该怎么办，你怎么回答？如果让你开一家传统小店，你会开吗？怎么经营？怎么盈利？如果让你现在就晋升管理传统渠道，你对传统渠道会做出什么预测、采用什么销售策略？"

---

① 数据来源：前瞻产业研究院朱茜。

安怡一口气说下来，小旭惊讶地愣住了，嗫嚅说："原来我还有这么多专业知识不知道……"

安怡一面笑一面在白板上画着："这才是专业的起步呢。对客户来说，销售人员分五个等级（见图 3-19 和表 3-35）。"

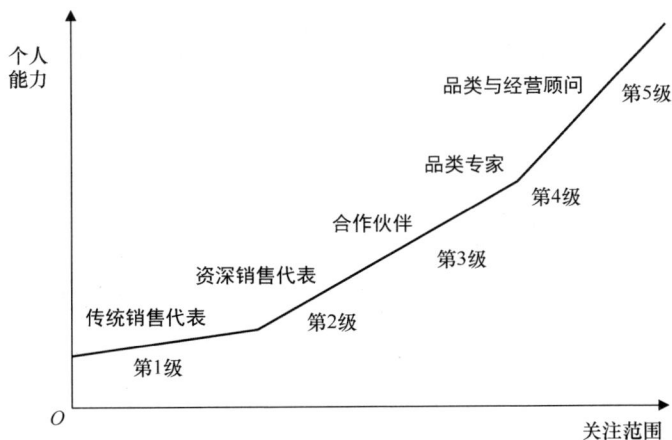

图 3-19　销售人员的五个等级

表 3-35　销售人员五个等级的职责

等　级	职　责
第 5 级 品类与经营顾问	• 深受零售商信赖的熟悉品类的整体生意顾问； • 帮助客户管理品类的策略性合作伙伴，通过信息分享提高双方的品类表现； • 提供全方位的品类管理，涵盖品类选择策略、促销策略等； • 熟悉客户行业，有能力向客户提供有价值的经营建议
第 4 级 品类专家	• 深受零售商信赖的品类顾问； • 能够提供数据证明采取何种策略能提升品类整体表现，包括促销计划和品种计划等
第 3 级 合作伙伴	• 了解品类在双方生意的地位和作用； • 双方合作关系集中在品类整体发展，利用联合促销活动解决一些不容易引起争议的问题，如促销活动成效和生动化的执行等
第 2 级 资深销售代表	• 在注重品牌销售的同时了解品类的产品/价格/质量等问题，经常参与促销活动
第 1 级 传统销售代表	• 围绕产品/价格/质量进行品牌销售

"你曾有以商业改变世界的宏图呢，现在处于哪一等级？"

小旭惭愧地笔画了一下："第一级……原来销售人员可以厉害到能让客户都向他请教怎样做生意……"

"你记得古琴曲《文王操》吗？"

"记得，孔子向师襄子学琴。过了十天，师襄子说你可以学新曲了，孔子说：'我只是会弹奏，技巧还不行！'

"一段时间后，师襄子说：'技巧已成，可以学新曲了！'孔子又说：'我还没领会这首曲子！'

"又过了一段时间，师襄子说：'你已经领会，可以再学新曲了！'孔子还是说：'我还没有体会出作曲者是一位怎样的人啊！'终于，孔子时而庄重穆然、若有所思，时而怡然高望、志意深远，说：'我知道作曲者了，那人皮肤深黑，体形颀长，眼睛深邃远望，如同统治着四方诸侯，莫非是周文王吗？'这首曲子就是《文王操》。"

小旭长吁了一口气："是啊，孔子学琴都能分四个阶段慢慢练习，我怎么在第一阶段就想放弃了呢？"

"也不能光埋头练，把技巧拆得这么细就是方便刻意练习啊。星巴克卖咖啡是'将心注入'，那你呢？"

"我也可以在销售中更多地将心注入。哦！销售心境提到过的。"小旭恍然大悟，也笑了，"我也可以尝试让工作多一些乐趣。比方说，考验一下自己，理货速度能不能更快，平均订单量能不能更多，挑战每次让客户多下两箱订单……我还可以针对现在遇到的问题思考将来我做主管的时候我要管什么、不要管什么；我可能遇到什么问题、怎么解决。对整个系统来说，提升的空间有哪些？……"小旭的眼睛忽然亮了，刷刷刷在白板上也画了个表格（见表3-36）。

表3-36　工作提升表

		我可以做的
提升个人能力	拜访时间更短	尝试从每店10分钟到9.8分钟、9.5分钟
	单店产出更高	让每个店都进步一点点，如从销量5箱提升到6箱
	每天多学一点	每天总结，我学习到了什么

（续表）

		我可以做的
提升个人能力	每天增加一点乐趣	每天设一个小目标，如 A 店订单从 8 箱提升到 10 箱，成功了就庆祝一下； 感受自己日晒雨淋的辛苦，并想办法让这些辛苦得到最大回报
提升系统管理水平	对代表	整理出《异议处理手册》
	对主管	从日常的工作琐事中整理出《管理业务代表指南》，供以后使用； 列出"主管应该做的""主管不应该做的"清单
	对公司	列出"基层工作易犯错误"

安怡笑了："果然是懂得学习者，依靠自控力坚持是很难的，依靠习惯和乐趣会容易些。"安怡从书架上抽出一个本子给小旭："这是我们以前用的《START 销售代表练习手册》，因为销售代表离职高峰期是入职前 10 天、30 天、90 天，因此我们当时为每位新销售代表都准备了这本手册帮助他们克服困难，培养正确的销售习惯。手册中印上了你需要掌握的基础销售技巧和拜访八步骤核心知识，并预留了位置让你安排每天、每周、每月的工作，还附有每天练习清单指引练习，帮助你记录你的成长历程，连什么时候应该找上司帮助，请他辅导你什么技巧都印上了。我就送给你吧。你试试根据这本册子指引再来一次。不是有一本书叫《禅与摩托车维修技术》嘛？也许，你可以把这本练习册完善成为你自己的'禅与拜访八步骤'。"

小旭接过书，惊喜地翻看着。

"一共 60 个工作日，大概三个月的时间。按上面的提醒，每天练习一个销售技巧，三个月后，希望看到一个脱胎换骨的你。"

"嗯！"小旭使劲点头。

"来，帮我把今天的插花作品放在外面花园吧。"

外面阳光猛烈，小旭心里默默地念着"将心注入销售"，小心翼翼地捧起花盆向外走去。这是一个淡绿色的水仙盆，一株仙人掌高高耸立在铜针插盘上，仙人掌后面的一朵向日葵正在怒放。

Day 12　今天我要记住的

- 销售人员的进阶，从销售自己产品的销售代表直到合作伙伴、品类专家，最终到客户最信赖的品类与经营顾问。
- 以销售心境中的技巧帮助度过基层辛苦而单调的工作。

Day 12　今天我要掌握的

- 《START 销售代表成长手册》。

▌▶ 3.4　重新走上销售之路

一周后，安怡收到了来自小旭的邮件。

****

To：安怡
Fm：林小旭
主题："销售肌肉"等基础销售技巧在拜访中的应用

亲爱的姑姑：

　　结合实践工作，我整理了作为销售代表的能力清单（见表 3-37），并附上部分基础销售技巧的应用案例与心得，希望得到你更多的指引。

　　祝工作顺利

小旭敬上

表 3-37　销售代表的能力清单

工作职责	工作行为	胜任力			提升目标		
		A 态度	S 技巧	K 知识	目前得分（1~10分，10分最高）	绩效目标	我需要采取的行动
拜访门店，提升门店执行，获取订单，并维护客情	**准备**						
	回顾以往拜访记录、销售和回款追踪记录、客户信息和周工作重点，设定 SMART 的拜访目标		SMART 目标设定法	公司拜访文件与流程指引，SMART 目标			
	根据拜访目标进行相应的准备，如销售方案介绍、相关文件、物料						
	对重要客户进行预约		电话约谈技巧				
	介绍						
	主动与客户各部门人员寒暄，融洽气氛		破冰与回应技巧	客户架构			
	明确拜访目的，初次拜访还要介绍自己和公司		开场三步骤				
	核查						
	本公司各 SKU 店内价格和库存，分销亮点与改善点			公司产品知识			
	本公司各 SKU 店内陈列位置、陈列面亮点与改善点			公司价格指引			
				公司陈列指引			

（续表）

工作职责	工作行为	胜任力			提升目标		我需要采取的行动
		A态度	S技巧	K知识	目前得分（1～10）（1分低，10分最高）	绩效目标	
拜访门店，提升门店执行，获取订单，并维护客情	本公司店内装饰和促销POP亮点与改善点			公司分销指引			
	驻场促销培训及指导亮点与改善点			公司促销人员管理指引			
	竞争对手价格、促销活动信息收集			竞品知识			
	演示						
	① 开场白						
	主动与客户寒暄，融洽气氛		破冰与回应技巧				
	明确拜访目的，初次拜访还要介绍自己和公司		开场三步骤				
	寻求客户回应，让客户对你的话题感兴趣，并主动参与话题讨论		沟通打断与连接技巧				
	② 寻找需求						
	提问了解客户现状（分销/陈列要求、促销活动信息等）		提问技巧				
	提问了解客户的需求（愿望、兴趣、困难和问题），主动聆听		聆听技巧				

（续表）

工作职责	工作行为	胜任力			提升目标			
		A 态度	S 技巧	K 知识	目前得分（1～10分，10分最高）	绩效目标	我需要采取的行动
拜访门店，提升门店执行，获取订单，并维护客情	主动引导谈话的方向，引导到我们推荐方案的优势利益		特征利益法陈述技巧				
	确认需求		需求诊断技巧	需求模型			
	③ 陈述方案与利益						
	针对客户需求，持续清晰地传递关键信息		结构化陈述技巧				
	把推荐方案的各步骤与客户、消费者的利益联系起来						
	辅助材料的使用，如营业手册、数据分析、成功案例图片等						
	确认客户对信息/利益是否接受		利益陈述最大最小法				
	④ 处理反馈						
	对客户的意见表示理解，不直接反驳		同理技巧				
	聆听并辨别反馈的类型		异议处理三步骤	异议类型与处理方法			
	提供相关信息，使用方案的益处处理异议，并提供支持证明资料		最后异议处理四步骤				
	确认客户接受						

（续表）

工作职责	工作行为	胜任力			提升目标		
		A 态度	S 技巧	K 知识	目前得分（1~10分，10分最高）	绩效目标	我需要采取的行动
	⑤ 获取承诺						
	总结先前被客户认同的产品的特性利益，并和客户达成一致						
	基于客户的库存与实际销售与客户的补货公式，影响未来销售的各种要素，建议订单		促成协议技巧				
	签订订单/协议合同						
	约定下次拜访的时间和目的						
拜访门店，提升门店执行，获取订单，并维护客情	**理货**						
	进行陈列的维护和改进		理货技巧	黄金陈列 12 定律			
	补充货架上的产品						
	更换和张贴新的宣传材料						
	行政						
	对本次拜访的目标进行回顾、记录和调整拜访计划						

（续表）

工作职责	工作行为	胜任力			提升目标		
		A 态度	S 技巧	K 知识	目前得分（1～10分，10分最高）	绩效目标	我需要采取的行动
拜访门店，提升门店	填写拜访表、业务联络表及退换货申请表等						
	与相关同事、客户，厂家协调跟进今天拜访跟进行动						
执行，获取订单，并维护客情	回款						
	了解客户的架构与回款流程						
	进行定期及时跟进						
	催收		催收技巧				
	总分/评估项数						
平均分							

1．"销售肌肉"在拜访中的应用案例与心得——重复

销售应用一：以节选重复无缝接驳销售话术

应用场景：100%销售场合，尤其在会面初期。

方法：无论客户说什么，在我回应的话中都有一小部分是重复客户说的内容。

小旭：早上好，老板，最近生意可好？

客户：一般般啦！

小旭：一般般啊？旺季就快来了，希望这一般般会变好呀！

客户：天知道会不会，希望吧。

小旭：是，我也是这么希望的。那您有没有想过，为旺季做点准备呀？

小旭：早上好，老板！看您今天气色不错，是不是有什么喜事？

客户：是吗？可能是我今天穿的衣服颜色鲜艳吧！

小旭：这衣服颜色确实显得人很精神！好看！要是我们今年旺季的销量也像这衣服颜色这么精神，就好了！

客户：哈哈哈，希望呀。

小旭：听您说希望说得这么成竹在胸，您是不是已经想过，为旺季做点准备呀？

无论客户说什么，"重复"都能帮助我顺利无缝接驳到我们准备销售的旺季计划。重复不是机械地把对方说的话一模一样地说一遍，而是对方说"衣服颜色鲜艳"，我们可以说"衣服颜色确实显得人很精神"，保证其中一两个关键词重复就可以了。

我也把节选重复扩展应用到演讲、开会和聊天上。我总是在前一个发言人的基础上重复他说的一点内容，再开始说我的内容，整个对话非常流畅，大家确实不会觉得被我打断或抢了话，因为我是"承接着他说的话"开始的。

销售应用二：以重复进行确认

应用场景：客户说了一段话后，确认我的理解是否正确。

方法：重复客户所说的事实，辅以归纳和演绎。

客户：5月的生意占我们全年的20%，你可要帮我盯紧了，有什么新产

品、新包装赶紧报过来。不要像上次那样，还有半个月就上才告诉我，那时塑包外面还没有条码，需要仓库人员手工贴上去。另外，促销活动一定要提早两个月跟我说，要不排不上海报到时你别来找我。你们每次促销，要么货太多，要么货太少，从来没有一次刚刚好的。好卖就断货，不好卖就压得一仓都是，让你退，半个月都不拉走。再不就是，促销都开始了，但赠品还没到。我拜托你，这个旺季一定要搞好一点。还有，别人做的促销我可不要，我要独家的，你要配合我们的主题来做，我们的便利店跟那些大超市可不一样。

（现实中客户就是这样说了一大串，一开始我是崩溃的，但我叮嘱自己别走神，并在重复时辅以归纳。）

小旭：好的，我确认一下。5 月旺季销量很重要。关于促销您希望，新产品及时上货，促销活动提早一个月通知，库存控制好，促销要个性化并配合您的主题，是这样吧？

归纳技巧：客户无非就是说产品、促销、价格、陈列、人员和后勤管理这六件事，把客户所说的往这六件事上归纳就好。

演绎技巧：有时客户有些吞吐，辅以演绎重复，并向对方确认。例如，"其实，您和 b 公司合作得有些不愉快，有机会也想换一个合作商试试，对吗？"

销售应用三：以重复安抚客户情绪

应用场景：客户激动时、处理投诉时。

方法：重复客户的事实和感受。

客户：你们的饮料根本不好卖！

小旭：哦，不好卖？

客户：是啊，一天也卖不了半箱，还卖 15 块钱一瓶，那么贵！

小旭：嗯，动销慢，售价还要 15 块！

客户：我跟你们公司合作三年了，真的受尽了你们的气。淡季的时候你们拼命压货，东西都快过期还卖不出去；到了旺季，跟你们拿货，你们又说没有货！说好的返还费用一个月之内给，你看看去年 10 月的费用还没给我呢！

小旭：我听您说合作三年，有压货、断货和费用返还等问题，这让您觉得不舒服。听到您这样说，我也感到这种合作是挺让人生气的。（重复事实与感受，表达同理心。)

心得：重复事实易，重复感受难。

首先是感受容易被忽略。在听到客户不停地抱怨时，我本能地就想解释原因或提出解决方案，如"我保证淡季我不压货，旺季我帮你抢货，返还我要如何如何帮您做"等，但缺少"重复"这一步，客户依然不爽。

其次是错判感受。在上面的例子中，客户自己说了"受气"，所以重复他的感受"受气"。但大部分时候客户不会直接说出他的感受，只能从语气、语境中去推测。一般我先使用万能词"不舒服"，在交谈过程中得到更多信息后再准确重复。

用"重复"进行聆听，不但能让客户清晰地感受到我在"听"，而且再生气的客户都会缓和下来，"听"真的可以用来销售！

2. "销售肌肉"在拜访中的应用案例与心得——洞察

（1）洞察餐饮店经营情况案例

餐饮店现场考察时间：中午或晚上吃饭为佳。

① 考察店外汽车的数量、档次甚至牌号。本地牌号车多则说明回头客多，外地牌号车多则说明流动客多。回头客越多，生意越稳定。

② 考察终端所在地段的繁华度。是否在行政、工商业集聚区？十字路口的终端店客流量较大。

③ 从终端装修档次、规模大小，停车位是否充足，考察终端的档次。

④ 考察店内上座率、翻台率。三类餐厅盈亏平衡点：高档餐厅上座率50%；中档餐厅上座率60%；低档餐厅上座率70%。如低于平衡点，说明营业绩效不佳；如高于平衡点，说明营业绩效良好。

⑤ 调查消费者酒类产品的消费数量、品牌：后院空酒瓶堆放处。

⑥ 通过供货渠道了解销量。

⑦ 与吧台人员或者仓库人员交谈了解销量。

⑧ 从营业额、交税情况、房租情况、员工士气情况进行推测。

从以下项目可推测零售小店的生意情况：

- 店铺位置、门面面积、仓库面积。
- 店外饮料堆箱数量、空箱数量。
- 产品新鲜度。

- 老板服务态度。
- 主要消费人群（本地人/外地人，消费力）。
- 客单价。
- 送货能力（整箱送货上门服务）。
- 门店货架摆放整齐度与清洁度。
- 店内整洁度。
- 回头客数量。
- 进货渠道、月销量、月盈利率。

（2）促销洞察案例（见表 3-38）

促销背景：

市场：中份额市场。

渠道：传统小店。

产品：纸箱装饮料，每箱零售价 39.9 元。

促销方式：每箱捆绑一支塑料笔（价值 0.3 元）。

结果：销量提升 20%。

洞察主题：为什么捆绑塑料笔销量提升 20%？

表 3-38　促销洞察案例

信息	用 5P 洞口模型，找到以下信息：每箱捆绑一支塑料笔（价值 0.3 元），结果销量提升 20%	
	为什么	因为
1Why	为什么捆绑塑料笔销量提升 20%？	因为有促销
2Why	为什么以前的促销效果不明显？	因为这次捆绑时我们顺便贴上了明显的爆炸花价格标签
3Why	为什么贴爆炸花价格标签后销售就上升了？	因为 TT 平时不贴价格标签，顾客不知道价格，本次促销的标签让顾客更容易看到我们的产品，而且不用问老板就知道价格，增加了至少 10%顾客
4Why	为什么增加 10%顾客但销量上升 20%？	因为捆绑促销刺激了附近居民整箱购买及过路司机整箱购买放置车后备厢备用

（续表）

4Why	为什么这次顾客愿意整箱购买？	因为对价格敏感者而言，赠品让他们感受便宜；对价格不敏感者而言，有促销就认为超值
洞察	对公司市场部： 在 TT，价格标签有效推动购买，借助捆绑销售帮助销售代表为产品增加价格展示。建议每两月一次小型大面积促销以维护价格标签展示。 对经销商： 在 TT，价格标签有效推动购买，借助捆绑销售帮助销售代表为产品增加价格展示。如果公司不配合，建议调整少量利润每两月一次小型大面积促销以维护价格标签展示。 对小店老板： 在 TT，价格标签有效推动购买，捆绑促销刺激了附近居民整箱购买及过路司机整箱购买放置车后备厢备用。为捆绑促销做单箱陈列并向附近居民及过路司机推荐	

3. "销售肌肉"在拜访中的应用案例与心得——其他

拜访记录不再是痛苦的文字，开始变得有乐趣了。我采用了以下技巧。

① 让记录好玩起来，用上火星文及符号，例如，"今天☁，ʘ▷上班，•ᴗ•"。

② 用思维导图及图表工具进行记录（见图3-20）。

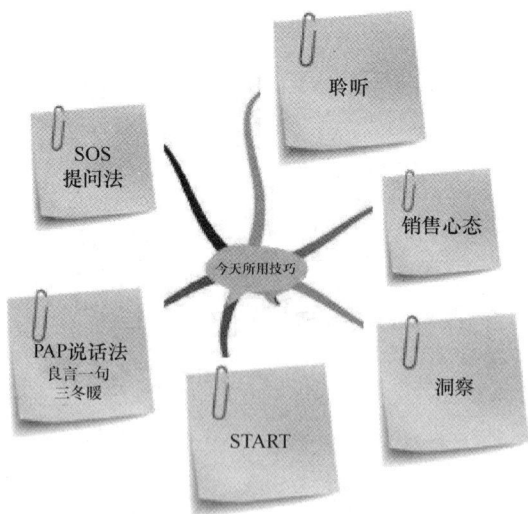

图 3-20　用思维导图等图表进行记录

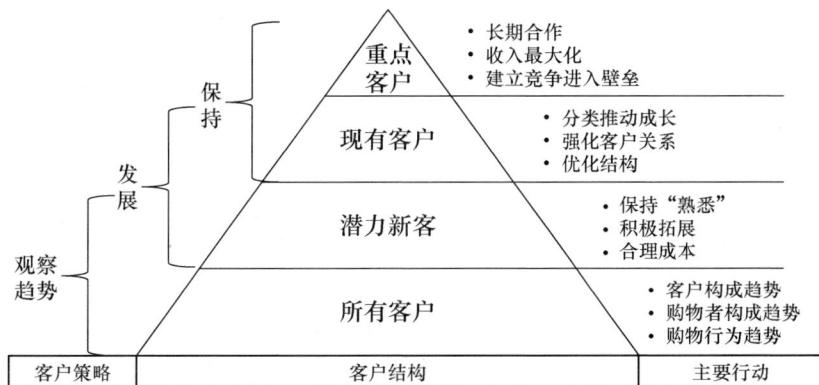

图 3-20　用思维导图等图表进行记录（续）

③ 用三分框式做会议记录（见图 3-21）。

图 3-21　用三分框式做会议记录

4. 关于销售的更多理解

① 为客户提供补货、换空箱等周转物也在我业务拜访范围内，这算不算销售？

不算，即使补货行动实际上获得了客户的订单。换箱补货只是维持了原来的库存水平，既没有帮客户发展生意，也没有去挖掘客户的特定需求。如果只是维持原来的销售水平，没有获得发展，那么在现在的竞争市场里，不进则退。

②满足客户"需求"，是不是就意味着要满足客户所有的"要求"呢？

不是。"要求"与"需求"不同。客户的"要求"往往是比较直接而短期的，如要更多的进场费、更多的促销、更低的价格，而会忽略长期发展的需要。如果客户过度索要，实际上也在损害双方的长期合作关系。

某著名超市就由于过分索要费用，导致大品牌要么撤场，要么减少促销力度来补贴支付费用，结果品类的品牌组合吸引力下降、促销数量减少、促销质量下降，门店购物者随之大量流失，店家厂家双输。而"需求"是从客户的生意发展角度思考的，客户的生意健康发展，我们的生意才会健康发展。销售人员的任务是帮助客户发掘他们的生意潜能，并引导他们整体的、长期的需求，这样才能起到帮助他们发展生意的目的。

有时当客户体量很大时，我们凭一己之力不可能改变客户的策略，这时就要考虑引入新客户或者扶持其他客户来降低这个客户的重要性，以平衡我们自己的生意发展。

……

****

安怡笑着关上了电脑，她知道，一颗销售新星正在冉冉升起。

第 4 章

销售的重装武器

本章概览

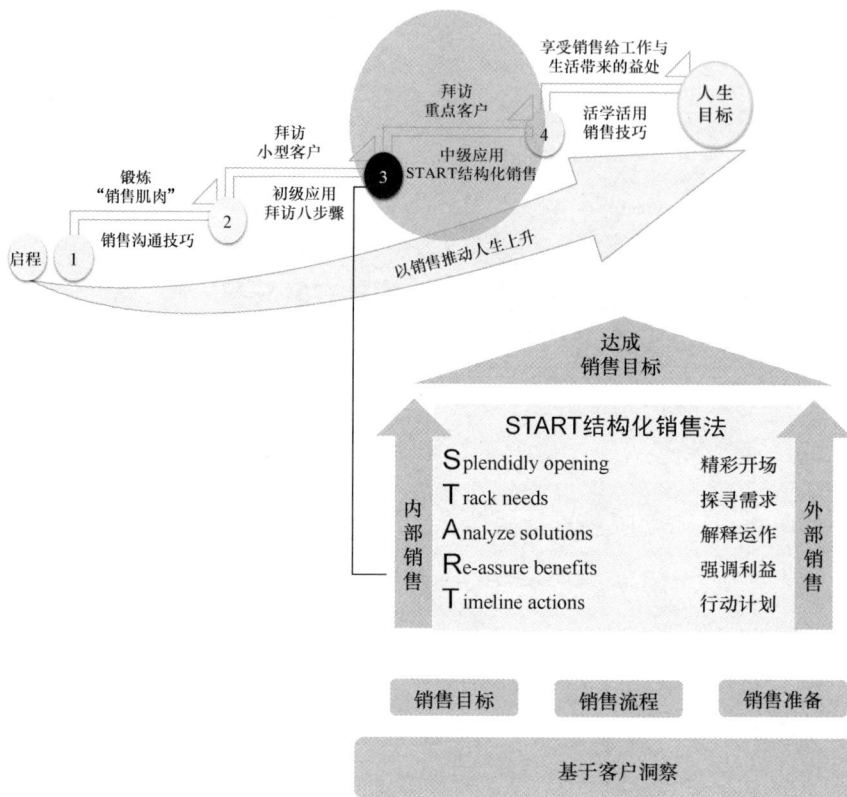

本章目标收益和技巧练习协助工具

内　　容	目 标 收 益	工　　具
专业的客户档案	为大型客户建立能帮助客户管理与销售的高价值档案	客户档案模板
洞察门店与客户	根据客户档案能锁定客户需求与销售策略	门店洞察表 客户洞察表
基于START准备销售提案，展示方案并销售	根据客户需求与销售策略制订START销售计划，并运用"销售肌肉"进行面对面销售	大型超市拜访八步骤工作要点调整表 START结构化销售法

⏵ 4.1　在大客户部拜访八步骤不够用了

"姑姑，姑姑！"小旭一进门就往楼下跑，边跑边喊，小脸兴奋得通红。

"怎么啦？"安怡放下手里的书，笑了，"看来有好消息？"

"嗯！"小旭有些不好意思又得意地说，"公司通知我转岗到重点客户部做重点客户经理助理！"

"不错，进展得很快！"

"上个月我代表传统渠道汇报业绩，汇报完听说重点客户部就跟 HR 要人了！"小旭忍不住也笑了，"不过要先转岗重点客户销售代表，学习如何拜访重点客户门店，下个月再正式到重点客户部报到，协助客户经理为大型连锁零售商采购总部服务。"

"升职前奏，恭喜恭喜。不过，你要做的事情更复杂，难度也将增加很多。"

"对比拜访小店，拜访大零售商门店有什么不同？"小旭好奇地问。

"大超市门店依然采用拜访八步骤，但每步骤的具体操作有较大改变。这是大超市拜访八步骤（见表 4-1），你看看与小客户的差异在哪里。"

表 4-1　大超市拜访八步骤

步　骤	工 作 内 容	工作要点与示例	客户微调
第 1 步：做准备	确定拜访目标与路线；准备拜访用品；与门店主管电话预约	上网查询门店的 POS 数据，各店与中央仓库、配送中心库存及在途订单；根据重点客户部最新发出的促销指引，回顾上次的门店拜访记录，确定拜访目标与路线，准备拜访用品；与门店主管电话预约	
第 2 步：打招呼	与所属区域的门店员工、驻场促销员、理货员打招呼	"早上好小李，最近王老吉卖得怎么样？""下午好，婷婷营养师，新屯了两大卡板的货，准备做活动啊？"注：要和各品牌驻店人员保持良好的互动，他们就像你在门店里的眼睛，有突发事件会第一时间通知你："小旭，今天百事可乐过来了，说和门店谈好了，要把你的排面压减 1/3，现在已经开始动手了，你还不赶快来！"	

（续表）

	工作内容	工作要点与示例	客户微调
第3步：细检查	观察门店情况；寻找销售增长潜力	查库存：通常大型门店不允许进入后仓查库存，但可以通过门店的电脑管理系统查看数据。一般实际库存会略低于系统库存，不少门店每月会要求厂家提供免费货"补库存"，同时提供免费地堆作为回报，预留"补库存"费用对门店销售工作、客情大有裨益。 检查增长机会：沿用5P潜力表，同时配合使用重点门店拜访卡	
第4步：找需求	了解客户需求	代表："张主管，根据销售数据，我们的销量比上周高了45%。每10个经过地堆的人有五六个都注意看了甚至拿了起来。看来这个地堆还是非常有效的。"（购买率） 张主管："哈哈，之前你还嫌地堆费贵，现在知道值了吧？" 代表："是的，相互支持业绩高呀。对了，我看到经过地堆的人有三分之一拿起来想买又放下了，真是很可惜。" 张主管："啊，是吗？为什么？！"	
第5步：提建议	提出订货和生意发展建议	代表："很多顾客嫌商品重，想着还要逛店就不买了，返回时又不一定再经过地堆，所以生意白白损失。你看不如把地堆调整到收银机前，这样销售就不会白白损失了。" 无生意发展建议时直接建议订单： "这周系统订单是50箱，由于地堆延续两周，为了避免断货，建议今天追加手工订单120箱。这是订单申请，麻烦您签字，我这就拿给订货组下单。" 注：电脑自动补货合理则不用再追加订单	
第6步：解异议，达协议	打消客户疑虑，和客户达成一致	"您觉得我的建议如何？" "要不先订100件？可以与周四订单一起到货。" "货到后，我来插上货架跳跳卡，插在价格签旁边好吗？"	
第7步：做陈列	做陈列，配置促销宣传品	大型门店大多根据明确的货架陈列图陈列，不可随意变动排面或张贴促销宣传品，务必取得门店同意后才能调整排面及增加促销提醒等促销宣传品	
第8步：勤记录	更新拜访记录与客户档案	记录跟进事项并按时完成，定期向门店和相关部门反馈完成情况	

"大型门店规矩真多！"

"是的。"安怡说，"而且很多决策权，例如，安排货架陈列、促销等通常都不在门店，需要与采购总部商谈。而且每个客户的规定都不一样，需要为每个客户制定拜访八步骤，不像传统小店一样一个拜访八步骤打天下。但方法和原理还是一样的。表 4-2 是一个奶粉公司的重点门店拜访卡。你看他们检查得多细！要是用手机系统，要求检查的资料会更多。"

"这么多检查项目，拜访一次 20 分钟恐怕都不够啊？"

"不一定，有些门店几乎没有决策权，对它们只能进行有限检查，10分钟足够。有些门店面积特别大，决策权也大，甚至从门口走到货架就要花 3 分钟，从货架走到办公室找门店经理或主管协商又要花 3 分钟，再算上其他店内时间、等待时间和销售时间，45 分钟都不多。但假设在这家店公司派驻了促销人员，而且促销人员非常资深，几乎就是一个驻店的销售代表，能完成 90%销售代表的工作任务，销售代表的拜访时间能从 45 分钟减少到几分钟。"

"真的是一店一策！"

"规划拜访路线时要考虑每家店的实际情况，有销售项目的必须提前预约店内主管。"

"门店拜访已经一店一策，不能简单复制，难度不小了。将来面对零售商采购总部，以及那些出了名的难相处的专业零售商采购，可怎么办？重点客户的工作难度对比小店完全不是同一个层级！"

"所以才需要成立重点客户部服务这些客户，而且通常让最拔尖的销售人员服务他们，并为他们提供重点客户部专属的销售培训。像沃尔玛、Costco、阿里巴巴、京东、盒马、大润发等全国重点客户，它们也是受专业训练的国际品牌，专业度本身已经很高，每天还跟各大品牌销售商打交道，相当于有几十个甚至上百个国际品牌间接为它们提供培训服务，它们的能力提升速度可想而知。如果不是你为采购提供生意建议，而是采购辅导你如何做生意，销售工作就会非常被动。在狼群里羊不会得到尊重，重点客户经理必须同时具备零售商和品牌商方面的专业知识，配备精良销售重装武器，升级销售技巧，才能高效携手这些训练有素、眼光锐利、精于计算的客户展开双赢合作。"

"销售重装武器？那是什么？"小旭的眼睛亮了。

"基于专业大客户档案进行客户渗透与客户洞察，基于洞察，灵活应用'销售肌肉'，以 START 结构化销售法说服客户。"

表4-2 重点门店拜访卡

门店	实际拜访时间	项目	门店检查 目前情况	建议行动和需要的协助	第一节货架 计划完成时间	实际完成情况	主管批准	厂家回复
	9月13日	促销	促销名称：除一段9折　准时开始：是　否					
			促销订单：已下　未下　促销到货：是　否	赠品单一，建议多样化				
			赠品到位：是　否　赠品展示：是　否					
		分销	是否达标：是　否　新品是否铺进：是　否					
		陈列	排面变动：有　无　地堆：地堆/端架　1个					
		库存	库存天数：7天　缺货：有　无　送货准时：是　否	9月29日有赠品销售活动				
			残损/临期：有　无					
		价格	价格确确清晰：是　否　是否低价：有　无					
		货款、费用及其他						
		亮点	超出正常要求的表现：门店9折特价黄价签明了，免费扩大陈列面及堆头陈列，原价与特价的对比让顾客一目了然					
		竞品	雅培：6听或12盒送价值50元购物卡，3听或8盒送电子狗；4听或18盒送多功能售货机。多美滋：900克送积木，700克送赠愁小鸟，1600克送故事CD					

"太好了，快给我这些重装武器，让我打败这些难搞的客户！"

安怡乐了："你搞错方向了，销售武器可不是给你对付客户的！"

"啊？"

"把客户打趴，谁给你卖货？"

"那武器……"

"武器是用来对付困难、扫清重重障碍的，帮助你顺利赢得女神——客户的心。在小店，拜访八步骤是一把开路刀，困难是小荆棘，你和竞争对手不但要拼谁的刀好，还要拼每周一次拜访客户，看谁磨的刀快。重点客户的困难则是巨石、铁门、怪兽……开路刀不能丢，但还要更多武器才能顺利过关。"

"噢，那销售武器可以用来打竞争对手吗？"

"看情况，我们和竞争对手有两种关系，一种是'零和竞争'，消费者一天就只能喝那么多水，喝了他的就喝不下你的，你和竞争对手争夺同一块蛋糕，你得他就失，一正一负，两者相加为零，就是零和竞争。一种是'竞合关系'，你和竞争对手是竞争关系，但在竞争的同时，大家一起把蛋糕做大，即使在竞争中你的市场份额下降，但由于蛋糕更大，你的收益仍可能更高。例如，原本在街上只有你一家餐厅，都是附近居民来就餐，你的市场份额是 100%，月营业额是 100 万元。但大家看到你的生意好，在你的餐厅旁边接二连三开各式各样的餐厅，最终形成一条美食街。在这条美食街上，你餐厅的市场份额下降到 20%。但由于很多外地人对这条美食街慕名而来，因此整体客流更多。虽然你餐厅的市场份额下降，餐厅营业额反而可能上升到 150 万元。餐厅虽彼此竞争，但聚集成美食街又能为整条街带来更多顾客，从而推动各餐厅生意发展，就是竞合关系。对品牌商来讲，竞合关系对新品类尤为重要。"

"可口可乐和百事可乐也是竞合关系？"

"是的，在碳酸饮品市场，这一对是竞合好朋友。对它们来说，竞争对手早已不限于对方，两家可乐争夺的早已不是碳酸市场份额，而是'喉咙份额'。经过一家小店，消费者希望购买一瓶饮品解渴，他可以选择可乐、水、茶饮料、果汁甚至啤酒，可口可乐要 PK 的远不止百事可乐。在酒吧，啤酒的竞争对手也不限于啤酒，它们需要和鸡尾酒甚至洋酒竞争酒类的'喉咙份额'。"

"哇，从客户到竞争对手全升级了。姑姑快把我武装起来吧，所有武器全招呼上！"

"你先把 START 结构化销售法练好，再加载更多武器，否则给你 10 公里瞄准器、百发百中超级散弹，你的 AK47 枪管却是塑料做的，扛不住啊。"

"明白了，先掌握 AK47——START 结构化销售法！我得赶快学！"

"好呀，你决定用哪个客户作为销售对象？"

"没关系，谁都一样。"

"对重点客户来说，关系大着呢。"安怡敛色道，"针对不同客户，销售准备是迥然不同的。比如，销售新品给超级大卖场，对沃尔玛，只需和全国采购总部谈妥，全国订单就到手了。而对家乐福呢，需要提早半年和全国总部采购谈'永久性必订单品'，成功则全国门店订单到手，但半年一次，过期不候。错过这个机会，就要和全国各区域采购分别谈进场，一份工作将变五六份，然后逐个门店去催首张订单，一张订单变200张。而且规矩经常更新，今天客户和你说了，保不准明天又改了。不同客户不同时段有着完全不同的销售路径，差异大着呢。"

"难怪一个客户经理只能服务几个客户，甚至有的一个客户经理只服务一个客户！"

"嗯，你先从专业的大客户档案开始吧。"

⇒ 4.2 专业的大客户档案

安怡在书架上抽出一本 A4 大小的书递给小旭："这是《沃尔玛供应商手册》，沃尔玛用这本书教供应商如何与沃尔玛合作，共 60 多页，每年都这么厚厚一本。"安怡又抽出一个厚厚的 A4 文件夹："这是一家公司重点客户经理，根据《沃尔玛供应商手册》结合公司流程'转译'的《沃尔玛销售人员门店运作指南》（见图 4-1），教全国销售同事如何与做沃尔玛生意。"

图 4-1 《沃尔玛销售人员门店运作指南》（节选）

【处理步骤】

第一步	第二步	第三步	第四步
争取订单	下单过程	发货	到货及陈列

【0*单处理流程图】

关键操作点

33 单的下单时间是每周一凌晨系统运行出单，这就意味着，要通过门店影响系统订单数量必须在周日前将建议订单数量给到门店；否则又得等上一周时间；

关键操作点

门店下单有三种特殊途径：
a)系统下单时调整系统订单数量（目前只有个别门店可以操作）；
b)经店总审批后，在系统中输入 03 单，但订单能否生成还需要通过采购审批（每个部门每月有较小的固定配额（如 5 万元）可以用于下 03 单，有足够证据（如大型促销活动、特殊陈列、销售旺季等）可由门店用此额度下单）；
c)团购订单，由团购部出面让采购下单

关键操作点

销售人员可通过门店主管与沃尔玛 DC 仓联系加快配送时间。

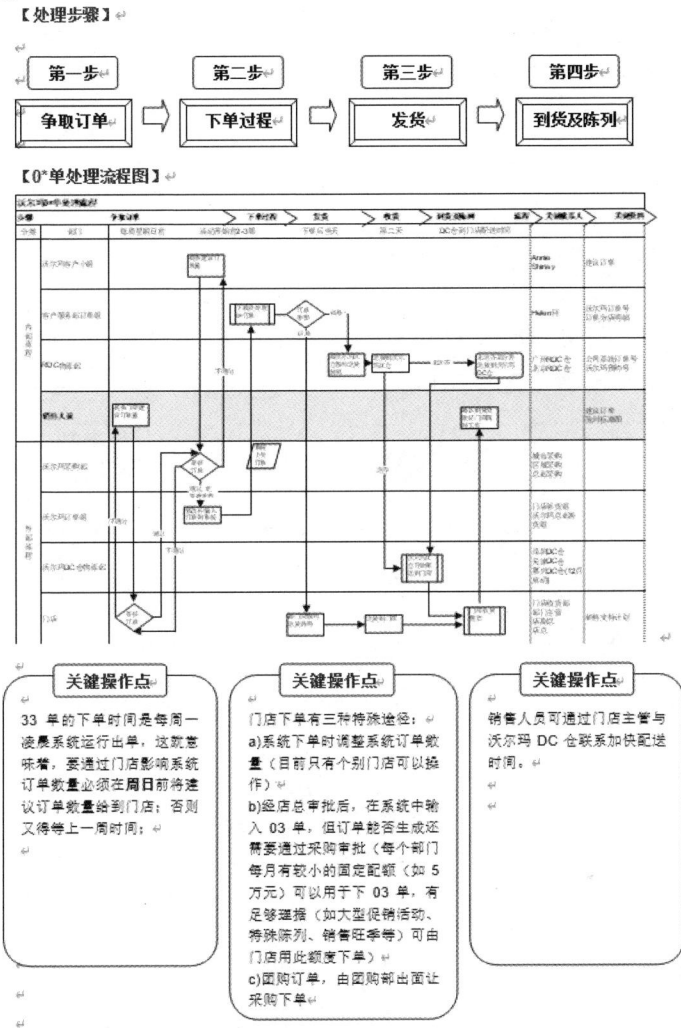

图 4-1　《沃尔玛销售人员门店运作指南》(节选)(续)

小旭觉得这重点客户部越来越不简单了。

安怡翻着运作指南对小旭说："指南详细列出各种销售流程，包括如何卖进新品、协商促销、调整陈列、下订单等，谁在什么时候、做什么事情、用什么单据、怎样填写、先跟谁谈再跟谁谈等都非常清楚。这是一张汇总的'人脉图'（见图 4-2），非常精彩。"

小旭惊讶地睁大眼睛："真的比小店复杂太多了！"

"你的价值也在此。重点客户需要双方全系统通力合作，重点客户经理是两家公司合作的核心枢纽。尽管 20 年前已经号称从客户经理和采购经理间点对点的沟通转变为多点对多点的沟通，例如物流对物流、财务对财务，但枢纽依然是枢纽，重点客户经理可谓责任重，难度高，可控因素有限。

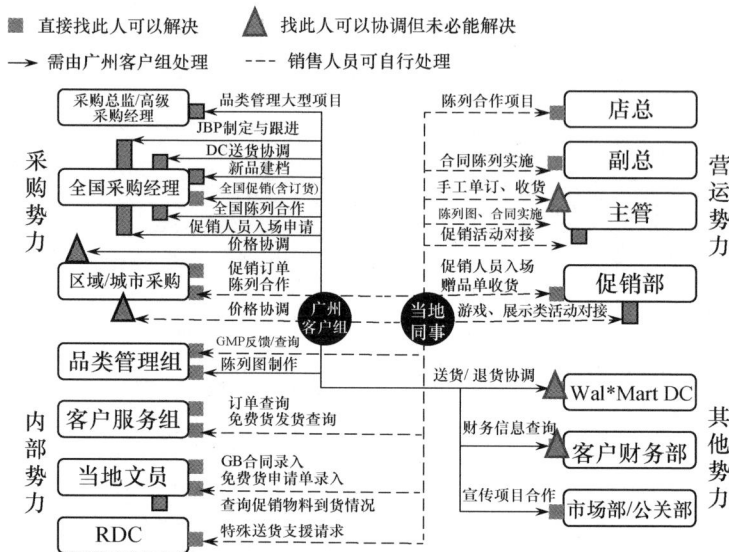

图 4-2　重点客户日常生意管理人脉图

"首先是责任。大客户都是标志性的形象客户。它们的生意表现不佳，可能影响公司品牌从而给整体生意带来负面影响。因此，全公司、全行业都在盯这些风向标，业绩做得好，荣誉归你；一旦出了事，不管哪个部门，重点客户经理就是事故责任人，升得快，降得也快。

"其次是工作量大而且难度高。客户运作复杂，从刚才这些档案文件你可以感受一二。需要协作的人也非常复杂，上至 CEO，下至理货员。高屋建瓴的时候你必须邀请公司 CEO 参加年度回顾 T2T(Top to Top，高层对高层)会议，但在日常执行中又能细致到一个价格标签。你看，这是大润发的。"安怡抽出一个价格标签（见图 4-3）。

"只是看价格标签，我们就已经知道，这个产品应该陈列 1 层、2 个面，每个面在货架上塞满时最多能塞 4 包。排面量=1×2×4=8 包。销售代表到门店拜访的时候，如果发现排面不够 2 个面，可以直接补满；同时大礼包现在卖得不错，门店认为它有断货风险，可以扩大排面。当然，你必须约见门店主管，经过对方同意之后再扩大。系统一旦调整，价格标签上的数字也会随之改变。"

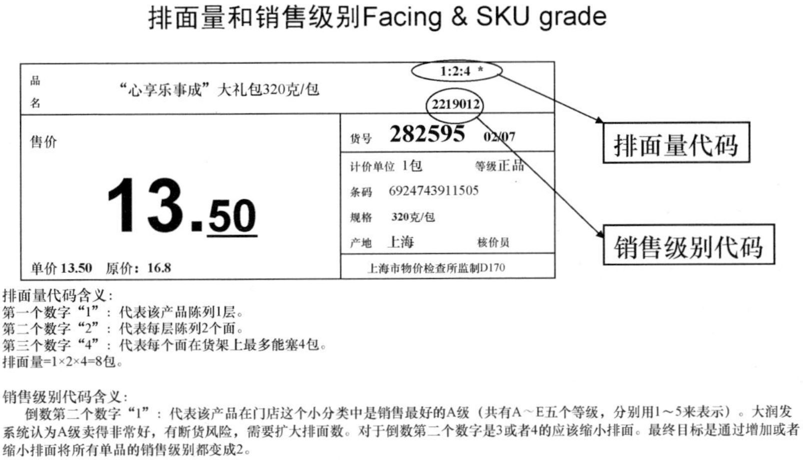

排面量和销售级别Facing & SKU grade

品名 "心享乐事成"大礼包320克/包

1:2:4 *

2219012

售价

13.50

货号 **282595** 0207

计价单位 1包   等级正品

条码 6924743911505

规格 320克/包

产地 上海   核价员

上海市物价检查所监制D170

单价 13.50 原价：16.8

排面量代码

销售级别代码

排面量代码含义：
第一个数字"1"：代表该产品陈列1层。
第二个数字"2"：代表每层陈列2个面。
第三个数字"4"：代表每个面在货架上最多能塞4包。
排面量=1×2×4=8包。

销售级别代码含义：
　　倒数第二个数字"1"：代表该产品在门店这个小分类中是销售最好的A级（共有A～E五个等级，分别用1～5来表示）。大润发系统认为A级卖得非常好，有断货风险，需要扩大排面数。对于倒数第二个数字是3或者4的应该缩小排面。最终目标是通过增加或者缩小排面将所有单品的销售级别都变成2。

图 4-3 大润发价格标签导阅图

"哇！"小旭感叹道，"针对大客户，要学要记的东西太多了！"

"所以客户档案很重要，而且你需要重复指导很多人了解这些信息，客户档案的标准比小店高多了。如果幸运的话，你一上班就能够得到一大套客户档案，至少包括这些内容：

01 客户背景与具体运作方法

- 采购总部与门店背景
  - 门店资料
  - 背景介绍资料
  - 客户的资讯
- 新供应商与新品入场
- 订货、收货与退货
- 价格管理
- 陈列管理
- 促销管理
- 促销员入场
- 零售系统使用
- 货款与费用结算
- 双方合作流程

02 贸易合同业务计划与月季年回顾

03 分销与新品卖入

04 陈列

05 价格

06 客户促销与促销回顾

07 促销员

08 货款与费用

09 销售数据——出货与扫描数据

10 客户拜访与谈判记录

11 特别合作项目与其他

"现在大部分内容都已经电子化，文件也可以用拍照或扫描的方法归档。理论上来说，所有客户的归档方式应该一样，这样客户经理轮岗的时候就知道在什么地方可以找到什么东西，上手会非常快。"

"那太好了！"

"可惜，通常是档案不全，更不要说统一归档方式了。有些客户经理会把这些运作方法当成宝贝一样保护起来，不给其他人看。无论做什么，别人都要问他，以证明他的价值。以前我管理重点客户部时曾要求每个客户经理都按这个标准建立客户档案，然后按不同职位的需要，分享相应内容给全销售系统相应人员。一开始大家还挺抵触的，有个客户经理就直白地说，如果他把这个客户档案都按要求做好并公开，那么有了这么详细的运作手册，谁都能管理这个客户，那他的位置不就岌岌可危了？"安怡笑了笑，看着小旭，"这个客户经理的说法，你怎么看？"

"好像也有道理……"

安怡摇摇头，说："了解客户怎么运作只是基础。关键是如何利用这些档案，洞察客户的需求，运用销售技巧影响客户的决定，同时推动公司整个系统的进步，这才是客户经理的真正价值。对了，你知道克莱公司的重点客户部包括哪些渠道和哪些客户吗？"

"各个渠道销量最大的顶尖客户都算重点客户。超市渠道的连锁大卖场、连锁便利店，餐饮渠道的连锁餐饮，交通渠道的连锁加油站、机场，还有教育渠道的大学城……我还不知道我要服务哪个客户，要三个月后才定岗呢。"

"大型零售商作为大客户已经被管理很多年，但好像机场、大学、餐饮这些客户，还有直播大V、带货平台等新销售渠道才刚刚纳入重点客户部，恐怕它们的客户档案不会完整。不管哪个客户，相信你加入重点客户部的早期工作量都会很大。至于工作难度，想象一下，你这初出茅庐的年轻人，对内，要说服公司各个部门支持你——要知道那些部门的联络人很多都是工作了十年以上的老鸟；对外，要说服经验老到的采购——好不容易谈好事情，最后执行的人却是重点客户部销售代表和理货员，他们大部分情况下还不归你管，但你还要让他们帮你处理门店关系，落地执行。你想想有多难？"

"执行的销售代表不归我管？"小旭有些疑惑。

安怡递给他一张架构图："虽然每家公司都不一样，但绝大部分销售代表都不归你管。你看，这是一个国际品牌和零售商的对接简图（见图 4-4）。全国重点客户（NKA）和区域重点客户（RKA）是平级的，你要是给全国重点客户经理、区域重点客户经理打下手，销售代表铁定不归你管；你要是给一个城市里的重点客户经理打下手，销售代表就有可能归你管。"

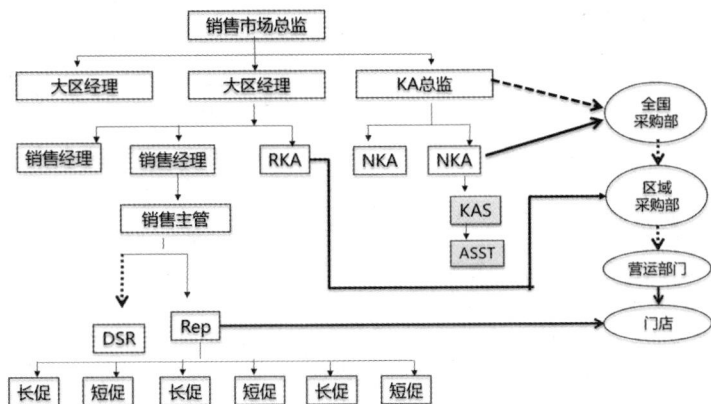

图 4-4 国际品牌和零售商的对接简图

"最后，可控因素也有限。你只是公司和客户沟通的桥梁，对公司的促销和政策你没有多少影响力；而客户每年都会制定供应商策略，如果今年的策略是抑制你的品牌发展，那你的日子就苦了。就算你刚到任，这些负面后果不是你造成的，但不管你觉得自己有多冤枉，你就是那个承担责任的人。有时客户本身的发展就决定了你的业绩。比如家乐福进入中国早期时，生意非常好，谁负责家乐福谁就升职。但后期家乐福出了一系列事故，家乐福门店本身的销售急速下降，但不管你怎么解释，你当年的业绩就是下降了 23%甚至更多，拖着公司后腿。后来是，谁做家乐福谁死，家乐福的客户经理换得像风车一样快。你要是摊上这样的客户……嗯，通常只能无处诉苦。"

小旭倒抽一口冷气，安怡继续说："当然，机会也很大。公司对重点客户有资源倾斜。如果你做得好，很容易出成绩。同时，你在客户那也能拓展见识，快速积累经验，在重点客户部工作是非常难得的成长机会。"

小旭若有所思："嗯，管理大客户真考验人，我喜欢这样的挑战。我应该从哪里开始？"

"客户档案。"安怡说，"销售之前先熟读客户档案。熟读，熟读，熟读，重要的事情说三遍。曾有一个零售商出现严重缺货问题：客户总部不肯下订单，销售代表要一家一家门店沟通追加手工订单，门店经常大面积缺货。销售代表说这是因为重点客户经理没有管理好客户；客户经理说他和总部关系好得很，就是销售代表能力不够，门店才不肯下订单。双方吵翻天，有经验的客户经理提醒大家看客户档案，发现这个客户电脑系统是这样下订单的：

"ACTIVE DATE：建码日期

"PRES_STOCK：陈列库存，即店铺货架的陈列量

"MIN_STOCK：最小库存，根据单品在各店铺的历史销售而定

"MAX_STOCK：最大库存，1.5*最小库存

"PICKUP_LEAD_TIME：供应商提前期7天

"ordering point 订货点=库存低于 Max（陈列库存，最小库存）

"于是，要求客户导出产品系统参数设置报表（见表4-3）。

"810379 产品设置为：陈列库存2罐，最小库存为0，最大库存也为0，也就意味着当库存低于0时，电脑系统才会开始自动订货，只要库存不为0，都不会下单——之前说了，门店库存不准，当库存余下 2 罐时，通常店里库存就是0，这样的设置不缺货才怪。原来这是客户电脑系统升级出错了，更改系统参数后订单全面恢复正常，以前的争吵可谓毫无必要。因此到重点客户部工作，你必须让自己在三天内就好像已经服务了这个客户三年一样。"

"怎么才能三年浓缩为三天啊？"

"向咨询公司学习。咨询公司经常要跨行业提供管理建议，他们就有研读行业三天就像在这个行业工作过三年一样的本领。借鉴他们的经验，你可以：

"第一天，熟读本公司的客户档案，上网查其他公司的客户档案，最好是那些著名的公司。从档案的销售数据中初步评估客户整体发展机会、门店发展机会。

"第二天，拜访门店，访谈公司、门店和客户相关人员、客户店里的新老顾问，采访他们'目前与克莱公司的合作，欣赏的地方是什么，不满的地方是什么'。

表 4-3 门店报表

LOCATION	ITEM	DEPT	ITEM_DESC	ACTIVATE_DATE	PRES_STOCK	MIN_STOCK	MAX_STOCK
833	810379	1501	桂格即食燕麦片700克罐装	2009-Feb-10	2	0	0
836	31624	1603	乐事无限鲜浓番茄味120克	2009-Apr-16	2	2	3
836	66729	1603	乐事薯片50克*3组合包	2008-Oct-06	2	0	0
836	66879	1603	乐事薯片促销装2*120G	2009-Jul-29	2	0	0
836	306247	1603	奇多美式火鸡90克	2008-Sep-19	2	2	3
836	824900	1603	乐事薯片自然清爽青柠味100克	2007-Jun-02	2	1	2
838	829215	1501	桂格谷香多珍燕麦饭	2009-Jun-11	2	0	0
916	257245	1603	多力多滋摇摇塔可味50G	2008-Aug-14	2	2	3
916	504792	1603	乐事无限美鲜甜辣味120g	2008-Dec-31	2	0	0
982	66728	1603	乐事薯片法国脆香鸡翅味100克	2006-Nov-17	2	4	6
982	127097	1603	乐事MAX波乐香烤鸡肋排味100G	2007-Feb-02	2	7	11
982	258621	1603	乐事无限鲜椒虾味120克	2007-Apr-02	2	2	3
982	504793	1603	乐事无限清盈蓝莓味120g	2008-Aug-14	2	7	11
982	821057	1603	乐事波乐香浓番茄味100g	2006-Oct-31	2	2	3
982	824899	1603	乐事薯片自然清爽青柠味50克	2007-Jun-02	2	9	14
982	824900	1603	乐事薯片自然清爽青柠味100克	2007-Jun-02	2	13	20
982	824901	1603	乐事薯片自然清爽薯片青柠味120克	2007-Jun-02	2	4	6
983	256020	1603	奇多香浓花生味脆米棒60克	2008-Dec-31	2	0	0
983	256029	1603	乐事薯片浓心系列荔枝味100G	2008-Dec-31	2	3	5
995	257246	1603	多力多滋摇摇塔可味95G	2008-Sep-02	2	1	2
998	815446	1603	乐事薯片清爽樱桃番茄味100克	2006-Aug-07	2	0	0

"结合这两天的做法，图文并茂地写出你对这个客户的理解：

"客户的生意是如何发展到今天的？

"克莱公司在这个客户的生意是如何发展到今天的？

"客户目前遇到的最大的三个困难和机会是什么？

"克莱公司目前在这个客户遇到的最大的三个困难和机会是什么？

"客户未来的生意可以怎样做？应该做什么？不应该做什么？

"克莱公司未来在这个客户的生意可以如何发展？应该做什么？不应该做什么？

"第三天，把你的想法讲给管理这个客户资深的人，听一听他的看法，修正你的想法，确认你的理解。"

小旭眼睛一亮："三天基本了解一个客户，这方法不错！"

"了解客户是为了销售，你试试这套大润发的客户档案，"安怡递给小旭一个 U 盘，"按照三天客户熟悉法迅速了解大润发后制定销售目标。大客户采购部的拜访频率一般一个月只有一两次，因此要把销售项目打包销售。这次的销售目标包括利用档案评估客户发展机会，设计销售发展方案。制定目标的工具用 SMART 原则。SMART 原则很简单，上网学就行。"

"遵命！"小旭小心地接过 U 盘，就像接过一块沉甸甸的黄金。

练一练：建立一个客户档案

Day 13　今天我要记住的

- 拜访八步骤经过调整后仍可以在重点客户门店使用。
- 重点客户一店一策，一客户一策。

- 优秀的客户档案价比黄金。
- 按标准归档方式归档重点客户文件。

Day 13　今天我要掌握的

- 大超市拜访八步骤工作要点与示例。
- 大客户档案标准归档法。
- 三天客户熟悉法。

4.3　洞察门店与客户

三天很快过去了，小旭把 U 盘还给安怡，并递上一些文件："通过三天客户熟悉法完成的 SMART 销售目标（见表 4-4），你看看如何？"

表 4-4　SMART 销售目标

客户：大润发

目标：新品进场

Specific 具体的	Measurable 可衡量的	Attainable 可达成的	Relevant 与销售相关的	Time-bound 有时限的
新品 进场	销量每月增加 2 万箱	是	是	新品入场第一年
	产品：2 SKU 进场 陈列：每 SKU 至少 3 个排面 　　　陈列在货架黄金位置 　　　在最高品牌右侧 售价：按公司指定价 促销：新品进场一个月内 DM 　　　（DM 期间 33 家 Top A 门店 　　　配店内尝新活动） 促销员：无	是	是	新品入场第一年
	费用：进场费 12 万元（按合同）	是	是	合同签订一个月内
	首单：A 类店每店 5 箱，B 类店 　　　每店 3 箱	是	是	6 月 25 日前
	目标上架时间	是	是	货到 3 天内

"相当好，从协商、下首单到上架的 5P 流程都考虑完整了。"

"我尝试从客户档案中找到更多销售机会，但是档案里有过去三年门店 SKU 的数据，数据量很大，不知怎么下手评估机会！"

"客户洞察的主要产出就是评估生意发展机会和设计销售流程。针对一般门店，可沿用拜访八步骤的第 3 步'细检查'里的发掘潜力要点表（见表 3-34）；针对大客户，则需更多借助数据分析和 ICE 洞察生成器，以及一些常用的评估方法。你再试一试？"

大客户销售机会评估

1. 从门店出发，寻找增长机会

对比门店数量与整体销量，确认门店集中度（见图 4-5）是否合理。对整体市场来说，20%门店可能创造 80%销量，但由于大客户通常就是上述前 20%客户，因此集中度不会那么高。对大型超市来说，40%门店创造 60%销量很正常，具体因客户而异，可对比历史数据、品类数据与竞争对手数据寻找更多机会点并列入表 4-5。

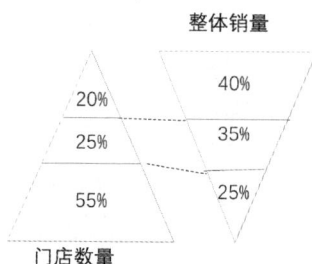

整体销量

20% 40%

25% 35%

55% 25%

门店数量

图 4-5 门店集中度

表 4-5 客户机会洞察表

评 估 项	我公司表现		对比市场表现			洞察并明
	目 前	历 史	品 类	客 户	竞争对手	确机会
门店集中度	45%门店创造 75%销量	持平	无	45%门店创造 60%销量	未知	为什么我们的集中度高于客户？

2. 从生意公式出发, 寻找增长机会

第 3 章的客户销售公式对大客户依然有效, 并可简化如下:

$$销售额=客流量×购买率×客单价×复购次数$$

要成为客户品类与生意的顾问, 必须从四个角度来思考销售公式。

角度一: 客户整体业务

大型超市通常采用以下数据进行计算:

- 客流量: 当天购买小票数量。
- 客单价: 平均小票金额。
- 复购次数: 会员一年平均重复购买次数。

从表 4-6 所示的数据可知, 大润发已经超越市场整体表现, 但客流量与会员忠诚度均在下降, 需借助 ICE 洞察生成器找出深层原因并列出解决建议。

表 4-6 销售公式机会洞察表

	客户大润发	客户同期历史水平	客户竞争对手	市场平均水平	机 会
客流量（小票数量）	9050	11000	8000	6500	补充客流
购买率（%）	—	—	—	—	
客单价（元）	98	102	75	68	
复购次数（次）	4.5	5.2	3.7	3.5	提升复购次数

角度二: 门店整体业务

沿用表 4-6, 列出各门店数据并评估机会。

角度三: 品类整体业务

品类销售公式:
品类销售额=整体客流量×品类购买率×品类客单价×品类复购次数

沿用表 4-6, 列出各核心品类购买率并评估机会, 如表 4-7 所示。

表 4-7 销售公式机会洞察表

	客户大润发	客户同期历史水平	客户竞争对手	市场平均水平	机 会
门店客流量	9050	11000	8000	6500	
饮料购买率	12%	11%	11%	10%	

(续表)

	客户 大润发	客户同期 历史水平	客户竞争 对手	市场平 均水平	机　　会
饮料客单价	17	23	25	12	洞察客单价复 购次数偏低及呈 现下降趋势原因， 明确机会
饮料复购次 数	6.5	7.1	7.1	6.2	

　　洞察客户、门店及品类业务情况需具备品类管理知识。品类管理有一个完整的体系，知识点很多。在 START 结构化销售法中需应用的知识点如表 4-8 所示。

表 4-8　在 START 结构化销售法中需应用的知识点

数　　据	应了解的知识点
客流量	动线、品类到达率
购买率	拿起率、结账率、连带购买率 计划内购买率、计划外购买率
客单价	平均客单价、平均购买数量
复购次数	年度平均消费次数

　　动线对零售商的生意影响很大，如图 4-6 所示，零售商期望顾客在店里绕足够远的路线，以看到更多的商品，进行更多计划外购买。

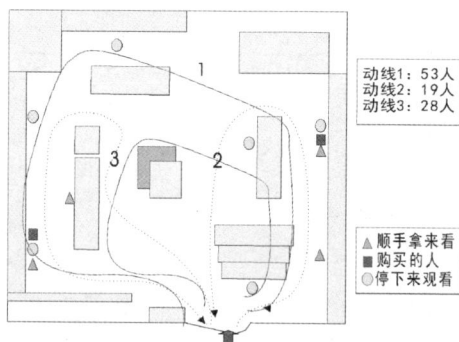

图 4-6　动线对零售商的影响

　　对门店动线的设计要点如下：

- 错开出入口，如一楼入口、二楼出口等，尽量延长动线。
- 以促销商品墙等延长或阻断快捷路径。
- 将计划性购买的品类（如生鲜）、有吸引力的促销品类巧妙分布在卖场各角落，促使顾客走遍全场。如图 4-7 所示的卖场，顾客到达卖场各位置(如方框内数字所示)，只有 12.78% 的顾客走到了右下角位置。

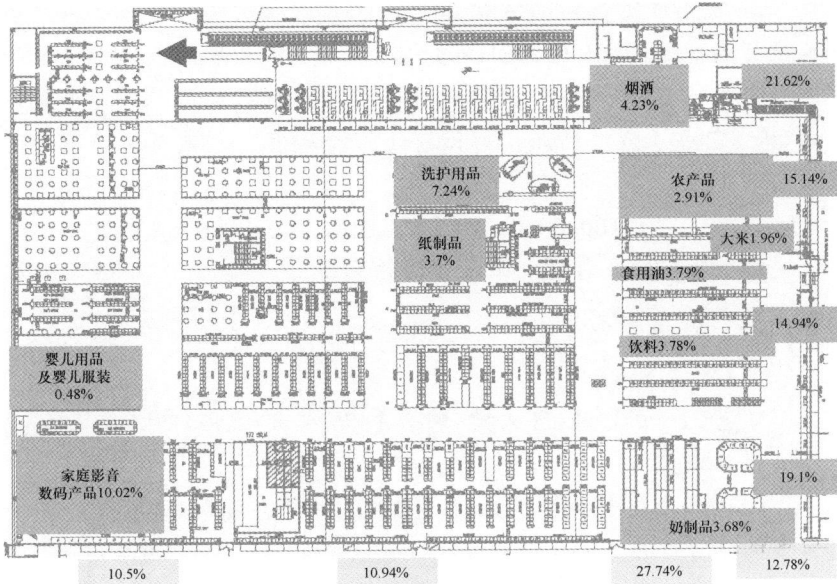

图 4-7　动线调整前布局

卖场重新调整布局后，有 30.69% 的顾客走到了右下角位置（见图 4-8），卖场布局调整后，店内的销售增长超过 15%。

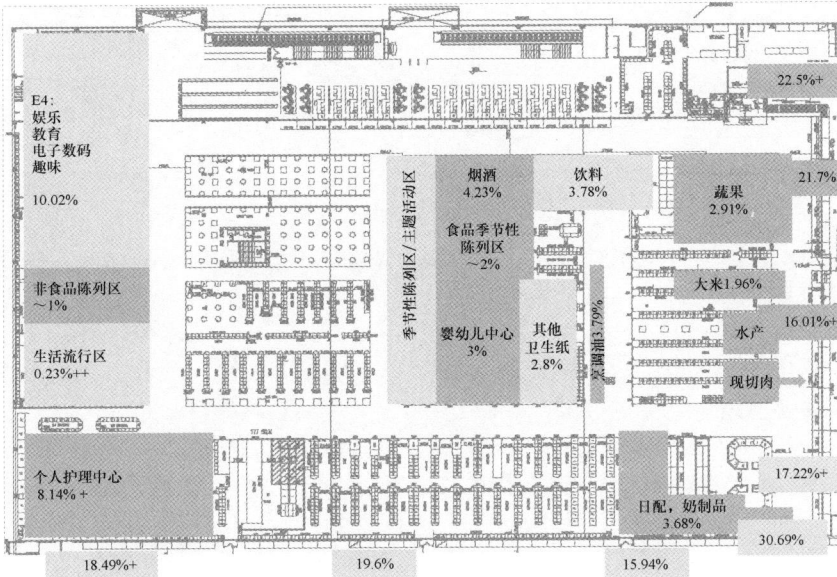

图 4-8　动线调整后布局

顾客购物前，通常会拟定购物清单，所以要促使顾客尽量完成计划内购买率并提升计划外购买以达到销售最大化。顾客拿起商品并不等于一定进行购买，顾客可能将商品放回原处，或者放入购物车后却丢弃于其他货架或收银台，因此 30.69% 的顾客到达饮料区，75% 的人拿起了饮料，在拿起饮料的人中有 50% 把产品放入购物车，把产品放入购物车的人可能只有 80% 完成了最终结账。假设有 1 万个顾客，则实际上只有 920 个顾客进行了购买：

$$10000×30.69\%×75\%×50\%×80\%=920$$

上述每个数字的改善都能带来业绩的提升。

角度四：公司业务

销售公式：

$$销售额=客流量×购买率×客单价×复购次数$$

在一家大型卖场：

$$品牌销售=品类小票总数量×品牌购买率×平均客单价×复购次数$$

不少零售商（如 Tesco）能提供上述全面数据，如图 4-9 所示。

图 4-9　Tesco 提供的数据

注：数据从 Tesco 系统直接导出，由于会员数量实时变动及退换货结算原因，因此数据略有一点差异，但基本相符。

从图 4-9 可知，A 品牌整体销售增长 44.1%，其中 76% 来自会员销售，其销售公式为：

$$销售额=客流量×购买率×客单价×复购次数$$

$$30693731=803926×7.62\%×194.96×2.57$$

A 品牌成长 44% 成绩喜人，增长主要来自客流量增加 37.1% 及客单价上升 14.1%，但评估成绩好坏必须对比整个行业、其他竞争品牌表现。

3. 从 5P 出发，寻找增长机会

表 3-22（销售技巧清单 3——小型门店销售潜力发掘检查清单）仍然有效。针对 5P 中的各项应分别进行数据说明，例如，产品组合可用档次构成占比图（见图 4-10）洞察是否有提升空间。

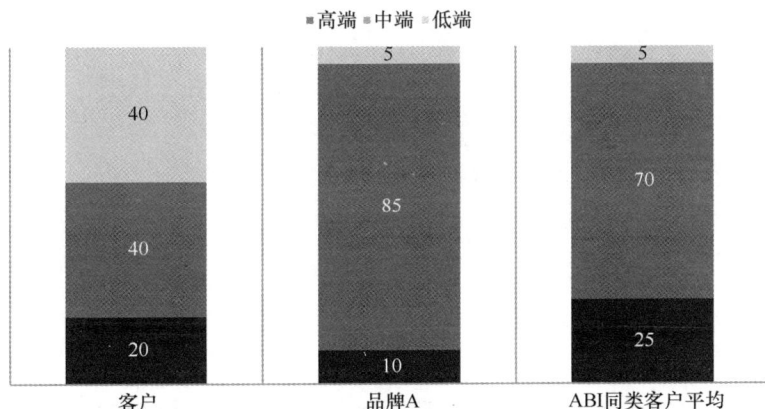

图 4-10 档次构成占比图

4. 从投资回报出发，寻找优化机会

回顾客户的总投资，评估有效投资与低效投资并提出改善建议。例如，根据图 4-11，入口区陈列投入高、产出低，应该减少并考虑转移投入到厂商周海报。

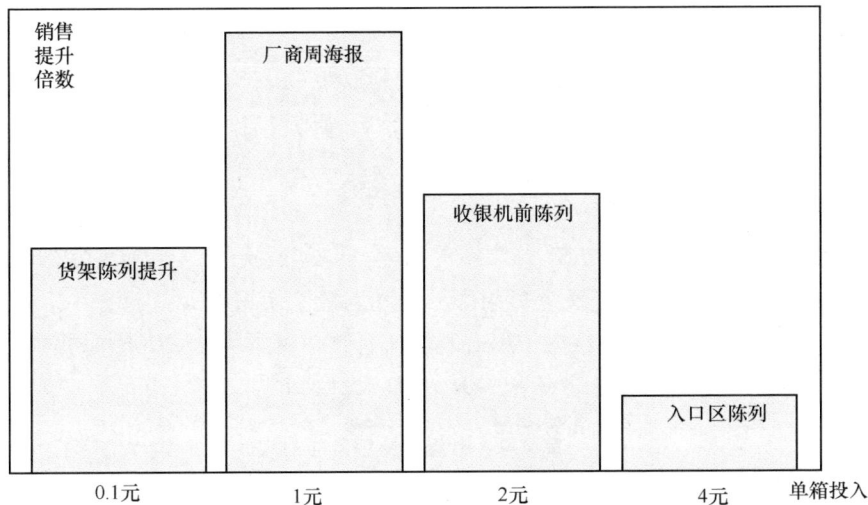

图 4-11 从投资回报出发设置投资建议

汇总上述可洞察销售潜力，结合公司的销售项目要求，即可完善 SMART 销售目标表。

"原来洞察客户潜力、制定销售目标涉及这么多专业知识！"

"是的，更好地洞察门店机会、客户机会至少还需具备'品类管理''业绩回顾'两个培训课程内的大量知识点。不过你才刚入行，一口吃不成胖子，先销售起来再持续完善吧。"

"怎样制定销售流程呢？档案里只写了'找采购谈'，我感觉太简单了。"

"是的，新人接任是完善客户档案的最佳时机，将来你务必要完善好档案，这样不但造福后人，你自己也更清晰，可以分三步设计销售流程。"

设计销售流程

1. 了解决策角色

决策流程中有三个角色：决策者、影响者、执行者。举例来说，你向女友求婚，女友说"我去问问我妈妈，如果妈妈说行我就嫁，说不行我就不嫁"，而且还真依妈妈建议行事，那么真正的决策者是妈妈，你的女友只是执行者。

如果女友说"我想一想"，经咨询闺蜜、妈妈意见后，她再决定嫁你或不嫁你，那么妈妈、闺蜜就是影响者，女友则既是决策者又是执行者。

不同决策流程的决策者、影响者和执行者可能不一样。对不同的决策角色，应采取差异化客户关系维护技巧（见表 4-9）。

表 4-9 销售决策角色应对表

决策角色	需 求	职 位	应 对
决策者	安全、可靠、有销量、利润	采购经理	强调低风险，强调最惠条件，强调利润

（续表）

决策角色	需　　求	职　位	应　　对
影响者	尊重、利益	店长	呈现决策后对他的好处，让其影响决策者。提供小利益，提供荣誉
执行者	财务人员——符合流程与规定，尊重	财务人员	强调符合规定流程
	采购助理——尊重	服务员	提供小礼物，要有礼貌

在实际执行过程中，针对不同人也应有不同的客情维护方式。盖瑞·查普曼在《爱的五种语言》一书中指出，每个人都有不同的"感觉到被爱"的方式，包括肯定的言辞（如夸赞）、精心的时刻（如惊喜生日派对）、接受礼物、服务的行动（如帮客户做PPT）、身体的接触（在对方同意或接纳的前提下进行少量身体接触，如上级拍拍下属肩膀）。了解客户后，把这些方式写入客户档案，并将其体现在销售流程中。如果影响者喜欢"肯定的言辞"，就多赞赏对方，但不能泛泛地说"你很棒"，而要细致到"上次看到你给我的门店的执行清单，清晰简洁，真的好棒"；而如果对方喜欢"接受礼物"，就可以准备一些小礼物，如赠品（笔或笔记本）。

2. 确认决策流程

列出客户决策流程与时间。图 4-12 是沃尔玛引进、更改或删除产品的流程与时间。

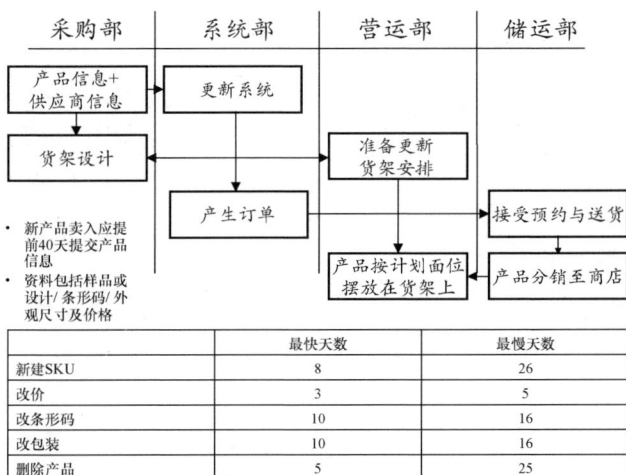

	最快天数	最慢天数
新建SKU	8	26
改价	3	5
改条形码	10	16
改包装	10	16
删除产品	5	25

图 4-12　沃尔玛引进、更改或删除产品的流程与时间

3. 优化销售流程

根据决策流程，结合决策角色就能优化销售流程。表4-10是某公司做的大润发的销售流程提升表。

表4-10 客户销售流程提升表

	决策部门	决策人	采购工作流程	营运工作流程	常见问题	我们的提升行动
贸易条款	全国总部	采购	每年10月起谈第二年合同，第二年3月前一定要完成。一开始要求严格，到后面较松		年年加条款	尽量将年度合同谈判推迟到第二年3月
新品列进	全国总部	采购	需一进一出，采购收取样品，内部审批，约10天后开货号	货到后陈列	要求一进一出	询问品类整体SKU数量，如需删除我们的产品，则考虑不一定分销以增加其压力，督促客户在10日内开通
主陈列	门店	门店经理/课长	门店有较高自主权	门店有较高自主权	门店不按采购要求陈列	扩大排面量/按照公司要求执行主陈列，预留费用在店内
正常商品价格	门店	门店经理/课长	高敏单品每周市调，门店有权改价	高敏单品每周市调，门店有权改价	门店斗价	发现价格异常，及时与门店沟通调整，将我们的产品尽量拉出市调清单
促销排期	区域总部	采购	采购全权决定		不提早就没有档期	每年20档海报排挡并与区域沟通
促销陈列	总部/门店	采购/门店经理/课长	一般DM均有地堆，厂商周门店必配大型地堆，普通未必	一般DM均有地堆，厂商周门店必配大型地堆，普通未必	店内位置不佳	尽量安排厂商周，有几个海报拿几个堆，每期店促争取2个堆。预留少量费用在门店购买地堆
包柱等二次陈列	门店	门店经理/课长		门店决定		授权区域销售与门店谈判并签订合同

（续表）

	决策部门	决策人	采购工作流程	营运工作流程	常见问题	我们的提升行动
免品	总部/门店	采购/门店经理/课长		门店决定		客户经理完成促销员核准书，区域落实备货/陈列，配合第三方落实人员进场
订单	门店	门店经理/课长	新品列进时设定系数	电脑自动跳单，紧急时下门店紧急单	不跳单	跟进订单，主陈列不断货，促销堆头丰满。跳单有问题时查系数。定期回顾系数
货架装饰	门店	门店经理/课长	门店决定	门店决定	时常被拆	尽量使用货架插卡装饰主陈列

参考决策流程图及表 4-10 来设计销售流程。销售包括内部销售与外部销售：

● 内部销售——说服上司批准方案。

● 外部销售——方案获批后根据决策流程约见不同层级的客户决策者，明确双方见面成员。

内部销售和外部销售成功后还要再次进行内部销售，鼓励各部门配合执行，包括物流、财务，以及必不可少的销售执行同事。

同一个方案进行的销售有时高达七次以上，例如：

① 内部销售说服老板。

② 外部销售说服采购经理。

③ 外部销售说服高级采购经理甚至采购总监。

④ 外部销售说服门店。

⑤ 内部销售说服销售执行的老板。

⑥ 内部销售说服经销商。

⑦ 内部销售说服负责执行的不同部门同事。

常见内部销售与外部销售对象如表 4-11 所示。

表 4-11　销售对象汇总

步　骤	销　售	销　售　对　象	销　售　内　容
1	内部销售	上司和市场部、财务部等相关部门	批准销售方案与费用

（续表）

步　骤	销　售	销 售 对 象	销 售 内 容
2	外部销售	总部采购部、营运部、门店等相关部门	同意方案
3	内部销售	仓储物流、经销商和销售代表、理货员、促销员等相关同事	执行方案

　　"重点客户经理简直就是一台说服机器，一个销售项目的成功背后有多少'沉没'工作量啊！"

　　"是的，而且样样专业，连电话约见也要注重言辞。"

　　"有怎样的言辞？"小旭好奇地问。

　　"要简洁地表达四要素：开场+会议目的+与会人建议+时间。不用担心，有标准版本。例如：

　　"您好，李经理，第一季度已经结束，非常感谢您的支持。我希望跟您和您的老板约一个时间，回顾第一季度的生意，并且确认第二季度的合作方案；希望我们能够通过双方的共同努力，把第二季度的销量推高 20%以上，时间大约需要两小时。您看下周什么时候比较合适？

　　"你留意到它用了什么小技巧吗？"

　　"FAB 特征利益法！"

　　"没错。"安怡把一叠资料交给小旭，"这是销售前准备——基于洞察制定拜访目标、基于决策流程优化销售流程并进行电话约见。这是 START 结构化销售法，准备好就可以进行销售了。"

　　"嗯。"小旭答应了一声，认真地看起来。

START销售前准备工具套装

　　基于客户档案、市场信息进行客户洞察，建立销售目标，如表 4-12所示。

表 4-12　SMART 销售目标

客户：

目标：

Specific 具体的	Measurable 可衡量的	Attainable 可达成的	Relevant 与销售相关的	Time-bound 有时限的
	销量			
	产品：			
	陈列：			
	售价：			
	促销：			
	促销员：			
	费用：			
	其他：			

根据客户销售流程提升表、本次销售项目客户决策流程（见表 4-13），确认销售流程（见表 4-14）和约见话术。

表 4-13　客户决策流程

销售项目	决策部门与决策人	决策部门工作流程	其他部门流程	常见问题	我们的提升或准备行动

表 4-14　销售流程

步　骤	行　　动	负　责　人	完 成 时 间
1			
2			
3			
4			
5			
6			

约见话术（应用特征利益法）：

▐▶ 4.4 销售的重装武器：基于洞察的 START 结构化销售法

START结构化销售法

达成
销售目标

START结构化销售法

内部销售

Splendidly opening　　精彩开场
Track needs　　　　　　探寻需求
Analyze solutions　　　解释运作
Re-assure benefits　　　强调利益
Timeline actions　　　　行动计划

外部销售

| 销售目标 | 销售流程 | 销售准备 |

基于客户洞察

4.4.1 精彩开场

销售中，精彩开场极为重要。假设现在正在下雨，你在车站等车，想向旁边的人借手机一用，那么以下哪种做法更可能获得成功？

① 直接提问："能借你的手机用一下吗？"

② 重复感受+提问："今天雨下得真大啊……"然后再问："能借你的手机用一下吗？"

理性判断这两种说法的结果应该一样，因为下雨和借手机没关系。但实际上，重复感受后再提问，借手机的成功率大大增加。心理学家分析，这句话拉近了两人之间的距离：你在雨中很难受，我看到了，我理解你，对方感受到安全，因而戒备降低更愿意合作。

一段专业而精彩的开场包括：

- 建立和谐的谈话基调；
- 确立议程；
- 确认参与方式与时间。

1．建立和谐的谈话基调

英格丽在《你的形象价值百万》一书中说道："在生活节奏紧张的现代社会，很少有人愿意花更多的时间去深入了解一个不能留给他美好的第一印象的人。"第一印象远远不止穿着，还包括在会面头几分钟内双方能否迅速破冰、建立和谐的谈话基调，开始轻松友好地交谈。见面时不直奔主题，先说一句"今天雨下得真大呀""你今天气色还挺不错"这些"废话"能帮助对方降低戒备。这类建立友好气氛的技巧也称暖场技巧，尤其用于当面对陌生的或不常见面、不太熟悉的客户时。建立和谐的谈话基调有五个常用小技巧：

- 建立连接+提问；
- 好奇猜一猜；
- 由负转正；
- 应用正确的身体语言；
- 阅读名片，钩式介绍。

（1）建立连接+提问

以重复技巧建立双方的事实或感受连接，强调"我们在一起"。上文的"今天雨下得真大啊，能借你的手机用一下吗？"就是建立连接+提问。可连接的内容如表 4-15 所示。

表 4-15　可连接的内容

	连接内容	示例
事实	环境	今天的雨真大呀……
	物件	你的装备可真齐全，麻烦能借我用一下笔吗？
	事件	今天我开车来，停车场非常满，我好不容易在一个角落找到车位。我那点儿烂车技，车差点停不进去。最近是有什么大活动吗？
感受	自己的感受	今天真热！怎么样？路上可还顺利？
	对方的感受	今天的雨这么大，出行真是麻烦！怎么样？路上可还顺利？

遵守从小开始原则，应用节选重复、一问两答，很快就能展开愉快交谈。

（2）好奇猜一猜

将直接问"您是哪里人"，调整为"您是哪里人？等等，让我来猜一猜，山东人？"，不经意就改变了平铺直叙的节奏，让谈话更有趣。

（3）由负转正

有时对方的回应并不友善，可以节选重复肯定对方，同时引入正面新议程。例如：

"今天我开车来，停车场非常满。我好不容易在一个角落找到车位，我那点儿烂车技，车差点停不进去。"

"技术这么烂，还出来做马路杀手？"

"就我这点儿水平，哪敢做杀手呀！我和你一样关注马路安全，事故没出过，就是急死了后面的车，希望我们今年的生意也平安顺利。"

这样既化解尴尬，又将话题引向正面。

（4）应用正确的身体语言

参照第2章应用身体语言，使身体语言符合SOLER原则*：

* Sit——坐姿或站姿要面对别人；
* Open——姿势要自然开放；
* Lean——身体微微前倾；
* Eyes——目光接触；
* Relax——放松。

*社会心理学家艾根在1977年的研究发现，在与人相遇之初，按照SOLER原则来表现自己，可以明显地增加他人对我们的接纳性，使我们在他人的心中建立良好的第一印象。

（1）～（4）的暖场技巧即使用于"搭讪"也会得心应手。例如，在咖啡厅看到一个女孩正在看书，你想过去搭讪，怎么办？（见表4-16）

表4-16　利用暖场技巧搭讪示例表

步　　骤	示　　例	运用的"销售肌肉"
（1）建立连接+提问	你走过去："嗨，我留意你已经有半小时了。你一直都在看这本书，看来这本书很好看哦？" "我很好奇是什么书，让你这么专注？" "哦，我也很喜欢这本书，里面说到×××，这观点很特别！你喜欢里面哪个角色？" "我也很喜欢这个作者，他还有一本×××也不错，你看过吗？" "哦，这本书啊！我也很喜欢欧洲文学，狄更斯是我的最爱，你看过他的小说吗？"	重复事实 重复感受 一问两答 节选重复

续表

步　骤	示　例	运用的"销售肌肉"
（2）好奇猜一猜	"你常来这家咖啡厅吗？"（而不是"你为什么来这里啊？"，应从小开始发问。） "嗨，我留意你一直在看这本书，不知是什么书这么吸引你？让我猜猜看，小说？" "今天真的挺热的，我很好奇，是什么书能够让你忘记这炎热的天气看得这么专注。"	从具体和小事开始提问，问一两个封闭式或限制式问题后，再问开放式问题
（3）由负转正	"One penny for your thought."（1块钱买你在想什么。） 对方答："哪那么便宜！要 1000 元！" "噢，你绝对值得！"（一般对方不会真的索要金钱，如果对方坚持，继续（1）~（3）技巧："你是这么特别的女孩，一定用这个方法拒绝过很多人，有没有人真的给你呀？"	正面原则
（4）应用正确的身体语言	在应用（1）（2）技巧前，成功与对方进行眼神交流	用身体语言听

（5）阅读名片，钩式介绍

双手奉上自己的名片，字体朝向对方。保持名片干净整洁，并从适当的地方（如名片夹）拿出来，严格禁止从后裤兜或衣服兜里随便抽出名片。双手接过对方名片。如果双方同时递名片，可以右手拿着自己的名片递过去，左手把对方的名片接过来；也可以把自己的名片放下来先双手接过对方的名片，再双手把自己的名片递过去。接过名片后不要乱放，更不能丢在一边，最好的方法是轻轻地把它放在你的前面。如果是多人会议，按对方坐的顺序把名片整齐地排列好，既方便称呼对方的名字，也表示对对方的尊重。离开时小心地收起所有名片，放进干净整洁的名片夹里。

接过名片后，以节选重复技巧读出对方名片，寻找双方共同点或从名片细节延伸话题：

"张维湘，您老家是湖南的吗？我也是！"

"张维湘，您老家是湖南的吗？真巧，我就在湖南念的大学！"

"张维湘，您老家是湖南的吗？我太太也是湖南人！"

"李国维先生，这个名字厉害，跟文学评论大师王国维同名。"

"陈建斌先生，中央采购部日化二组，您的公司管理得很细致，日化也分很多组呢？"

"张理维先生，这个理字厉害！理，田里的土地之王！幸会幸会！"

阅读名片是暖场的常用方法，从名字或者部门引开话题，对方会觉得你非常尊重他，很容易建立和谐气氛。同时，如果对方名字包含生僻字，也可向对方请教；如果自己的名字包含生僻字，则最好主动给出解释并提供一个客户容易叫的名字，否则客户连你的名字都叫不上来，会平添沟通障碍。

介绍双方认识时，先介绍地位低者或与自己关系亲密者（例如，先介绍销售代表，再介绍主管；先介绍自己公司同事，再介绍对方公司成员），介绍一并提供"交流钩"——被介绍成员的相似之处，这样他们就容易聊开了。例如：

"我来介绍一下，这是王元，这是张湘，两位都来自湖南。"

"我来介绍一下，这是王元，这是张湘。湘湘，你知道吗？王元跟你一样，都喜欢打羽毛球。"

"我来介绍一下，这是我们公司供应链的王元，这是沃尔玛 DC 的张湘，两位都是物流界的大咖啊！"

暖场时避免三个常见的错误：

- 自贬或讨好；
- 失礼；
- 拖沓。

（1）自贬或讨好

避免说"感谢您百忙之中抽空来见我……"这样自贬身价的话。见面不是对方给我们的恩惠，因为我们的拜访是有价值的。虽然不卑不亢不容易，但这正是优秀销售人员的标志性特征之一。

（2）失礼

商业礼节有很多，例如上文的交换名片礼节。另外，还要留意以下最容易忽略并失礼的细节：

- 到对方公司时必须在客户引导下进入会议室。
- 遵守握手礼节。
  - 上下级之间，上级伸手后，下级才能伸手相握。
  - 长辈与晚辈之间，长辈伸手后，晚辈才能伸手相握。

- 男女之间，女士伸手后，男士才能伸手相握。
- 别人伸手同你握手，而你不伸手，是一种不友好的行为。
- 两个人都站着握手，否则都坐着。如果你坐着，有人过来和你握手，你必须站起来。
- 伸右手握手，且握手时不可以把另一只手放在口袋里。
- 握手的时间通常是 3～5 秒钟。不能敷衍地匆匆握一下就松手，也不能长久地握着不放。

（3）拖沓

寒暄点到为止，达到暖场的目的即可。精彩开场要符合 KISS 简短原则（Keep It Simple & Short），一般仅耗时一两分钟，占整个拜访时间的 5%左右。曾有销售故事说，一个销售员进入客户的办公室，看到桌上有个高尔夫球奖杯，于是跟客户聊起高尔夫球，一聊就是两小时，聊得高兴处客户就签下了订单。从高尔夫球开始聊是正确的，但光聊高尔夫球就能成功获得订单的事情也只能出现在故事中。

2．确立议程和确认参与方式与时间

暖场后应明确议程、参与方式与时间。例如：

"见到您真高兴！您今天气色不错，是有什么喜事吗？……如我电话所说，今天想和您探讨一下怎么样把旺季销量推到最高，我们 20%的销售都来自未来这一个月呢。我带了初步方案给您，希望您也把您的好主意告诉我，我们一起创造旺季更高峰。大概要花半小时，我们现在开始，好吗？"

在销售的开始阶段，用表 4-17 可以帮助你准备完整的开场白，直到随口就能得体地完成精彩开场白。

表 4-17　精彩开场白设计表

销售开场白三要素	话 术 示 例
建立和谐的谈话基调	见到您真高兴！看您今天的气色非常不错，是不是有什么喜事啊？
确立议程	如我电话所说，今天想和您探讨一下怎么样把旺季销量推到最高，我们 20%的销售都来自未来这一个月呢。
确认参与方式与时间	我带了初步方案给您，希望您也把您的好主意告诉我们，我们一起创造旺季更高峰。今天大概要花半小时，我们现在开始，好吗？ （销售主题较重要，当需要时间较长时，必须锁定时间。）

确认参与方式是最容易被忽略的，在会面一开始就鼓励对方说话对销售很重要。人们倾向于执行"自己说的话"而不是"对方说的话"，鼓励对方说话，创造机会把销售建议和对方说的话结合起来，让销售建议成为对方自己说的话，正是成功销售的精微之处。

如果客户突然说："不好意思，我今天只有 15 分钟，你快讲。"千万不要慌张，这很可能是客户在施加压力，他并不是真的只有 15 分钟。可以不慌不忙地回应："这个合作方案涉及我们第二季度 2000 万元的生意，恐怕 15 分钟讲不完。能否麻烦您协调一下行程？要不就另约时间？只是如果推后，怕好活动都被抢光了，或者不够时间准备第二季度的所有活动，生意少了就可惜了。今天如果我们的沟通顺利的话，也许能缩短到 25 分钟。您看怎么样？"通常客户会同意你的提议，如果不同意，可以取消会议。你的时间同样具备高价值。如果对方确实因紧急情况要缩短时间，可以只完成"引导需求"部分内容，提起对方兴趣，留悬念下回分解。在销售中，忙永远只是借口，如果客户了解你的销售方案的价值，你就会成为他忙的原因。

初次销售与再次销售的开场白略有不同。以下是几个经典的再次销售开场白（也是谈判的经典开场白）：

很高兴我们有机会再次见面，商谈关于进场的事宜。首先我想回顾一下我们在上次见面中所讨论的事项以及我们所达成的共识，还有存在的分歧。

我们在上次的会议中讨论了产品的质量、价格、付款、费用和销量预期，您非常认可我们的产品质量，在价格和销量方面也达成了共识。这次我们希望着重探讨一下双方在付款和费用这两方面的分歧。我们回去做了进一步的研究，准备好了有关资料，我们很希望与贵公司达成互助互利的合作协议。

我记得您在电话中提到，已经把早上的时间全部留给这次会谈，是吗？……我想我们可以在中午之前，对付款和费用的条款达成共识。我建议我们先解决付款问题，然后再讨论费用问题。您觉得这样做行吗？

再次销售的精彩开场白必须强调对方在上次销售中对我们认可的地方，确认需要商讨的议程，议程可以从难到易，也可以从易到难。

精彩开场白还有一个作用：确认今天是否可以进行销售。

第一，确认时点是否合适。即使有预约，但不等于此时一定可以进行销售。也许客户家里发生了什么变故，他现在心情非常糟糕，不适合销售。也许他来见你之前，刚被上司狠狠地批了一通，本来合适销售的"时点"变为错误的时点。对方在情绪不佳的状况下，拒绝的概率就会增加。在开场时辨认对方情绪，能现场处理的处理后再销售，否则宁愿中止销售，另行约见。

历史遗留问题或紧急问题也会在开场的时候就暴露出来。例如，客户怒气冲冲地说：

你在没搞定之前的费用前，什么都不要和我说！

上周的订单又缺货一半，你先告诉我怎么办！？

遇到这类情况，不要慌，更不要忽略，避免强行销售。在做销售准备的时候，应该已回顾过客户档案拜访记录并准备相应答复。如果没做准备，小问题可直接处理；对需较多时间处理的大问题，可使用停车场原则，暂时将其搁置并在销售结束后再处理。

这个问题我们已经有了相应的解决方案，相信您一定会满意。要不我们先把我们的夏季促销聊完，回头再说这个问题？

您这个情况，我之前并不知道，我现在记下来，回公司了解后给您回复，好吗？

第二，确认决策者是否到场。在大型销售或谈判开始时，开场白时间需辨认对方是否有决策能力。如果决策者缺席，那么确认原因，例如是否决策者授权其他人进行，并强调我们的价值，调整销售内容。

最后再次提醒，高阶销售能力意味着娴熟地应用之前积累的所有销售技巧，如聆听技巧和陈述技巧。以下对话是合理的：

客户："今天天气真的很热，对吧？"

代表："是的，实在太热了。（聆听里的重复技巧）希望这个温度也能给我们的销量带来更多热度。（节选重复引向销售）"

如果出现以下情况，则意味着你需要重新练习"销售肌肉"：

客户："今天天气真的很热，对吧？"

代表："我今天来，是想和您聊一聊我们公司新产品进场的事情。"

练一练：你要去拜访一个客户，请设计你的开场白！（见表 4-18）

表 4-18 设计开场白

目　　的	你要说的话	需用到的技巧
建立和谐的谈话基调		
确立议程		
确认参与方式与时间		

结束精彩的开场白，即可进入销售正题——探寻需求。

4.4.2　探寻需求

在探寻需求环节，我们要像猎人一样敏捷地追踪猎物而且不被猎物发觉。FOC提问结构正是这种隐秘而高效的客户需求引导法。

- **Fact 发掘事实**。以较具体的问题发掘事实，了解现状，问"关于什么怎么样""有什么"之类的问题，聆听客户回答。
- **Opportunity 锁定机会**。根据客户的回答，提出发掘观点、想法的问题，寻找销售突破口。在此环节，几乎每一句话都要使用"重复"技巧。
- **Confirm 确认需求**。以封闭式问题确认客户需求。

FOC提问结构就像一个漏斗，所以也称FOC漏斗法。一位可口可乐的餐厅业务代表可能会这样引导客户（见图4-13）。你能看出其中的销售代表是如何应用重复的吗？

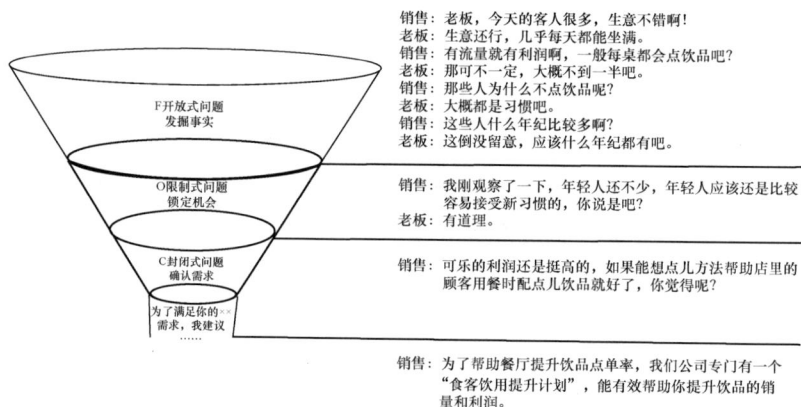

图 4-13　FOC 漏斗式引导需求图——完整版

在实际销售中，FOC漏斗法很管用，但也很不容易做对做好。情况常常是客户已经反复说出需求，销售人员仍浑然不觉。因为客户不可能说"我的需求是……"，销售代表必须时刻保持聆听，敏锐地从客户的回答中捕捉到需求。

如果老板主动询问"你有什么办法"，则实际上已经确认了需求，就可跳过C这步，直接提出解决方案建议，而不必硬要完成C问题（见图4-14）。

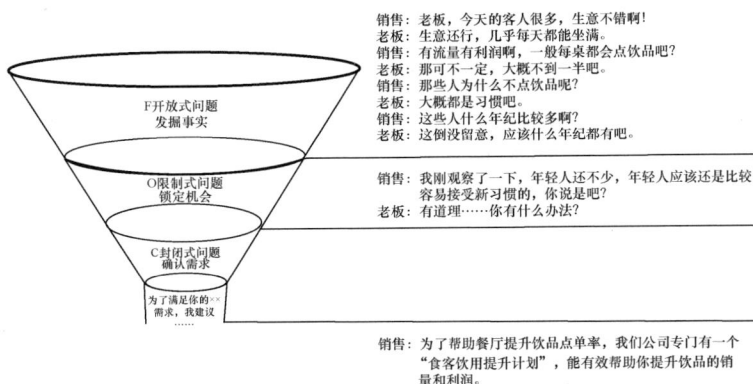

销售：老板，今天的客人很多，生意不错啊！
老板：生意还行，几乎每天都能坐满。
销售：有流量有利润啊，一般每桌都会点饮品吧？
老板：那可不一定，大概不到一半吧。
销售：那些人为什么不点饮品呢？
老板：大概都是习惯吧。
销售：这些人什么年纪比较多啊？
老板：这倒没留意，应该什么年纪都有吧。

销售：我刚观察了一下，年轻人还不少，年轻人应该还是比较容易接受新习惯的，你说是吧？
老板：有道理……你有什么办法？

销售：为了帮助餐厅提升饮品点单率，我们公司专门有一个"食客饮用提升计划"，能有效帮助你提升饮品的销量和利润。

图 4-14　FOC 漏斗式引导需求图——FO 快速版

在拜访八步骤中我们已经学过，销售目标与客户需求的交集就是销售切入点（见图 4-15）。

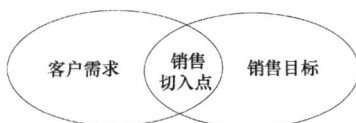

图 4-15　销售切入点示意图

FOC 漏斗法与销售切入点的关系如图 4-16 所示。以 F 鼓励客户多说，"听"出客户需求，迅速与我们的销售方案匹配，找到交集点，以 O 问题收拢话题，确认需求后引出解决方案建议。

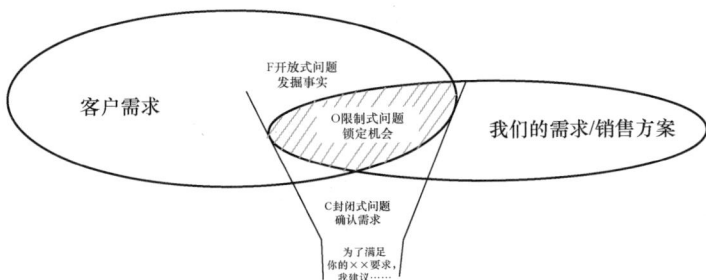

图 4-16　FOC 漏斗法与销售切入点关系图

在销售中有五种引导需求的情况：

① 销售方案满足需求 A，引导客户需求 A，成功。

② 销售方案满足需求 A，引导客户需求 A，客户确认是 B，但销售方案可通过满足 A 间接满足 B，成功。

③ 销售方案满足需求 A，引导客户需求 A，客户确认是 B，`销售方案无法直接或间接满足 B，销售失败，转入谈判。

④ 销售方案满足需求 A 和 B，引导客户需求 A，客户确认 B，成功了解客户有哪些需求。客户说出需求 A，销售方案直接或间接满足需求 A，成功。

⑤ 了解客户有哪些需求，客户说出需求 A，销售方案不能直接或间接满足需求 A，销售失败，转入谈判。

例如上文，在引导客户"购买率"需求时，客户确认后随即奉上解药，就属于第①或④种情况。不管什么情况，都要敏锐地捕捉客户需求，必须对客户需求稔熟于心。客户需求金字塔（见图 4-17）可帮助我们按图索骥。

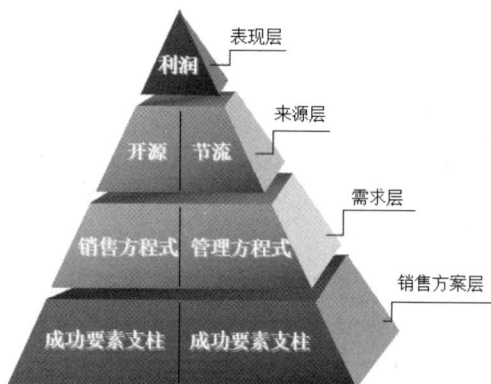

图 4-17　客户需求金字塔

① 表现层：客户最终目的是盈利。

② 来源层：盈利来自两方面。

- 销售更多——开源：赚取更多利润。

- 节约更多——节流：营运效率更高，人工成本更低，物料消耗更少，省下各种费用。

③ 需求层：为了销售更多，客户希望来的顾客更多，购买率更高。顾客买得更贵、数量更多、来得更频繁、更忠诚，即前文提过的各种销售公式：

整体销售额=来客数量×购买率×购买数量×平均单件金额×忠诚度

货架销售额=来客数量×货架到达率×拿起率×购买率

购物篮销售额=计划内购买额+计划外购买额

为了节约更多，客户需要人、财、物成本的节约：

节约人力

节约物质消耗

节约流程成本

节约资本占用

因此，重点客户日常各种无理要求的深层需求原因如表 4-19 所示。

表4-19　各种无理要求的深层需求原因

客户节流需求	客户要求
节约人力	要求派驻促销员、理货员
节约物质消耗	餐厅要求提供烟灰缸等易耗品，超市要求送货时要自捆塑料薄膜以防掉落
节约流程成本	超市要求供应商自行对账、匹配订单、准备超市财务入账文件
节约资本占用	要求更长账期、更高赊账信用额

④ 销售方案层：为改善销售公式中的各因子，客户及我们均需在产品、陈列、价格、促销、助销人员等 5P 因素上做出改善；为了实现节流，客户及我们均需在人力、物质消耗、流程成本及资本占用等方面更好地协作。

除了上述商业需求，客户还有个人需求，如被尊重、被肯定等。

FOC 漏斗法与需求金字塔的关系，如图 4-18 所示。

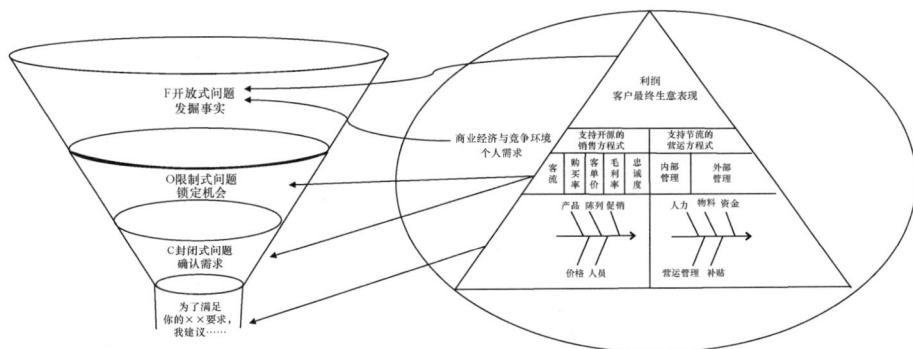

图 4-18　FOC 漏斗法与需求金字塔的关系

市场上五花八门销售的套路的底层逻辑并无不同。例如，麦肯锡公司的巴巴拉·明托在 20 世纪 70 年代出版的《金字塔原理》中提到，向客户讲故事的方法是 SCQA，即情境（Situation）、冲突（Complication）、疑问（Question）、答案（Answer）。

应用在销售上的典型话术就是这样的：

（S）嗨，亲爱的客户，您目前面临着什么样的情境？

（C）产生了什么困难？

（Q）让您的组织绩效表现不值，或者尽管表现不错，但是否能继续？

（A）不用担心，我们有解决方案。

从图 4-19 中可见，两者有多相似。

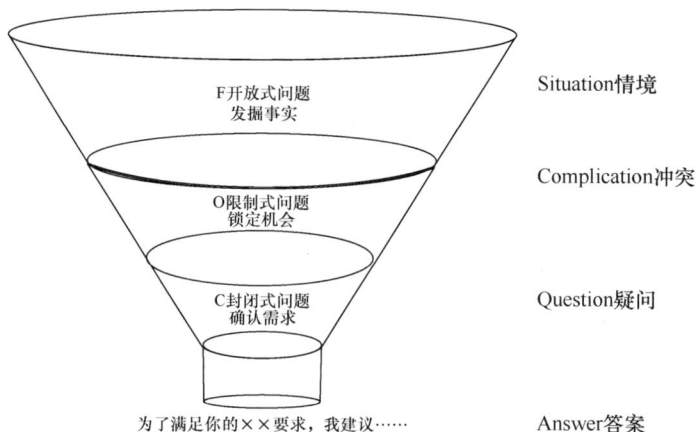

图 4-19　FOC 漏斗法与 SCQA 的关系

再看一个影响比较大的销售方法：20 世纪 80 年代 McGraw-Hill 出版社出版的 Neil Rackham 编写的《SPIN Selling》中介绍的 SPIN 顾问式销售法。三者对比如表 4-20 所示。

表 4-20　FOC、SCQA、SPIN 对比

FOC 漏斗法	麦肯锡 SCQA	SPIN 顾问式销售
Fact 发掘事实	Situation 情境	S（Situation Question）背景问题
Opportunity 锁定机会	Complication 冲突	P（Problem Question）难点问题
Confirm 确认需求	Question 疑问 Answer 答案	I（Implication Question）暗示问题 N（Need-pay off Question）需求效益问题

其他方法就不一一列举了。好比在不同的餐厅就餐，分别点白玉美人、

嫩白西施、荷塘明月，端上来的其实都是葱花蒸豆腐，摆盘不同，菜名不一，但用料和味道几乎完全一样。销售的本质就是让对方了解你销售的东西正是他需要的，要不画饼引诱他，要不呈现他的困境刺痛他，最终让他产生兴趣并促成购买。

FOC 漏斗法熟练以后，销售、演讲、汇报处处能用。想象一下，你请人吃饭，客人兴致勃勃地问有什么好吃的。对比以下两种说法：

A．"今天我们吃冬瓜水鸭汤、凉拌菠菜、炖鸡、清蒸鱼、蒸茄子……"

B．"厉害了，今天我们吃大师级消暑润肺清心宴！"

A 听起来很容易让人产生不耐烦的情绪，而且很容易出现客人不喜欢的食物，令客人对 A 立马大打折扣。B 提纲挈领，即使有客人不喜欢的食物，也不影响整体，因为他知道，这只是消暑润肺清心宴中的一道菜而已。你通过的概率会大大增加，因此请务必为你的方案加一个名字。具体要求如下：

- 以因果律式强调符合客户的需求（见表 4-21）。
- 让人眼前一亮。
- 简洁。
- 符合特征利益法。

表 4-21　因果律式方案名称示例

引导的需求	承 接 语	方 案 名 字
客流量	为了帮助您吸引更多的顾客	来买就送
客流量	为了帮助您吸引更多的高端顾客	高端产品
提升淡季销量	为了拉升淡季销量	淡季不淡销售冲锋计划

练一练：提出一个方案

为了＿＿＿＿＿＿＿＿＿＿＿＿＿＿＿＿，我建议＿＿＿＿＿＿＿＿＿＿＿＿＿

在使用 FOC 漏斗法时务必注意：

（1）不要过度自夸

"想不想三个月就赚 1000 万元？"

"想不想头发 15 天就焕然一新、乌黑发亮？"

"想不想身体健康再也不生病？"

谁不想啊？但是你的方案真的能做得到吗？过分承诺等同忽悠，会适得其反。

（2）静听—重复—说

请先试一试，如果你和客户说："最近来店里的客人看来比较多啊。"

想象客户的回答：＿＿＿＿＿＿＿＿＿＿＿＿＿＿＿＿＿＿＿

你的回答：＿＿＿＿＿＿＿＿＿＿＿＿＿＿＿＿＿＿＿

我敢打赌你回答的内容和客户所说的内容，一点重复都没有。通常情况是这样子的：

销售："最近来店里的客人看来比较多啊！"

客户："还行，光来不买有什么用！"

销售："那想不想来的人更多啊？"

表面上看，用到了 FOC 漏斗法。客户听到"想不想来的人更多"已经感兴趣，想听了吧？达到 FOC 漏斗法的效果了吧？不然，请继续看：

销售："最近来店里的客人看来比较多啊！"

客户："还行，光来不买有什么用！"

销售："人来了不买真可惜了，那你有没有想什么法子刺激客人购买？"

客户："好像一下也没想到什么新办法。"

销售："要不我们今天一起来想想？"

这两段话的差异在哪？第二段用上了聆听、重复的技巧。客户说了"光来不买"老样子，我们的回答也有"不买"；客户说"没想到"老样子，我们的回答就有"一起来想想法子"。对 FOC 漏斗法的使用一气呵成。注意：FOC 漏斗法需要重复，但走神是做不到重复的。无论你事前做了多么充分的准备，客户的需求在这一刻才会真实呈现出来，所以请保持精神高度集中，一听到机会就把需求和销售方案结合起来。不敢肯定时，可以：

- 明确问题。例如，客户说现在电脑市场不景气。电脑市场指的是什么？是 Windows 系统、笔记本电脑或服务器，还是 AI 或云服务？

- 直接询问客户："听您这样说，客流量和购买率都非常值得关注。在这两者中，您认为目前哪个更重要？"

如果全部销售公式尝试一遍都不成功，还可以试试个人需求："最近市场部有个想法，我觉得挺好的，说不定可以作为您今年的最佳实践，帮您申请年度创新奖。"

（3）停顿！

不要自顾自说，要停顿，要留出时间让客户"确认需求"。

（4）用洞察技巧创造客户需求

利用洞察技巧可以深挖客户需求，让客户恍然大悟——原来自己有这个需求。假设你是沃尔玛卫生巾组的采购经理，有一天 A 卫生巾品牌客户经理向你展示 PPT（见图 4-20）。

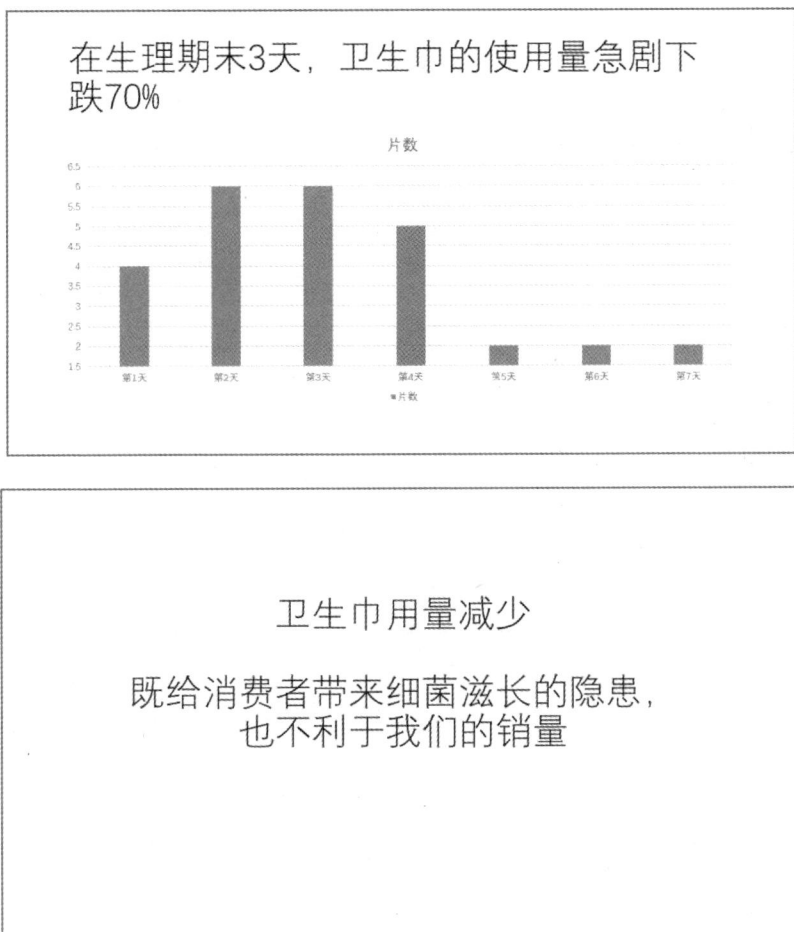

图 4-20 卫生巾的 PPT

如何在生理期末3天
提升**40%**的销量？

图 4-20　卫生巾的 PPT（续）

　　怎么样，看到这里心动了没有？了解是什么方法了吧？FOC 漏斗法要的就是这个效果。答案是：迷你卫生巾——小小的一片，一天可以换 6 片。这是市场上第一个迷你卫生巾上市的真实销售 PPT。效果？请到超市参观迷你卫生巾品类的出色表现。

练一练

你的销售方案：＿＿＿＿＿＿＿＿＿＿＿＿＿＿＿＿＿＿＿＿＿

F＿＿＿＿＿＿＿＿＿＿＿＿＿＿＿＿＿＿＿＿＿＿＿＿＿＿＿

O＿＿＿＿＿＿＿＿＿＿＿＿＿＿＿＿＿＿＿＿＿＿＿＿＿＿＿

C＿＿＿＿＿＿＿＿＿＿＿＿＿＿＿＿＿＿＿＿＿＿＿＿＿＿＿

你需要制作的 PPT：

第 1 张　　　　　　　　　　第 2 张

第 3 张

第 4 张

客户着急地问："到底怎么做？"解释方案就可以登场了。

4.4.3　解释运作

1. 选择适合内容

选择什么告诉客户非常有讲究。例如，应该普及无人驾驶汽车吗？不同人有不同观点。

- 司机工会代表：无人驾驶汽车会让数千万司机失业。
- 环保主义者：无人驾驶汽车能够更好共享汽车，减少汽车总数量，缓解交通拥堵，减少能源消耗和尾气排放。
- 经济学家：这是一个巨大的新兴产业，刺激经济增长，而且使司机能从事更高价值的工作。
- 安全专家：人类不控制汽车，交通事故反而更少。
- 政治顾问：一旦黑客破解并控制无人驾驶汽车，无人驾驶汽车便是行走在路上的恐怖炸弹。
- 城市规划者：无人驾驶汽车不需要停在城市中心，能释放大量城市中心的优质土地。
- 法律专家：立法者需要决定无人驾驶汽车在许多可怕的局面上应该采取的行动，比如是撞击横穿马路的孩子，还是危及路人的生命？

提供所有的事实供决策者思考当然很完美，但事实上我们既不知道所有事实，也没有这么多时间解释所有细节，因此只能选择其中部分内容进行解释，而你选择的内容会影响客户对整体的判断并做出决策。选择内容时应遵守以下三个原则：

① 围绕客户需求选择内容，而不是为展示销售方案而展示销售方案。当跨层级会面时，选择最高决策层的决策项目进行展示，会后再与相应层级沟通其他细节。

② 不遗漏公司必须得到的销售成果，但以满足客户需求的方式呈现。

③ 不遗漏必要风险提示。

2. 建立陈述结构

精选内容后以适当结构进行陈述，建立陈述结构至少有三个好处。

① 自己清晰。结构如同地图，有了地图你就知道从哪里出发，要到哪里去，现在在哪里。因此，心中有陈述地图，就清楚已经讲了多少，还有多少要讲，现在讲到哪里。

② 客户清晰。客户一次要做多项决策。短时间内让客户接收所有信息并非易事，但如果有结构，理解起来就容易多了。

③ 让客户跟着我们走，而不是我们被客户带着走。例如，跟客户说某个产品有三个好处，即使客户不同意第一个好处，但他知道还有两个好处，因此最多打断你请你直接讲第二、第三个好处，而不是直接结束会谈。

陈述结构（见图 4-21）可参考"金字塔原理"：结论先行，以上统下，归类分组，横向穷尽，逻辑鲜明。

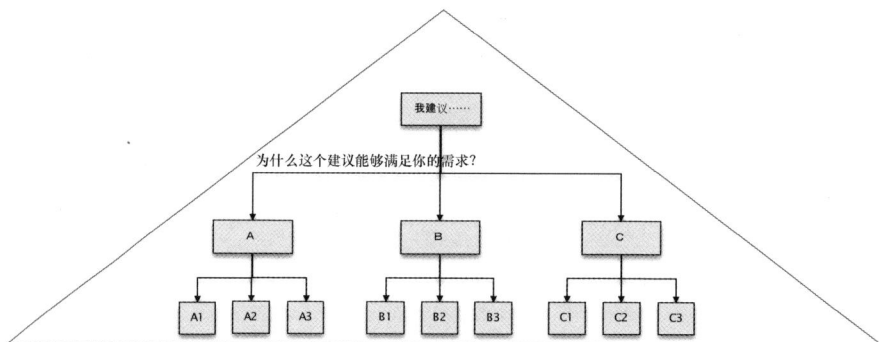

图 4-21 陈述结构

例如，我们可以列出的陈述结构如图 4-22 所示。

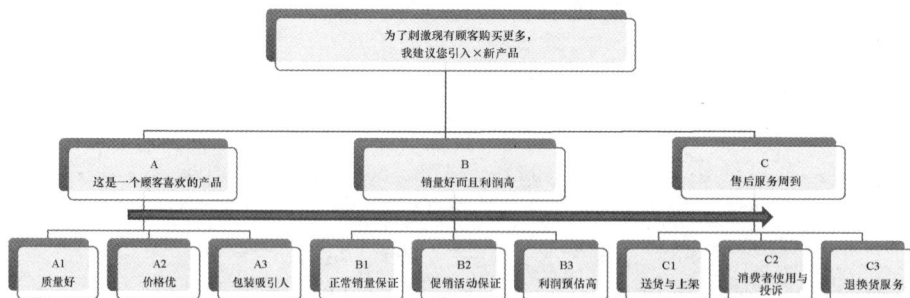

图 4-22 销售方案的陈述结构

（1）结论先行——提出方案（我建议……）

（2）以上统下

下一层是上一层的理由。例如，第二层的意思是，我建议您引进×新产品，原因是：

A 这是一个顾客喜欢的产品

B 销量好而且利润高

C 售后服务周到

- 为什么说 A 能成立？有三个理由
    - A1 质量好
    - A2 价格优
    - A3 包装吸引人
- 为什么说 B 能成立？有三个理由
    - B1 正常销量保证
    - B2 促销活动保证
    - B3 利润预估高
- 为什么说 C 能成立？有三个理由
    - C1 送货与上架
    - C2 消费者使用与投诉
    - C3 退换货服务

每一层都是上一层的解释。

（3）归类分组

A、B、C 分属不同的主题，不能混乱。A 讲的是销售，就不可以在 A1 处写入我们每天都会送货。横向穷尽：A1、A2、A3 是构成 A 销售好的充分理由，没有遗漏。注意，思考不可遗漏，但陈述可以遗漏，省去对方并不关心的问题。思考穷尽所有，陈述只需穷尽对方最关心的内容。

（4）逻辑鲜明

ABC 的排列是有顺序的，如时间顺序、重要性顺序等（见图 4-23）。例如，售后服务周到的成立原因用的逻辑是：先"送货与上架"，再出现"消费者使用与投诉"，最后进行"退换货服务"。

成功的陈述结构应当满足以下三点：

- 客户越关注的事情越靠前说。
- 有利益分析，明确客户好处。
- 有竞争力。

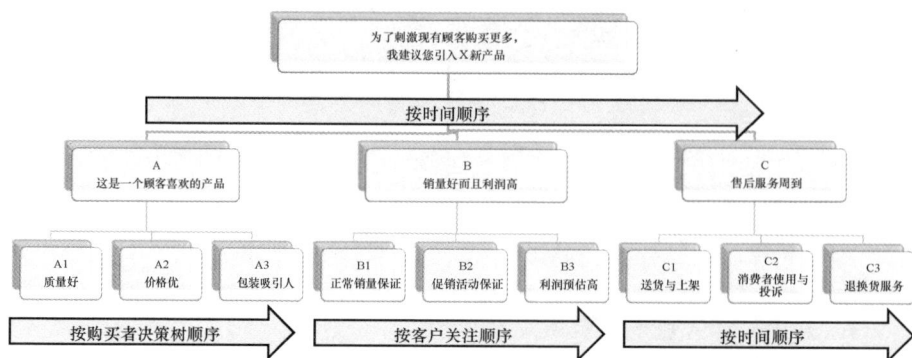

图 4-23　销售方案排序示意图

对比竞争对手，你的销售方案有什么不同，哪里优于竞争对手。如果你是客户，你会选择自己而不是竞争对手的方案吗？你会提出什么反对意见？怎样回应这些反对意见？

卓越的解释方案如同一首优美的钢琴协奏曲，乐章结构分明，装饰音悦耳动听，钢琴与管弦乐队互动，正如我们与客户的交谈，一来一回地推动乐曲向前发展。销售陈述时也应依循结构，说完一层再说一层。错误的陈述是这样的：

为了刺激现有顾客购买更多，我建议您引入××新产品。这是一个顾客喜欢的产品，质量好，来自新西兰，而且在大厂生产……

然后滔滔不绝地从"质量好"出发，一直往下细数产地、成分、生产工艺等。客户不知道你后面还要讲多少、讲什么。只要对你现在说的，他不感兴趣，就很容易打断你的陈述，并且记不住你所有的好。正确的做法是：

为了刺激现有顾客购买更多，我建议您引入××新产品。这个产品有三个好处：顾客喜欢，销量好而且利润高，以及售后服务周到。

顾客为什么喜欢它呢？它的质量非常好，而且价格只是同类产品的一半多点，包装新颖又吸引人。

销量为什么好？……利润为什么高？……新产品的利润比旧品高10%。滨江大道上东江店，该店比你这个店小，一个月都能卖300箱，所以销量不用愁。

售后服务也周到，首先，……；其次，……

因此这个产品顾客喜欢，销量好，利润高，售后安心，新品上市数量不多。为了避免缺货，建议您今天赶快下单。

人们的"听"有时间和精力上的限制。谁能忍着听完并记住一个又长又复杂的故事？一层一层地陈述，可以帮助对方记住核心信息，更易获得支持。

3．五个辅助陈述技巧

（1）运用数字提纲精准陈述

在销售陈述的过程中，养成运用数字提纲的习惯。例如，"它的质量很好，有 3 个突出优势：××，××，××。"这个数字"3"的好处是，对方知道你有三件事情要说，会提升对你所陈述内容的兴趣。数字"3"也迫使你思考后再陈述，而不是信口开河。注意：数字不要超过"7"，要尽量运用"3"，"3"最有力量且最易记。

运用数字提纲这种方法非常容易练习，可以先尝试一整天说的话都是这样的：

"我今天遇到了 3 件事。"

"……主要有 4 个原因。"

"有 3 个好处。"

"有 2 个特点。"

同时不采用模糊用语，并谨慎使用专业术语。模糊用语是指希望先含糊其词，用暧昧的措辞"骗"得对方的同意再具体说。例如，"你先答应我，我再说。""你先同意产品进场，其他我尽量争取。"模糊的语言代表你自己都不相信自己所说的，你只是尝试蒙混过关。商业中容不得这种模糊欺骗，必须找出方案与客户需求之间的连接。真诚远比技巧有力。

专业术语则需要谨慎使用。术语的好处是，能把一件复杂的事情短时间内简要地说清楚，提升沟通效率。例如，"RTM 目前最大的困难在哪里？"这句话要是不用 RTM 这个术语，就要这样说："产品通过公司直送或通过经销商网络分送到各渠道售点，在售点与消费者沟通并促成购买的过程中，你认为最大的困难在哪里？"专业术语的好处不言而喻。但如果对方不了解这些术语，就容易出现尴尬情况，前面的"建立和谐的基调"就白费了。

（2）直观化

有一次迪士尼公司管理层向董事会建议开动物园，但无论 PPT 制作得多么精美，演讲多么打动人心，董事会都不同意。管理层再召开董事会会议时，直接拉来了一头活生生的孟加拉国虎搁在会议室里，提案当即通过，这就是直观化带给人的震撼力。在人接受的信息中有 76%是通过视觉获得的，因此在解释方案的过程中，请尽情使用各种销售工具。有一年，一家公司在与零售商进行的年度回顾会议里，干脆提前到达客户会议室，直接将会议室布置为明年货架陈列建议及明年主要节日地堆场景，顺利碾压竞争对手，赢得年度策略性合作伙伴供应商席位——意味着在货架陈列、地堆陈列及促销档期占优。

请看图4-24所示的两款手机广告，哪个更吸引你？

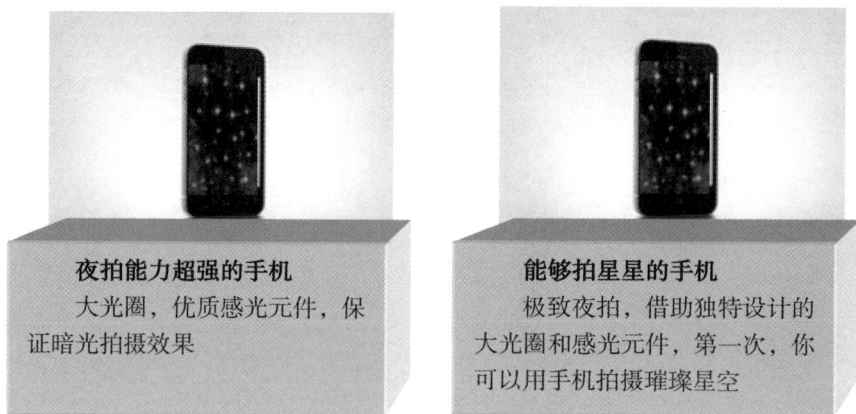

夜拍能力超强的手机
大光圈，优质感光元件，保证暗光拍摄效果

能够拍星星的手机
极致夜拍，借助独特设计的大光圈和感光元件，第一次，你可以用手机拍摄璀璨星空

图4-24 两款手机产品

当然，拍星星比"夜拍"画面感更强、更直观，所以销售陈述越简单、越形象越好。

（3）用锚定帮助说服

设置一个锚定，可以让客户更容易接受你的价格。

在沙滩上的啤酒销售亭旁边摆放一个高尔夫球袋，顾客立即觉得啤酒不那么贵了；中午吃了法国大餐，晚上吃麦当劳，你会觉得生活水平骤降；假设中午吃沙县小吃，晚上吃麦当劳，感觉还不错。同一件事，会因为你之前的经历、背景而带来完全不同的感受，这就是锚定效果。

在商业中锚定的应用比比皆是。例如，有经验的零售商绝不会在大型超市入口陈列"均一价1元"的产品，以免顾客进去看到9.9元的产品都觉得贵，从而严重影响客单价。当然，也不会陈列99元一包的曲奇饼，以免顾客觉得整个商场的东西都偏贵。

有经验的创业者在正式进入会议前会先与风险投资者闲聊一下谷歌、特斯拉之类的新融资项目。看起来好像只是平常聊天，但提及的都是大公司、大项目投资。稍后当这个创业者说起他的项目时，风险投资者基于之前大公司、大项目的锚定，自然觉得这家公司也不会太糟，而且这些钱对比刚才动辄上亿元的融资就不算什么了。

练一练

我准备销售：_____

可以这样锚定：_____

（4）用比喻帮助说服

比喻也是一个非常好用的方法。例如，"你的车每年保养都要 2 万元，你保养自己要花多少钱？"比喻就像桥梁，原理是触发人们的"先验知识"，让人们在已知和未知之间建立连接。"他开心得像中了六合彩一样" 就简单明了地描述出他欣喜若狂的样子。

运用比喻的注意事项：

① 必须运用对方熟悉的事物。例如，你跟小店老板说："你家需要我的产品，就好像交响乐团需要小提琴一样。"对方可未必知道你在讲什么。

② 必须生动具体、浅显易懂。"不能将好卖的产品放在最显眼的位置，就好像把名牌衣服穿在里面一样，大家不知道你的店好啊！"

③ 不要妄想临场发挥说出最佳比喻。最好的方法是你已经知道如何做比喻，在准备销售提案的时候写下并背诵这个比喻，自然而然就会有所领悟并引发更深层的思考，从而得出更有创意的比喻。

写一写

销售方案：

_____就好像_____

_____就好像_____

_____就好像_____

_____就好像_____

（5）特征利益法

特征利益法是指通过清晰陈述"产品/方案"的特征，逻辑推导对方获得的利益，强调对方的利益，以提升对方的兴趣和意愿（见图4-25）。

F（Feature）特征
厂商在制造时所投入的，
产品中存在的，
是有形的、可见的

A（Advantage）优点
自身优点，与其他产品的
不同之处、优越之处

B（Benefit）利益
客户从产品中得到
的好处

图4-25　特征利益法

特征利益法在拜访八步骤中有简单应用，但面对大客户，无论是特征还是利益，均有更高级的应用。同一特征具有不同的描述效果。例如：

A."这个产品含有乳酸菌。"

B."这个产品富含超过1亿个来自保加利亚罗朗高山牧场手工酿造的乳酸菌。"

A还是B更让你心动？B的说法就是精彩特征法——通过添加适当形容词，提升客户对特征的理解与认同。牛津大学实验心理学教授查尔斯·斯宾塞说："在菜肴中加上人名，能增加产品的真实性。就算这些人名可能是虚构的。"例如，"外婆家的烤南瓜饼干"就比"南瓜饼干"更有吸引力。

斯坦福大学语言学教授Dan Jurafsky针对6500份菜单研究也发现：

① 菜名越长，价格越高，平均每增加一个单词，就能相应涨18美分。

② 菜名里有撩拨人心的形容词，如酥脆、多汁、浓郁，也是更高价格的好理由。

③ 菜名越异域，价格越高。

④ 刺激性的语言，如"炸辣椒""甜炒青豆""香脆洋葱"听起来更让人兴奋、更刺激食欲，销量自然更高。

现在有一个叫作"菜单工程"的新兴行业——通过菜单设计来刺激顾客的消费，也带来很多有意思的发现：

① 比较重的菜单给人高档的心理暗示。

② 对比葡萄酒包装上的普通字体，采用精致字体印刷的葡萄酒更受欢迎。

③ 注明菜的出处会带来更好的营销效果。

此外，以什么顺序呈现特征也非常重要。实验表明，当酒吧把啤酒单价由高至低排列时，顾客客单价会更高。电商平台也有同样的经验，将商品按价格从高到低排列，购物者更容易选择价格高的商品。因此，要谨慎商品报价的排列顺序。当然，如果对方对商品的熟悉度很高，则不太会受价格顺序的影响。

添加适当形容词、精彩展示特征后，如何呈现利益？

想象有人给你介绍对象：

A. "小静，介绍个人给你认识，周杰，人可敦厚了！"

B. "小静，介绍个人给你认识，周杰，人可敦厚了！他从来不发火，和他在一起，你的心情一生都会特别好！"

两种说法各给了你什么感受？B 在介绍的时候不但说明方案是什么（周杰），还把使用这个方案的好处（心情好）告诉你。应用特征利益法的解释方案能让你动心。

1）特征利益法的多种用法

FB 简单版：

F（Feature 或 Fact）特征：*产品/方案有什么特点或属性。*

B（Benefit）利益：*能为你带来什么利益。*

FAB 优势先行版（FAB）：

F（Feature 或 Fact）特征：*产品/方案有什么特点或属性。*

A（Advantage）优势：*对比其他产品有什么优势。*

B（Benefit）利益：*能为你带来什么利益。*

FBA 优势后行版（FBA）：

F（Feature 或 Fact）特征：*产品/方案有什么特点或属性。*

B（Benefit）利益：*能为你带来什么利益。*

A（Advantage）优势：*对比其他产品有什么优势。*

FABE 证据版：

F（Feature 或 Fact）特征：*产品/方案有什么特点或属性。*

A（Advantage）优势：*对比其他产品有什么优势。*

B（Benefit）利益：*能为你带来什么利益。*

E（Evidence）证据：*为什么能带来这样的利益。*

BFE 利益先行版：

B（Benefit）利益：*你想要什么利益。*

F（Feature 或 Fact）特征：*产品/方案有什么特点或属性。*

E（Evidence）证据：*为什么能带来这样的利益。*

BFEA 利益先行独家利益版：

B（Benefit）利益：*你想要什么利益。*

F（Feature 或 Fact）特征：*产品/方案有什么特点或属性。*

E（Evidence）证据：*为什么能带来这样的利益。*

A（Advantage）优势：*对比其他产品有什么优势。*

FABE 四个要素可以灵活转换顺序。例如，冰箱按照 FABE 的销售技巧的介绍如下：

（特征）你好，这款冰箱最大的特点是省电，它每天才用 0.3 度电，三天才用一度电。

（优势）以前的冰箱每天用电大约 1~2 度，现在的冰箱大约 1 度，我们的用电不到一般冰箱的三分之一。

（利益）假如一度电 1.5 元，一天可以省 1 元，一个月可以省 30 元，一年就可以省 360 元。

（证据）为什么能那么省电呢？（利用说明书）你看它用的是进口压缩机，制冷效果强大而功率只要 70 瓦，跟一个灯泡差不多。

不是每次销售都要和其他产品进行对比，也不是每次都要这么复杂的推理过程，应根据客户的反应进行调整。客户不感兴趣时，利益往前提；客户面露怀疑神情时，立马奉上证据，灵活应用聆听技巧与观察身体语言的技巧。

2）特征利益法的核心与应用

更简单的方法是理解特征利益法的最重要核心："可信服的利益"。无论对比优势还是提供证据，其实都是为了说明"利益"是可信服的，因此可把 A（Advantage，优势）调整为 A（Achieve，推导），将 FAB（特征优势利益法）调整为 FaB（特征推导利益法），使用起来更简单，更不容易出错。

- F（Feature 或 Fact）特征：*产品/方案有什么特点或属性。*
- a（Achieve）推导：*为什么特征能带来利益？*
  ① 原理推导：*这个特征能来利益的原理是什么？*
  ② 优势推导：*这个特征对比竞争对手，有什么优势？*
- B（Benefit）利益：*特征给客户带来的利益。*

随手小应用：

FB——*这个产品/方案有……特点，能为您带来……好处。*

常规应用：

FaB——*这个产品/方案有……特点，因为……所以能为您带来……好处。*

刺激性应用（客户能量显得较低，将利益提前强调，拉动对方的兴趣）：

FBa——*这个产品/方案有……特点，能为您带来……好处，因为……*

BFa——想要……好处吗？这个产品/方案就能满足您。它有……特点，因为……所以能满足您。（BFa 实际上就是引导需求，提出方案，是解释方案的浓缩版。）

这样就清晰多了，应用起来也很简单。例如，纸尿裤促销员可以这样介绍产品（见表 4-22）。

表 4-22 特征推导利益法练习一

销售话术：我们的纸尿裤独家添加了天然芦荟精华，宝宝用起来会感觉清凉，也会减少宝宝长痱子的概率，宝宝舒服了，哭闹就少了。您照顾起来会更轻松，从而有更多和宝宝一起快乐的时间！		
特征：独家添加天然芦荟精华	推导：添加了芦荟，宝宝不易长痱子，宝宝感觉清凉、舒服开心，哭闹就少了	利益：您照顾起来会更轻松，从而有更多和宝宝一起快乐的时间！

FaB 还有两个好处：一是提醒促销员关注产品本身，而不是只会讲"现在八折，赶快买"。很多促销员连自己的产品有什么特征都不知道，只会用价格刺激客户，而 FaB 会迫使促销员扎实地了解产品是如何帮助客户的。二是处理客户异议也是特别好用的。还是表 4-22 的例子。客户可能一来就嫌纸尿裤贵，促销员可以这样说，如表 4-23 所示。

表 4-23 特征推导利益法练习二

销售话术：我们的纸尿裤比起别家是稍贵些。这是因为我们的纸尿裤添加了天然芦荟精华，宝宝用起来感觉清凉、不闷热，可以减少长痱子的概率。宝宝舒服了，哭闹就少了。宝宝开心，您照顾得也轻松，从而有更多和宝宝一起的快乐时间。您看，只是一片多 1 角，一个月只多 10 元，10 元买宝宝一个月舒服，全家快乐，多划算呀！		
特征：纸尿裤比起别家要稍贵一点	推导：因为我们独家添加天然芦荟精华，以减少宝宝屁股长痱子的概率，并让宝宝感觉清凉，宝宝舒服开心，哭闹就少了	利益：只是一片多 1 角，一个月只多 10 元，10 元买宝宝一个月舒服，全家快乐，多划算呀！

3）使用特征利益法的诀窍

这样客户是不是就动心了？在客户提出"较贵"这个异议后，"较贵"就成为产品的特征（事实如此），促销员要迅速思考"较贵"对客户的好处是什么。因此，促销员可以提出新利益"一片多 1 角，一个月只多 10 元，10 元就买宝宝一个月舒服，全家快乐，多划算呀"，帮助顾客轻松化解价格异议。特征利益法概念清晰，步骤简单，似乎人人一看就会用，但偏偏用得好的人还真不多。即使上过特征利益法课程的人上课时似乎都很明白，觉得"很对"，但回到现实中一用又觉得"不对"。那么，诀窍在哪里呢？

诀窍一：不能省去推导！

推导是最容易被忽略的一步，但这一步是绝不能少的。以登山鞋广告为例。在零下的温度中，如果鞋子不防水，水进鞋里，鞋内就会结冰，脚就会冻伤。但鞋里的脚也会散发湿气，如果鞋子隔绝功能太厉害，湿气出不去而憋在鞋内，鞋内也会结冰，脚还是会冻伤。防水还是不防水这是个两难问题。有一款登山鞋想宣传自己解决了这个难题，它是这样做的：

第一种方式："这款登山鞋，用了 Gore-Tex 织物，所以让双足能正常呼吸，既防水又不会鞋内结冰冻伤脚。"

特征：用了 Gore-Tex 织物。

利益：让双足能正常呼吸，既防水又不会鞋内结冰冻伤脚。

第二种方式："这款登山鞋，用了 Gore-Tex 织物，所以让双足能正常呼吸，既防水又不会鞋内结冰冻伤脚。Gore-Tex 织物是一种高科技产品，这种织物每平方英寸有 900 亿个小孔，每个小孔比雨滴小 2 万倍，比汗液分子大 700 倍，所以雨滴不能进来，汗液分子能出去。因此能让双足正常呼吸，既防水又不会鞋内结冰冻伤脚。"（见图 4-26）

GORE-TEX

在零下的温度中，靴里的湿气与靴外的水一样危险。"超级导向靴"运用Gore-Tex，轻而易举地解决了这个问题。

Gore-Tex织物
每平方英寸有900亿个小孔，每个小孔
比雨滴小2万倍，
比汗液分子大700倍。
雨不能进，汗却能出。

"超级导向靴"，能保证双足
既能正常呼吸，又远离水气危险。

图 4-26 FaB 的应用

很明显，如果客户知道什么是 Gore-Tex 织物，第一种方式足够，但如果客户不了解什么是 Gore-Tex 织物，就必须用上 FaB，把鞋子能呼吸的原理说明白，让客户明白他得到的利益不是"忽悠的"，而是"可靠的"，这就是特征利益法的核心所在（见表 4-24）。客户信任你是购买的前提。

表 4-24　用特征利益法推导示例

产品/方案	特　　　征	原理推导或优势推导	利　　益
登山鞋	采用 Gore-Tex 织物		让双足能正常呼吸，既能防水又不会鞋内结冰冻伤脚
登山鞋	这种织物每平方英寸有 900 亿个小孔，每个小孔比雨滴小 2 万倍，比汗液分子大 700 倍	水分子进不来，汗液分子能出去	让双足能正常呼吸，既能防水又不会鞋内结冰冻伤脚

第二项销售陈述同时应用了比喻法、精彩特征法、特征利益法。

"特征利益法"这个名字本身就省了"推导"，大家用起来自然容易跳过这一步。有人为"特征利益法"取名"特优利法"，就更容易省略了。"特优利法"这个名字没有流行开来，也跟它只强调"对比优势"有关。事实上，"原理推导"使用概率远高于"优势"。所以切记，Achieve（推导）可能是原理推导，也可能是优势推导，但这个过程必不可少。

我们在广告上会看到很多深得"推导"真义的"特征利益法"。例如，凡客为了说明其衬衣能"防皱、免烫"，居然把面料优点原理图都画了出来（见图 4-27）。

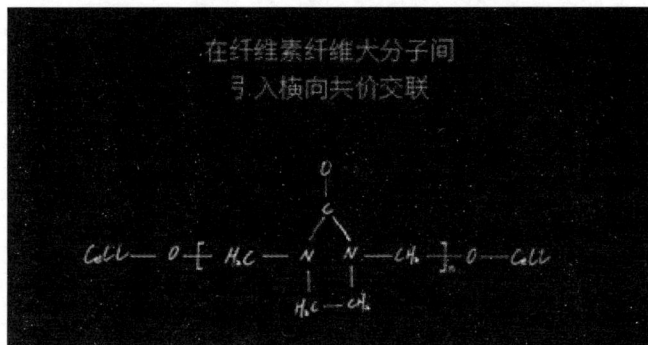

图 4-27　凡客用的就是典型的原理推导

小米说自己产品"质优价廉"时，直接贴出了这张图（见图 4-28）。

诀窍二：因人而异陈述利益

同一特征对不同的人利益是不一样的。"从客户角度出发"不是一句空话，不同客户有不同需求，就有不同的利益陈述。例如，同是一台榨汁机，对不同的人，我们可以这样说（见图 4-29）。

图 4-28　小米用的就是优势推导

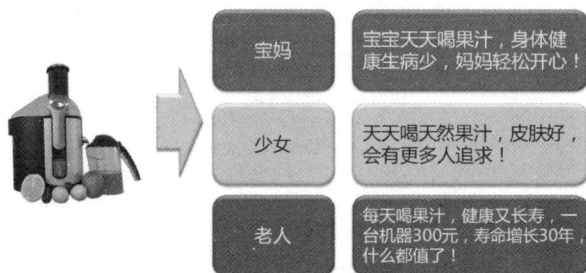

图 4-29　因人而异说利益图

我们在生活中也可以用到这个技巧。例如，吃饭时把鸡腿夹给同桌的美女和老人的说法就可以不同：

美女，鸡腿给你，高运动练成的高紧致蛋白质，吃了它，皮肤会更漂亮！

老人家，鸡腿给您，高运动练成的高质量蛋白质，吃鸡腿最补身！

这样两人都吃到了鸡腿，心里都甜滋滋的。是否真的有好处？我们说了不算，客户说了算。对不同的人，要陈述不同的利益。

"行内看门道"，能看到门道，才是真的得道。理解五个销售陈述辅助技巧后，我们就可以逐项检查并提升销售表达。例如，前文的手机广告，哪个更好呢？如表 4-25 所示。

表 4-25　特征利益表

产品/方案	特　征	原理推导或优势推导	利　益
高手升级版	能提供极致夜拍	• 比普通手机大 32 倍光圈 • 航天级感光组件	第一次，你可以用手机拍摄璀璨星空

是不是更清晰、更有说服力？

2600 多年前孔子教导我们要"举一反三"，但到底怎样才能"举一反三"？孔子没有说。了解技巧的底层逻辑后，可以用工具表帮助自己掌握，也许就是很好的"举一反三"方法。我们一起来试一试吧！

练一练

练习 1：翻看广告，找出一个你觉得非常吸引你的、运用了特征利益法的广告，说出它是怎样运用这个技巧的。

广　　告
（请把广告语或广告图写入或画入本框）

把它的"门道"写入表 4-26 中。

表 4-26　特征利益表

产品/方案	特征 （主语是产品/方案）	原理推导或优势推导	利益 （主语是使用产品/ 方案的对象）

练习 2：翻看广告，找出一个你觉得不吸引你的、运用了特征利益法的广告，说出它是怎样运用这个技巧的，并提出你的修正建议（见表 4-27）。

广　告

（请把广告语或广告图写入或画入本框）

表 4-27　特征利益表

产品/方案	特　征	原理推导或优势推导	利　益
原版			
你的建议			

4.4.4　强调利益

在解释方案后与客户一起计算利益、强调利益，再辅以 ROSES 促成协议法是推动客户同意我们提案的关键一步。对利益的追逐，是历史和文明发展的动力。汉帝国和罗马帝国，本是老死不相往来，因为有利可图终于能连接在一起。商人们开辟丝绸之路，沿路建起许多驿站，打通了运送丝绸的道路，也打通了中国与世界互联的道路。

利益包括有形利益和无形利益，销量、利润、费用这些可计算的数字属于有形利益，"形象更好""影响力更高"则属于无形利益。无形利益可转化成有形利益，只是难以计算。在有形利益中：

$$毛利=售价-成本价$$

$$加价率=（售价-成本价）/成本价×100\%$$

$$毛利率=（售价-成本价）/售价×100\%$$

假设一个产品进货价为 10 元，售价为 12 元，对零售商来说，它的

$$加价率=（12-10）/10×100\%=20\%$$

$$毛利率=（12-10）/12×100\%=16.7\%$$

毛利率对销售的影响很大，试算一下：

一个商品进价 9.5 元，原定售价 9.9 元，现改到 9.8 元。

请问：销售要比 9.9 元增长百分之多少时，才能弥补回损失的那 0.1 元毛利？

答案是：

产品零售价下降：（9.9-9.8）/9.9×100%=1%

产品毛利率下降：（0.4-0.3）/0.4×100%=25%

产品销售增长（0.4/0.3）-1=33%时，才可弥补回损失的那 0.1 元毛利。

销售的增幅要远大于毛利率的降幅才可弥补利润的损失，这也是零售商非常谨慎对待减价的原因。价格从 10 元减到 9.9 元可能值得，从 9.9 元减到 9.8 元就很难说了。

有人把加价率说成倒扣毛利率，这是较旧的翻译方法，容易造成混淆，建议采用通行的加价率。和客户一起计算的妙处就是，有时你会发现客户对加价率、毛利率并不清晰。例如，客户说："你的竞争对手给我 20%毛利率，你才提供 16%，太低了！"很可能客户在说竞争对手的时候算的是加价率，说你的时候算的是毛利率。强调利益的小技巧有三个：

- 最大最小法；
- 强调有利方向；
- 精算蚕食。

1. 最大最小法

有一次，乔布斯向操作系统设计师拉里·肯扬抱怨电脑启动的时间太长。拉里回应道，时间已经很短，再无法缩短启动时间了。乔布斯给拉里算账：如果有 500 万人正在使用苹果电脑，每天电脑的启动时间缩短 10 秒，那么一年就能节省约 300 万小时，相当于每年拯救 100 条生命！

"为了每年拯救 100 条生命，你能想想办法吗？"乔布斯问。

几周后，拉里使电脑的启动时间缩短了——不是 10 秒，而是 28 秒，拯救了 280 条生命。

乔布斯在这个案例里用到的就是最大最小法，用 500 万人的一年来计算，10 秒变成 100 条人命，这样大的利益才值得拼命。因此呈现我们的贡献时，尽量往最大的方向调整：

从"销售每月增加3万元"到"销售每年增加36万元"

提出对方成本时，尽量往最小的方向调整，这是超市采购最爱用的方法：

4000元的地堆很贵吗？4000元可以放3个单品2卡板14天，也就是一个单品花47元就能向店里1万个顾客展示你的产品，相当于1角钱就能买21次购买机会，太划算了！

最大最小法经常叠加"比喻法"使用，效果相当不错。下次再看到这些广告（见图4-30），我们就会心一笑吧。

图 4-30 最大最小法广告

两个方向还能同时用："每天只需1元钱，在家就能泡温泉，美容焕肤助健康。"（某电热水器广告）你只需付出一点点，就能换来一大堆收益，如表4-28所示。

表4-28 付出与得到

我 们 提 供	我们只需要客户支持
• 14天的大型活动 • 2位临时促销员 • 360度活动宣传 • 2000份派样装 • 大力度的赠品支持 • 形象丰富的店内陈列	• 店内4平方米的TG • 店内活动宣传

（续表）

客户可得到	客户只需要支持我们
• 300%销量的增长 • 8000 人次客流量的增长 • 提高门店货架周转率 • 提高客户忠诚度 • 提升门店品牌形象 • 开展系列活动，建立良好的社区关系 • 最佳实践的建立	• 免费活动场地以及 TG • 免临时促销员管理费

一点付出，丰盛收获，这样的事情谁不乐意做呢？

2．强调有利方向

强调利益时，有时强调毛利额，有时强调毛利率。当产品比较畅销时，一般来说，毛利率比较低、销量比较大，此时可强调毛利额："我们产品的毛利率不高，但销量大，算下来金额可不小。""毛利率虽然低，但有规模效应，毛利额高。毛利率高但卖不出去才是真挣不到钱！"当销量比较小时，一般来说，毛利率比较高，此时可强调毛利率："反正都是卖 100 箱，何不卖毛利率高一点的产品，多挣些呢？""一份销售，三倍收益，何乐而不为呢？"

如果产品毛利率和毛利额都比较低，那你最好找出一个足够有力的理由——为什么客户要接受这样的产品？

3．精算蚕食——从客户的角度思考并计算利益

品牌销售人员关心的是自己品牌的销量，而客户关心的是整个品类、整个门店的销量。如果你的产品销量增加了，但蚕食了其他同类产品的销量，那么客户有什么好处呢？假设你的毛利率比蚕食掉的同类产品还低，那么你的生意越好，客户的损失越大，客户怎么可能同意你的提案？图 4-31

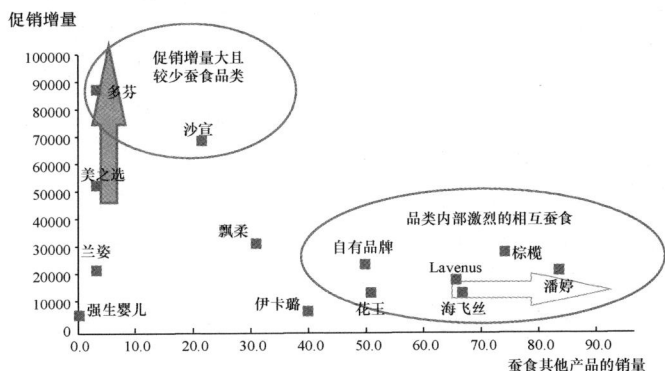

图 4-31 产品蚕食性分布图

是一个零售商针对洗发水品牌进行的蚕食性分析，根据分析结果（注意仅代表此零售商某段时间的表现，不代表整体市场），棕榄、花王促销增量小且蚕食性高，零售商当然会减少这些产品的促销。

因此与其被客户提出蚕食性挑战，不如站在客户角度思考总利润（见图 4-32 和表 4-29）。

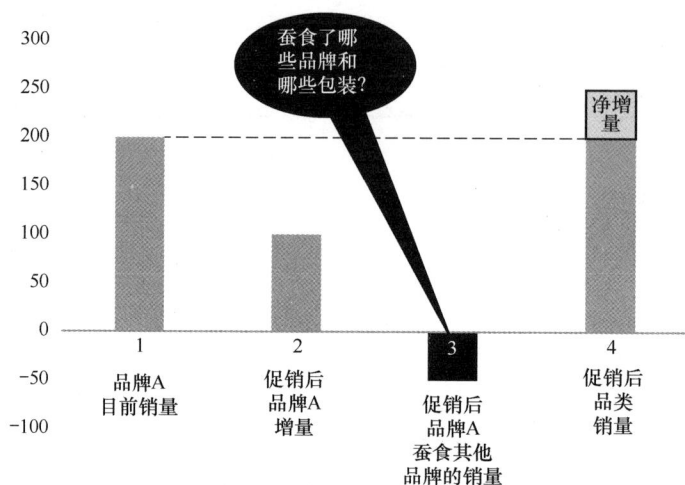

图 4-32　站在客户的角度思考总利润

表 4-29　考虑品类蚕食性的利益计算表

产品分类	之 前		之 后		增长（万元）
	销售额（万元）	占比（%）	销售额（万元）	占比（%）	
本品	15	18.75	33	20.89	18
产品 2	15	18.75	25	15.82	10
产品 3	10	12.50	50	31.65	40
产品 4	15	18.75	20	12.66	5
产品 5	25	31.25	30	18.99	5
品类总和	80	100	158	100	78

最完美的结果是我们的销量增长，整个品类的销量也增长。

计算好利益后，运用 ROSES 促成协议法，留意成交信号，看成交时机，促成协议。当然，即使仅仅解释了两分钟，连利益总结都还没说，只要对方已经出现了成交信号，也必须毫不犹豫地停止销售，马上促成协议。

练一练

接受我们的提案，预估你的销售业务会产生正面提升（见表4-30）。

表 4-30　业务的正面提升

| | 产品分类 | 之　前 | | 之　后 | | |
		销售额（万元）	占比（%）	销售额（万元）	占比（%）	增长（万元）
有形利益	本品					
	产品2					
	产品3					
	产品4					
	产品5					
	品类总和					
其他有形利益				示例： 促销费：　　万元		
无形利益				示例： 提升门店形象，吸引更多高端客流		

我们提供如下支持	只需要您支持

4.4.5　行动计划

协议促成了，销售还没结束，要和客户确认接下来的双方合作的主要步骤，运用 STAR 行动表（见表4-31）是最好不过了。

表 4-31　STAR 行动表

步骤 Step	时间 Time	行动 Action	负责人 Responsibility
1	2019-05-15	签订协议	盛小文
2	2019-05-20	门店沟通确认	郑乐乐
3	2019-05-22	物料准备	郑乐乐
4	2019-05-24	DM 海报	盛小文
5	2019-06-01	试用装派样	余旋
6	2019-06-03	门店进货调陈列	盛小文
7	2019-06-03	促销 POP	郑乐乐
8	2019-07-06	回顾	余旋

STAR 行动表责任人与时间点分明，任务清晰。有人说，要不要在其中反映 PDCA 精神？即：

Plan——计划

Do——行动

Check——检查

Act——处理

这是非常好的做法，只是这里的 PDCA 不是戴明循环的 PDCA。美国质量管理大师戴明认为，高质量不是来自基于结果的产品检验，而是来自基于过程的不断改善。他利用 PDCA 戴明循环改善流程，帮助丰田公司取得了巨大成功。戴明循环远比计划、行动、检查、处理复杂，在 STAR 行动表中可用计划、行动、检查、回顾调整的顺序列出行动，但此 PDCA 并非戴明 PDCA。

如果要更直观一点，那么使用甘特图是个不错的选择。甘特图以提出者甘特先生的名字命名，是最常用的按时间追踪进度的工具，它通过条状图来显示工作推进路径（见图 4-33）。

时间进度条指示任务到结束的时间段，可用颜色代表完成进度。例如，灰色代表计划执行时间段，绿色代表按进度要求，黄色警示可能超时，红色意味着已经超时。甘特图可以一图概览工作进度，还可观察各工作任务的相互影响关系，及时调整行动，是确认双方行动的好工具。

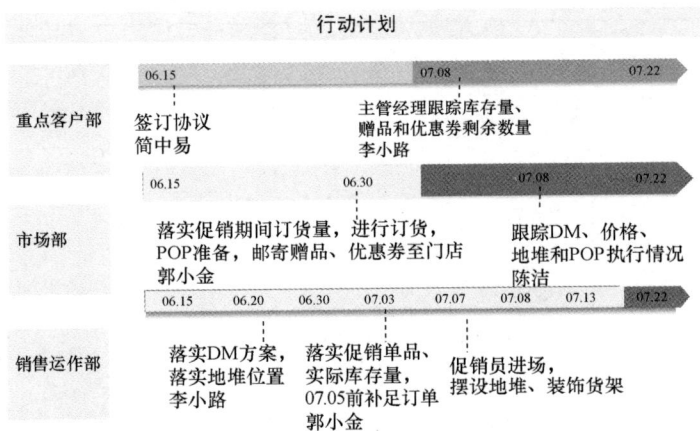

行动计划

图 4-33　甘特图

小旭放下文件："START 比拜访八步骤精细多了！"

"是的，而且它的应用场合更广。在拜会客户前，要计划好 START 的每一步。列出知识点清单是一个帮助学习的好方法，你要试试吗？"

"嗯！"小旭埋头整理起来（见表 4-32）。

表 4-32　销售技巧清单 4——基于洞察的 START 结构化销售法

模　　块	分项	技 巧 名 称	关 键 词	是否掌握
专业的客户档案	客户背景	01 客户背景与具体运作方法	采购总部与门店背景 门店资料 背景介绍资料 客户的资讯 新供应商与新品入场 订货、收货与退货 价格管理 陈列管理 促销管理 促销员入场 零售系统使用 货款与费用结算 双方合作流程	

（续表）

模　　块	分项	技 巧 名 称	关 键 词	是否掌握
专业的客户档案	合作资料	02 贸易合同、业务计划与月季年回顾 03 分销与新品卖入 04 陈列 05 价格 06 客户促销与促销回顾 07 促销员 08 货款与费用 09 销售数据——出货与扫描数据 10 客户拜访与谈判记录 11 特别合作项目与其他		
洞察门店与客户	门店	建立销售目标	符合 SMART	
	客户	列出销售流程	考虑决策者、影响者、执行者	
		电话约见话术准备	引导客户需求且符合特征利益法	
		客情维护的小技巧	五种让对方感受到"被爱"的方式	
START结构化销售法	S 精彩开场	避免开场常见错误	注意交换名片与握手礼节	
			不可自大、自贬或讨好	
			快速寒暄，不可离题	
		开场三部曲	建立和谐的谈话基调	
			确立议程	
			确认参与方式与时间	
		确认合适销售时机	确认时机是否合适	
			确认决策者是否到场	
		快速暖场能力	（1）建立连接+提问 （2）好奇猜一猜 （3）由负转正 （4）应用正确的身体语言 （5）阅读名片，钩式介绍	

（续表）

模　　块	分项	技 巧 名 称	关 键 词	是否掌握
START 结构化销售法	T 探寻需求	FOC 漏斗法	发掘事实，锁定机会，确认需求	
		客户需求金字塔	四个层级与 FOC 漏斗法的对应与连接	
		用洞察技巧创造客户需求	指出客户未知的需求	
		让人眼前一亮的方案名称	符合客户的需求，简洁，符合特征利益法	
	A 解释运作	建立方案结构	结论先行：提出方案（我建议……）	
			以上统下	
			归类分组	
			逻辑鲜明	
		分层陈述方案	运用数字提纲精确陈述	
			直观化	
			用锚定帮助说服	
			用比喻帮助说服	
			特征利益法	
			精彩特征，适当次序，强调优势推导或原理推导	
			因人而异陈述利益	
	R 强调利益	最大最小法	最大化己方的贡献	
			最小化对方的付出	
		强调有利方向	销量低——毛利率	
			销量高——毛利额	
			同时计算有形与无形利益	
		精算蚕食	品类蚕食	
	T 行动计划	STAR 行动表	步骤、时间、行动、负责人	
		甘特图	可用颜色区分任务状态，可增加负责人	

"这个清单列得不错。"

"不管我做了多少准备,现实中还是会碰到客户提出反对意见,怎么办?"

"你喜欢客户提出反对意见吗?"

"当然不喜欢了。不过买货的人,才是嫌货的人,这也从侧面说明他们对我们的提议有兴趣。"

"没错。"

"START 从头到尾都没讲客户会有什么反对意见,但现实中这是不可能的。现实中客户会提出非常多的反对建议!"

"是的,客户的反对意见也叫异议,异议会出现在销售的整个过程中。学习销售技巧先了解理论,再进行练习,最后才是灵活应用。练习销售技巧的大忌是不做分步的安全练习,直接进入现实场景中进行综合练习。这就好比你还没有学会游泳,就直接被丢进深水区。呛水后你就被吓得以后只能待在浅水区。"

"怎么分步练习异议处理?"

"拜访八步骤中有简单的异议类型区分和处理,对小店下小订单来说够用了。但在更大的销售议题上或面对更大的客户时,要先把 START 稔熟于心,再练习冷静高效地处理异议,最后才把两者结合起来应用。"

"明白了,我下星期先练习 START,把遇到的所有异议和我处理异议时的得失记录下来,下下星期再来学异议处理!"

"这是个好方法,等你。"

练一练:应用 START 进行一次大客户销售

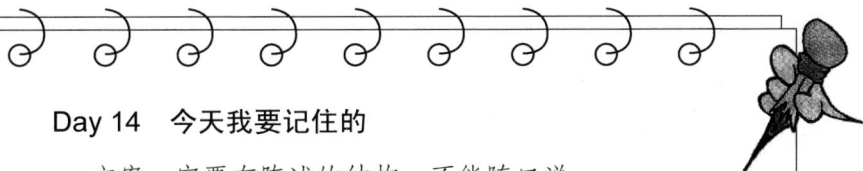

Day 14　今天我要记住的

- 方案一定要有陈述的结构，不能随口说。
- 当心中有一个结构的时候，方能从容地一层一层地说开。你不乱，客户也清晰。
- 灵活运用特征利益法说明方案。
- 解释方案是客户最多异议的步骤，处理不好会打乱整个解释结构，减少销售的力量。这里尤其需要大量练习。
- 解释方案的练习步骤是：学会无异议状态下的解释方案；加入聆听技巧的解释方案；加入异议处理技巧的解释方案。本章是说明"无异议状态下的解释方案"，请千万不可着急。

Day 14　今天我要掌握的

- START 结构化销售法。

又是一个明媚的周末，小旭拿着一个本子匆匆而来，上面密密麻麻写满了各种异议。

"这么多？"安怡笑了，将资料递给小旭，"我不会指导你怎么处理这些异议，拜访八步骤中的异议处理大全应该已经积累足够多的回应素材并能解决大部分小异议。现在我们一起来掌握异议处理的底层原理，以不变的原理回应万变的异议。"

冷静高效处理异议

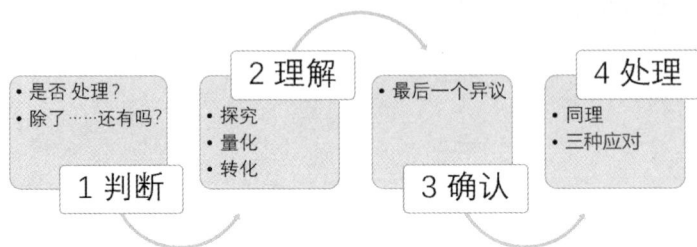

- 是否 处理?
- 除了……还有吗?

1 判断

2 理解
- 探究
- 量化
- 转化

- 最后一个异议

3 确认

4 处理
- 同理
- 三种应对

第一步：判断

遇到异议、反对意见或任何听起来感觉不舒服的话，马上提醒自己深呼吸，平静下来后安静地听完对方的话。随后进行两个判断。

第一，判断这反对意见是不是异议，要不要进行处理。判断客户的反对意见是不是异议，方法很简单：反对意见针对这次说的事情，还是针对以前的事甚至你个人？如果是后者，这些反对意见是沟通障碍，处理方法是：

① 如果三句话内可以解释清晰，就用重复技巧即时解释。

② 如果三句话内解释不清，采用"停车场"技巧："您所说的这件事情我也有所了解。要不，我们在下半年的计划商谈结束后，再一起来解决它？"

③ 如果客户坚持要解决这件事情后再谈销售，那么预估所需的时间，评估对议程的影响并和客户确认新议程与总会谈时间。这种情况通常意味着，平时跟进不足，需要反思日常跟进行动并进行改善。

有时反对意见看起来与销售主题有关，但不仅不是异议，反而是成交信号——客户已经在和你商量执行的事情了。例如，客户可能说："你这次派的促销小姐要是还像上次那么丑，我就不做这个促销了。"这表明，客户已经认可我们的方案，但不太愿意直接同意，只是随口挑一些小毛病，试探一下有没有更多好处而已。你可千万别展开颜值的讨论，要笑眯眯地说："您放心，肯定要挑选颜值最高的来呀！"然后直接递上协议。

第二，判断这个异议是真是假。很多人都不会直接说出自己的真实想法，明明有 A 异议，却会提出 B 异议。可采取"除了……还有……最"问句挖掘隐藏的真实异议。

客户："新产品进场后没有地方放啊！"

销售："除了没有地方放，还有什么顾虑吗？"

客户："毛利率不足，费用也太高。"

销售："在新产品的陈列位置、毛利率和费用三者中，你认为哪个最重要？"

客户："肯定是毛利率啊，太低了！"

如上述对话，利用"除了……还有……最"问句后基本锁定，毛利率不足才是真正异议。遇到异议，敢问客户"除了……还有什么顾虑吗？"这句话，需要你对自己有足够的自信。

第二步：理解

理解绝非仅仅说"是的，我很理解"。例如，在上面的毛利率异议中，"是的，我很理解毛利率的问题"不是理解。真正的理解包括三个含义：探究、量化和转化。

探究：了解客户为什么会有这个异议。

客户："我的产品已经太多了！"

销售："你是从哪些方面考虑已经太多了呢？"

客户："你看店里瓶装啤酒、罐装啤酒、桶装啤酒已经有 30 多个品种，太多了！"

量化：量化客户的异议具体是多少。

客户："你这个产品销量太差了！"

销售："新产品一开始的销量确实不像成熟产品那么多。不知道你认为一个新产品在起步阶段，销量多少是可以接受的呢？"

（是否留意到销售代表的回应还应用了什么技巧吗？他不但尝试量化，还使用"锚定"降低客户的期望值。）

转化：把不能处理的异议，转化成可处理的异议。

客户："你这个产品销量太差了！"

销售："新产品一开始的销量确实不像成熟产品那么多，不知道你认为一个新产品在起步阶段，销量多少是可以接受的呢？"

客户："至少一个月能卖 30 箱吧！"（假设你的产品真的卖不了那么多，但是毛利率比普通产品高不少。）

销售："你希望卖 30 箱以上，其实也是希望这个新产品能够为你在起步阶段就带来合理的利润，是吧？"

这样就把一个不能够处理的异议（销量），转化成可以处理的异议（利润），因为销量虽然达不到，但利润有机会达到。如果不能直接转化，还可以使用试探的技巧探测客户的底线：

"如果活动力度特别大，费用可以少一点吗？"

"假设……你会怎样？"

"如果有些产品绣花面积没有那么大，但价格优惠一点，你会考虑吗？"

这是一个既易又难的技巧。一旦客户拒绝购买，很多促销员就自动打折，或者给出更优惠的条件，试探则能带来更多可能。

第三步：确认

客户的异议一个接一个，你没完没了地处理，成本会越来越高，但就是无法达成协议。因为我们漏问了一句重要的话——你最后一个异议是什么。

"是不是我能够解决这个问题，你就同意我们的方案？"

"是不是我能够证明我们的销量达到一个月 30 箱以上，你就进我们的货？"

这就叫锁定最后一个异议。总结利益之后，如果客户还提出异议，务必锁定最后一个异议。

第四步：处理

沿用拜访八步骤对三类异议进行回应（见表 4-33）。

表 4-33　异议处理类型

异议类型	分辨要点	例　句	处理要点
怀疑	对未来的不确定	"真的能卖那么多吗？" "消费者真的喜欢吗？"	提供证据
误解	对过去的错误的理解	"你的产品质量肯定不好。" "你卖这么便宜，一定不是好货。"	澄清事实
缺点	对比竞争对手无法改变的劣势	"你的费用比××少多了！"	强调整体利益以淡化缺点

同时，处理前增加一个动作——同理：

对怀疑，处理的方法是"同理+提供证据"。

对误解，处理的方法是"同理+澄清事实"。

对缺点，处理的方法是"同理+强调整体利益以淡化缺点"。

一点小同理，销量大不同。"同理"两个字简单，但做起来不简单。

"我理解你的想法。"

"是的，我理解。"

这两句都不是同理。同理是设身处地站在对方的角度去思考问题与感受当下。有一句话说得很好，即"情商就是对自己和他人情绪的觉察能力"。当你能够觉察到自己和对方情绪的时候，才能够做到管理情绪，才能够同理对方。真正的同理是：

"便宜没有好货！"

"确实，成本低，价格低。我们公司和您一样关注质量……而价格低是因为我们比其他产品少三个流通环节。"

"您真的能卖那么多吗？"

"我曾担心过这个问题，不过后来……"

真正的同理能够做到重复对方的感受，例如上文的"担心"。体会对方的感受是不容易做到的。不要说体会，光是了解有多少种感受都是不容易的。瓦特·史密斯在《心情词典》中把情绪明确分为期待、焦虑、冷漠、不知所措、呼唤、渴望、茫然、困惑、厌倦、绝望、厌恶、气馁、惧怕、满足、好奇、无忧无虑、激动、欢乐、感恩、悲痛、内疚、沮丧、低声下气、羞辱、饥饿、不甘、自豪、失落等 150 多种。在交谈的过程中，准确地识别出情绪，谈何容易，但说出对方的感受是必要的。虽然难以说得精准，不过说出大概的方向是可以做到的。例如，"快乐""愤怒""担忧"这些方向是比较容易觉察出来的。在这些方向上，可以配合使用这些屡试不爽的句子：

"我知道你很关注这方面。"

"这真的很值得开心。"

"我知道这肯定让人不舒服。"

"……也是我很关心的事情。"

"您一定不容易吧。"

同理后按三种类型进行异议处理，这样最后一个异议就处理好了。

"难怪客户的异议一个接一个没完没了，原来我没有确认最后一个异议！"

"通常一碰上异议，大家都怕不成交，不敢问'除此之外，您还有什么顾虑'，见招拆招导致异议不断，异议处理四步骤是更自信从容的回应。在异议处理过程中，如果需要拒绝或道歉，请参照第 2 章中'舒服地说不''以感谢代替道歉''真诚而体贴地道歉'等技巧。"

"灵活混搭各种销售技巧！"

"是的。START 是基础框架。掌握好这个基础框架，各种销售技巧都有地方安放并为销售增色。START 和异议处理够你练一阵子了。"安怡说。

练一练：应用异议处理四步骤处理客户异议

应用异议处理四步骤处理客户异议，将你的经验及心得写在下面。

1. 判断

（1）客户_____在_____情况下，

说_____

这是沟通障碍而不是异议。

我当时是这样处理的：_____

效果：_____

未来提升行动：_____

（2）客户_____在_____情况下，

说_____

这是成交信号而不是异议。

我当时是这样处理的：_____

效果：_____

未来提升行动：_____

（3）客户_____在_____情况下，

说_____

这是假异议而不是真异议。

我当时是这样处理的：_____

效果：_____

未来提升行动：_____

2. 理解

（1）客户_____在_____情况下，

说_____

我是这样探究的：_____

效果：_____

未来提升行动：_____

（2）客户_____在_____情况下，

说_____

我是这样量化的：_____

效果：_____

未来提升行动：_____

（3）客户_____在_____情况下，

说_____

我是这样转化的：_____

效果：_____

未来提升行动：_____

3. 确认

客户_____在_____情况下，

说_____

我是这样确认最后一个异议的：_____

效果：_____

未来提升行动：_____

4. 处理

（1）客户_____在_____情况下，

说_____

这是怀疑异议，我是这样处理的：_____

效果：_____

未来提升行动：_____

（2）客户_____在_____情况下，

说_____

这是误解异议，我是这样处理的：_____

效果：_____

未来提升行动：_____

（3）客户_____在_____情况下，

说_____

这是缺点异议，我是这样处理的：_____

效果：_____

未来提升行动：_____

Day 15　今天我要记住的

- 说"我理解"并不代表理解异议，理解异议包括探究客户异议背后的意图，量化异议及将不能处理的异议转化为可处理的异议。

- 说"我理解"并不代表同理，同理需要应用重复事实与感受技巧。

Day 15　今天我要掌握的

- 异议处理四步骤。

第 5 章

START 的应用

本章概览

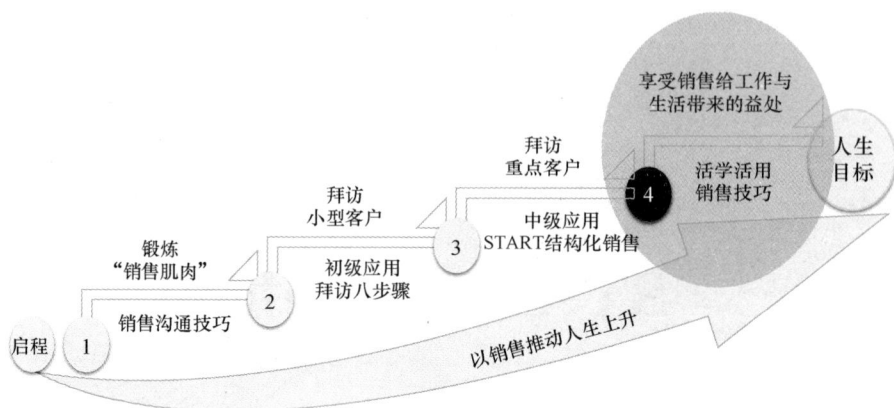

享受销售给工作与
生活带来的益处

人生
目标

拜访
重点客户

活学活用
销售技巧

4

中级应用
START结构化销售

锻炼
"销售肌肉"

拜访
小型客户

3

初级应用
拜访八步骤

2

销售沟通技巧

启程　1

以销售推动人生上升

本章目标收益与技巧练习协助工具

内　容	目　标　收　益	工　　具
应用 START 编写销售 PPT	提升 PPT 吸引力	销售故事模板 业绩回顾模板
应用 START 进行销售交谈	透彻理解 START，能自由切换顺序进行销售	
应用 START 编写工作汇报	应用 START 技巧编写工作汇报，言简意赅且更易争取认同与支持	

三个月过去了，小旭都没有来安怡家，但不时地寄些东西给安怡，中秋还寄了一张别致的小书签。这天，小旭终于出现。

"姑姑，早上好！"小旭给安怡递上一束花，花用报纸包着，捆着几圈麻绳，看起来简单又素雅。

安怡开心地接过来："你这小子还真知道我喜欢别人送我礼物啊！"

"是呀，'感受别人爱的五种方式'嘛，上次看姑父给你带礼物，他肯定知道你感受的方法嘛！我就照学了——你说的，学完了销售技巧得在生活中用。"

"看你进步这么大，我很开心。你最近如何？"

"销售倒真的渐入佳境，但又开始加班了！要写的 PPT 越来越多，工作报告，给客户的销售文件，业绩回顾……简直是做了个超级表哥和 P 哥！加班还算小事。有时 PPT 不怎么漂亮，老板特别欣赏；有时花很多心思做了漂亮的 PPT，客户不爱老板也骂，真搞不懂！姑姑教我怎么写 PPT 吧！"

"PPT 的真髓可不在漂亮，应用 START 写 PPT 才能真正打动人心啊！"

"上次只讲了应用 PPT 引导客户需求，其他应该怎么应用？"

"记得很清楚嘛，START 用途非常广泛，先从与工作高度相关的应用开始吧！"安怡递给小旭一个文件夹。

应用START
提升工作文件说服力

▌➡ 5.1　应用 START 编写销售 PPT

没有人喜欢被销售，但人人都喜欢听故事。应用 START 能轻松做出一个动人的销售故事，使销售提案像故事一样吸引人，如图 5-1 和表 5-1 所示的收银台销售故事 PPT。

图 5-1　收银台销售故事 PPT

表 5-1　START 故事线设计表

	PPT	故　事　线
S 精彩 开场		封面让人眼前一亮，对故事充满期待
T 引导 需求		我今天带来了一个可帮你多挣 50 万元的计划
		"我发现了……" （购买者在收银机旁除了计生用品和饮料，最渴望看到的原来是咸味小吃！）

（续表）

	PPT	故　事　线
T 探寻 需求	测试店数据 满足购买者渴望，销量真的会来吗？	"事实证明很有效。"
	某零售商的实践结果 25克面提是一优惠！ 长增172%	陈列了我们产品的门店销量上升 172%……
A 解释 运作	**提出解决方案建议** 内容 将以下产品陈列了100%收银机品、尽早收获 53万额外销量，11万额外利润！	建议您也陈列，这样您的销量也会增加 50 万元！
	解释方案 包装鲜艳有效吸引顾客注意 带价格陈列架刺激拿取并购买	我们有充足的信心帮助您实现增长。 对顾客，我们有方法吸引等待收银的顾客并刺激购买； 对门店……
R 强调 利益	内容 收银台项目收益	综上所述，执行此方案您的收益很大，而且不用太操心执行
T 行动 计划	内容 行动计划	就这么愉快地决定了，那么我们分头行事吧
	50万额外销量让我们一起做到！	让我们一起尽快把额外 50 万元挣到！

　　销售 PPT 完成后，有三种用法：

- 会议室版——在会议室借助 PPT 向公司及客户双方进行演示。
- 笔记本版——用笔记本或 iPad 向数量不多的客户边演示边销售。
- 亲切版——不插电销售。销售的关键不是你做不做 PPT，而是让这个销售故事线一直在你的心里，把它和所有销售技巧结合起来进行面对面销售。

表 5-2 是一个 PPT 的演示示例，留意讲的时候用上听、说、洞察"销售肌肉"，关键的信息要多重复，难懂的地方要停顿，复杂的概念要演示。

表 5-2　START 销售故事演示表

	PPT	演 讲 示 例	关键销售小技巧
S 精彩开场		嗨，见到您真高兴，看您今天的气色不错，有什么喜事啊？ 如我电话所谈，我今天来主要是和您一起研究一下，除了我们之前所制订的销售计划，还有哪些额外的增长机会。大概需要 20 分钟的时间。	判断可否销售 阅读名片 相似原则 交流双钩 重复
T 探寻需求		购物者调查显示（递去此页），购物者在收银机旁最渴望见到的产品，第一是计生用品，第二是饮料，咸味小吃排名第三。	停顿
		我们做了一个测试，看如果陈列了咸味小吃，购物者是不是真的就乐于购买？ 测试效果非常惊人，将咸味小吃陈列在收银机旁后，销量上升了 172%。而且收银台整体收益是提升的。可能咸味小吃加入收银台后，吸引了新顾客浏览收银台，从而增加了整体收益。 您看这是我们从 POS 得来的数据（递上文件）。	停顿
		您的门店和测试店非常相像，假设您也做这个陈列，就有机会增加 50 万元销量！	停顿 特征利益法

（续表）

	PPT	演 讲 示 例	关键销售小技巧
A 解释 运作	包装鲜艳有效吸引顾客注意 带价格陈列架刺激章取并购买	我们有三大招帮助您实现增长，分别针对顾客、门店和采购部。 对顾客，我们可以这样吸引等待收银的顾客并刺激购买…… 对门店…… 对采购部……	结构化陈述 特征利益法 异议处理
R 强调 利益	收银台项月收益	综上所述，方案收益明显，操作简单，非常值得一试。而且这个项目是上海总部的，资源有限，我要回去和五个大客户经理抢，今天签肯定行，晚了就不能签了。这是协议，要是没有问题的话，麻烦您在这签字。	ROSES 促成协议法 处理最后一个异议
T 行动 计划	行动计划	好的，那我们分四步走。您……时候下订单，我……时候安排送货，……时候上架，我们保持联络。在……时候我们一起再回顾这个项目。谢谢您的支持，让我们一起尽快把额外的50 万元挣到!	结构化陈述 特征利益法

▶ 5.2　应用 START 编写工作汇报

　　START 应用范围非常广泛，对于编写月度工作汇报、季度工作汇报、年度工作总结、年度业务计划等有很大帮助。图 5-2 是一个应用案例，共 38 页。

　　PPT 的成功关键不是内容丰富页数庞多，更不是页数越多越好，而在于这些 PPT 能否说出真知灼见。知道却表达不出来或表达不好是很可惜的。对看的人来说，几十张 PPT 会令人眼花缭乱，看不懂你要说什么；对写的人来说，这么多页 PPT，工作量很大，而且 PPT 越多，被挑战的可能性越高，揪心之至。但如果借助 START，双方就会很轻松。好的业务计划都符合 START 要素。

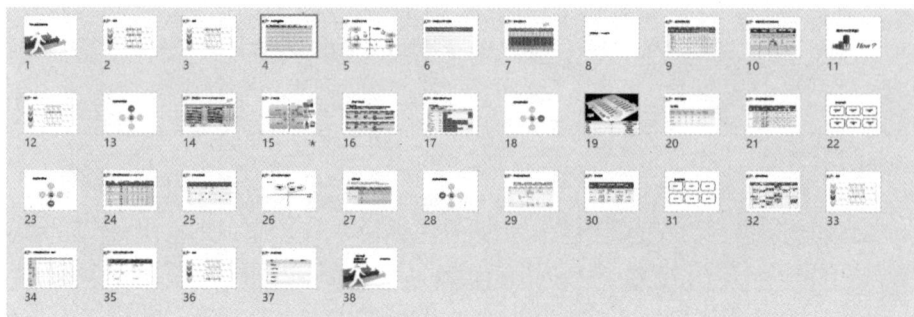

图 5-2　应用 START 的年度业务计划示例

有了基于 START 与业务计划结构对照表（见表 5-3）后，在每一段后面都加入相应的资料，按框架一路讲来，讲的人清晰，听的人也很清晰，并且重要的方面都不会遗漏。

表 5-3　START 与业务计划结构对照表

S	业务回顾 未来展望	2018 年我们完成得怎样？ 2019 年有什么机会？	2018 年销售增长地图
T	三年规划		2019 年关键增长策略
A	年度策略	如何一起取得增长？	2019 年关键增长方案
R	投入产出		
T	完美落地	我们需要怎样配合？	关键行动计划
目的	上述三份计划讲的都是同一句话： （探寻需求）2018 年我们业绩是这样的，对我们有这样的启示……综合 2019 年影响因素…… （提出方案）我建议 2019 年这样做…… （解释运作）具体是…… （强调利益）总体来说，这样做我们的好处有很多，只需要这些资源/配合…… （行动计划）让我们按这个时间表把 2019 年辉煌业绩一起完成吧！		

⯈ 5.3　应用 START 编写其他商业文件

编写其他商业文件，包括向风投专家索钱的 PPT，START 同样能发挥神奇魔力。以下是已经拿到了投资的一个项目，他们准备了 200 多页 PPT，但和风险投资专家开会时只呈现了 16 页（见图 5-3），连目录都没有放。

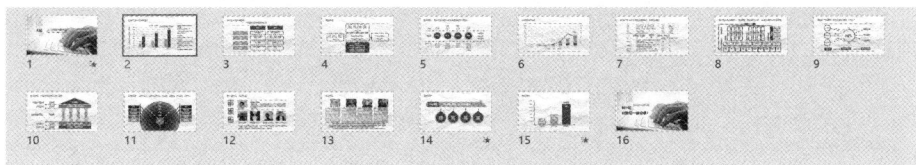

图 5-3　呈现的 16 页 PPT

看看花花绿绿的 PPT，不知道他们凭什么能拿到投资，但实际上就是 START 套路（见表 5-4）。

表 5-4　START 与业务计划结构对照示例

S	1	市场潜力	1	这是一个 801 亿元的市场
T	2	解决方案与盈利模式	2	我们是独特且盈利的
A	3	团队介绍	3	我们的团队专业可靠
R	4	目前财务与收支测算	4	目前财务与收支
T	5	投资时间表	5	投资时间表
目的	讲的就是这句话： （探寻需求）这是一个大蛋糕，而且要吃不难。 （提出方案）我们已经在吃。 （解释运作）而且我们很独特，很受市场欢迎；团队也非常有潜力。 （强调利益）目前业务状况不错，收益显而易见；想投资的人很多，你赶快决定。 （行动计划）让我们按这个时间表把项目一起完成并分享利润！			

小旭这才恍然大悟："其实懂了也不难!"

"是的,在完全理解 START 的内涵以后,无论做 PPT,还是跟一个人想说一件事情,都可以用上 START,也不难用。你来试试草拟练习清单?"

"我草拟练习清单?"小旭惊讶地张大了嘴巴。

"是的,销售的基础武功秘籍你已经全部拿到了,也有了一定的工作经验,现在就可以开始主动为自己准备练习清单和练习了,请成为自己的老师。"

"成为自己的老师。"小旭默念着。

练一练:START 的应用

参考示例,为小型客户准备销售方案(见表 5-5 和表 5-6)。

表 5-5　销售方案准备表

客户名称:

销售目标		
精彩开场		
探寻需求	客户需求:客流量、客单价、购买数量、利润率、忠诚度、个人需求	
提出方案		

解释运作强调利益		方案	强调利益
	总述		
	1		
	2		
	3		

处理异议		客户可能出现的异议	解决方案
	1		
	2		
	3		

促成协议获得对方行动承诺		

表 5-6　销售方案准备示例

客户名称：爱婴坊

销售目标	新包装入场，首单８０箱
精彩开场	老板，今天您心情很好啊，是不是有什么喜事？
探寻需求	客户需求：客单价 老板，近来销售不错，挣了更多钱吧？……现在竞争厉害，价格也不稳定，利润越来越小（停顿并互动），不过现在有一个提高利润的好机会
提出方案	我们下个月推出一个新包装，利润可提升 5%

解释运作，强调利益		方案	强调利益
	总述	新包装产品更好，利润更高，活动更多	
	1	您看这是新包装样品：新包装更醒目、更高档	更能让消费者认同价格，从而促进购买，您卖起来更轻松
	2	这是新的价格表。进货价和零售价同步上升5%，您的利润也上升了5%	虽然利润率和以前一样，但是一罐能比以前多挣 8 元。按您的销量，这个新包装能帮您一个月额外多挣近 1000 元，非常划算
	3	您可能担心，价格升高后顾客会购买吗？我们有两个方法来帮助顾客接受我们的价格。一个是货架沟通，我们有海报和货架跳跳卡，还有促销员都会告诉顾客，升价不是因为换包装，而是配方升级。 另一个是在新包装上架前三个月，我们都配备大力度买赠促销活动帮助过渡	所以您不用担心，相信顾客会很快接受我们的新价格，而过渡期间您的销量也不会有影响。新包装上来后，价格稳定，您的利润也有保障，每卖一罐就比以前多挣 8 元！

(续表)

		客户可能出现的异议	解决方案
处理反馈	1	先退旧包装的货，才进新包装	是的，新旧交替产品管理是非常重要的。您知道我们是不可以退货的，但是不代表我们不管。首先我们会在新产品到货前两周帮助您控制库存，新产品到位后，促销员会优先配礼品卖旧包装。按照以往经验，基于价格考虑很多顾客会抢着旧包装来买，新包装上市两周之后，旧包装基本就全部卖完了
	2	要是不好卖怎么办？你签保底协议？	您放心好了，我们的投资那么大，要是不好卖，我们比您更着急！销量是双方通力合作的大成果，保底协议是没法签的，但是我相信只要我们继续良好合作，肯定没问题。您看过去的五年，我们有三次提价，不是每次都好好活到现在吗？
	3	没费用不进！	费用是利润的补充，我也希望您多挣钱啊。由于只是换包装，连条码都没换，所以公司这次没有提供费用。旧包装已经停产，要是进货晚了，拿不到最多的促销甚至断货，损失的可就更多了。货进早些，促销拿多些，卖得就会多些啊。
促成协议，获得对方行动承诺		很多店都下单了，您这边也赶快签单吧。 促销资源有限，早下单早有赠品。您也希望您的熟客在您的店里拿到最多的优惠活动吧。如果没有问题，您就在这签名吧。 我明天开始控制库存，1 号送新货，大约 14 号全部发完。产品更新后，价格一次比一次高，相信您的生意也会随着提价越来越好的！	

⮕ 5.4 结语——你该为下一阶段准备什么

安怡赞许地看着练习清单："不错，你已经拿到基础销售的所有秘籍了。"

小旭略带羞涩地笑了："如果销售成功，我会做四件事。"

销售成功后行动

①　从卖进到卖出。卖进——把产品和方案销售给零售商等客户只是第一步。应同步考虑卖出——如何在店内将产品销售给购买者。同时跟进销售执行：监督送货上架，协助客户把产品卖给购物者，也要处理货款和费用。

②　提供反馈，庆祝成功或采取补救行动。销售结果不错，皆大欢喜，安排小型的庆祝活动，让客户再次强化记忆：你是一个可信任的人。

③　升级客户档案，升级能力。将成功要素列入客户档案，帮助日后设计更合适的销售方案与销售流程。同时反思哪些销售技巧正确应用，应如何继续提升。

④　放大成功。如果销售结果理想，检查能否复制到其他时间，其他客户，其他门店。迅速推广成功经验或避免失败。

"非常好，如果不成功呢？"

"我也做四件事。"

销售失败后必做四件事

①　评估是否需要再次进行销售或转入谈判。

②　提供反馈，采取补救行动。如果效果不理想，及时采取补救行动。评估客户销售失败给客户、给公司带来的影响，考虑弥补方案。例如，延长客户促销时间，分析失败原因承认错误，以再次获得客户信任；增加其他客户的销量或者开发新客户保证达成公司的整体销售。

③　升级客户档案，升级能力。将失败要素列入客户档案，帮助日后设计更合适的销售方案与销售流程。同时反思哪些销售技巧失败应用，应如何继续提升。

④　如果客户跟我们停止生意来往，转投竞争对手怀抱。评估客户是否有潜力在未来与我们合作，如果是，维持较低频率拜访与联络，但保持一定曝光度，让客户知道我们对协议依然开放。或许有一天客户与竞争对手闹僵了，就是我们的机会来了。

"我还为自己设计了销售能力效果检查与提升表（见表5-7），有了这个表，提升销售能力就更有迹可循了！"

表5-7 销售能力效果检查与提升表

日　　期	我做了什么	应用了什么销售技巧	效果如何	成功/失败原因	提 升 行 动

"赞！赞！赞！"

"对了，之前说销售不成功才能转入谈判。那么是不是所有不成功的销售都可以转入谈判？"

"并非所有销售都可以转入谈判，有三个先决条件。

销售转入谈判的三个前提条件

① 认同利益。双方都认同互有利益，客户已经被说服，协议达成是对他有益的。

② 愿意尝试。双方都愿意尝试通过不同手段达成交易，并拥有可交易的条件。

③ 成交愿望。一旦达成交易，双方都会更满意交易结果。

"与其达成一个糟糕的协议，还不如不成交。"

"嗯，大部分的谈判交易条件都差于销售，我要先练习好销售技巧！"

"基于销售代表的基础销售技巧已经基本掌握后，你还要考虑下一个岗位是什么，这个岗位的能力模型是什么，你需要做什么准备。记住，不是升职到那个岗位才去练习它的能力，而是你具备了它的能力后才升职的。必须在今天为明天做好准备。"

"嗯，我知道了，下次见！"

三个月后，楼梯咚咚咚响起了急促的脚步声：

"大事，摊上大事了！我要就年度贸易合同与盒马鲜生谈判了！"

......

附录 A

表、图目录

附录 B

常用概念、缩语与图表

二八定律（帕累托定律）：

19 世纪末 20 世纪初意大利经济学家巴莱多认为，在任何一组东西中，最重要的只占其中一小部分，约 20%，其余 80%尽管是多数，却是次要的。社会上约 80%的财富集中在 20%的人手里，而 80%的人只拥有 20%的社会财富。这种统计的不平衡性在社会、经济及生活中无处不在，这就是二八定律。要找出那些给我们带来 80%的销量和利润、总量却仅占 20%的关键客户，加强服务，达到事半功倍的效果，把主要精力花在解决主要问题、抓主要项目上。

蝴蝶效应：

20 世纪 70 年代，美国一个名叫洛伦兹的气象学家在解释空气系统理论时说，亚马孙雨林中一只蝴蝶翅膀偶尔振动，也许两周后就会引起美国得克萨斯州的一场龙卷风。初始条件十分微小的变化经过不断放大，对其未来状态会造成极其巨大的差别。我们管理客户的一些小细节，也许就会关系到这个客户是否愿意尽最大可能支持我们。

鳄鱼法则：

如果一只鳄鱼咬住你的脚，你用手去试图挣脱你的脚，鳄鱼便会同时咬住你的脚与手。你越挣扎，就被咬住得越多。所以，万一鳄鱼咬住你的脚，你唯一的办法就是牺牲一只脚。对有些亏损的客户止损离场，比一直亏损，越亏越多要好。

鲇鱼效应：

以前，沙丁鱼在运输过程中成活率很低。后来有人发现，若在沙丁鱼中放一条鲇鱼，情况却有所改观，成活率会大大提高。这是何故呢？

原来鲇鱼在到了一个陌生的环境后，就会"性情急躁"，四处乱游，这对于大量好静的沙丁鱼来说，无疑起到了搅拌作用;而沙丁鱼发现多了这样一个"异己分子"，自然也很紧张，加速游动。这样沙丁鱼缺氧的问题就迎刃而解，沙丁鱼也就不会死了。

羊群效应：

头羊往哪里走，后面的羊就跟着往哪里走。在销售过程中陈述"某著名客户"的成功案例能有效说服其他客户，用的就是这个原理。

刺猬法则：

两只刺猬由于寒冷而拥在一起。可因为各自身上都长着刺，于是它们离开了一段距离，但又冷得受不了，于是又凑到一起。几经折腾，两只刺猬终于找到了一个合适的距离：既能互相获得对方的温暖而又不至于被扎。我们与客户建立客情的时候也是这样的，要找到适合的"心理距离"。

手表定律：

一个人有一只表可以知道现在是几点，而同时拥有两只不同读数的手表反而不能确定。因此我们不能同时设置两个不同的目标，也不能同时由两个人来指挥。

木桶理论：

组成木桶的木板如果长短不齐，那么木桶的盛水量不是取决于最长的那一块木板，而是取决于最短的那一块木板。

马太效应：

《圣经·马太福音》中有一句名言："凡有的，还要加给他，叫他有余；没有的，连他所有的，也要夺过来。"因此 "马太效应"指"有"的更有，"没有"的更没有，两极分化。

鸟笼逻辑：

挂一个漂亮的鸟笼在房间里最显眼的地方，过不了几天，主人一定会做出下面两个选择之一：把鸟笼扔掉，或者买一只鸟回来放在鸟笼里。这就是鸟笼逻辑。过程很简单，设想你是这房间的主人，只要有人走进房间，看到鸟笼，就会忍不住问你："鸟呢？是不是死了？"当你回答："我从来都没有养过鸟。"人们会问："那么，你要一个鸟笼干什么？"最后你不得不在两个选择中二选一，因为这比无休止的解释要容易得多。

破窗效应：

一个房子如果窗户破了且不修补，隔不久，其他窗户也会莫名其妙地被人打破；一面墙如果出现一些涂鸦没有被清洗掉，很快地，墙上就布满了乱七八糟、不堪入目的东西。在一个很干净的地方，人会不好意思丢垃圾，但是一旦地上有垃圾出现之后，人就会毫不犹疑地乱扔东西，丝毫不觉羞愧。任何坏事如果在开始时没有被阻拦掉，一旦形成风气，就改也改不掉；河堤上一个小缺口没有及时修补，可能崩坝，造成千百万倍的损失。警察发现人们果然不会在干净的场合犯罪，又发现抓逃票很有收获，因为每七名逃票的人中就有一名是通缉犯，二十名中就有一名携带武器，因此警察愿意很认真地去抓逃票，这使得歹徒不敢逃票，出门不敢带武器，以免得不偿失、因小失大。这样纽约市就从最小、最容易的地方着手，打破了犯罪链条，使这个恶性循环无法继续下去。

5P：
Product 产品
Price 价格
Place 陈列、渠道
Promotion 促销
Person 人员

12P：上述 5P+
Package 包装
Political power 政治权力
Public relation 公共关系
Probing 研究
Partitioning 划分
Prioritizing 优先
Positioning 定位

7C：
Country 国家或地区
Company 公司
Competitor 竞争对手
Channel 渠道
Category 品类
Customer 客户
Consumer 消费者

5S（五常法则）：
Seiri 整理

Seiton 整顿

Seiso 清扫

Seiketsu 清洁

Shitsuke 素养

邮件常用缩语：

BRs：Best Regards 致以最好的问候/祝福（邮件末常用语）

CC：Carbon Copy 抄送

FYI：For Your Information 供您参考

THX/TX/THKS = Thanks 谢谢

OEM：委托代工

PO：订单

PR：采购申请

SEO：Search Engine Optimization 搜索引擎优化

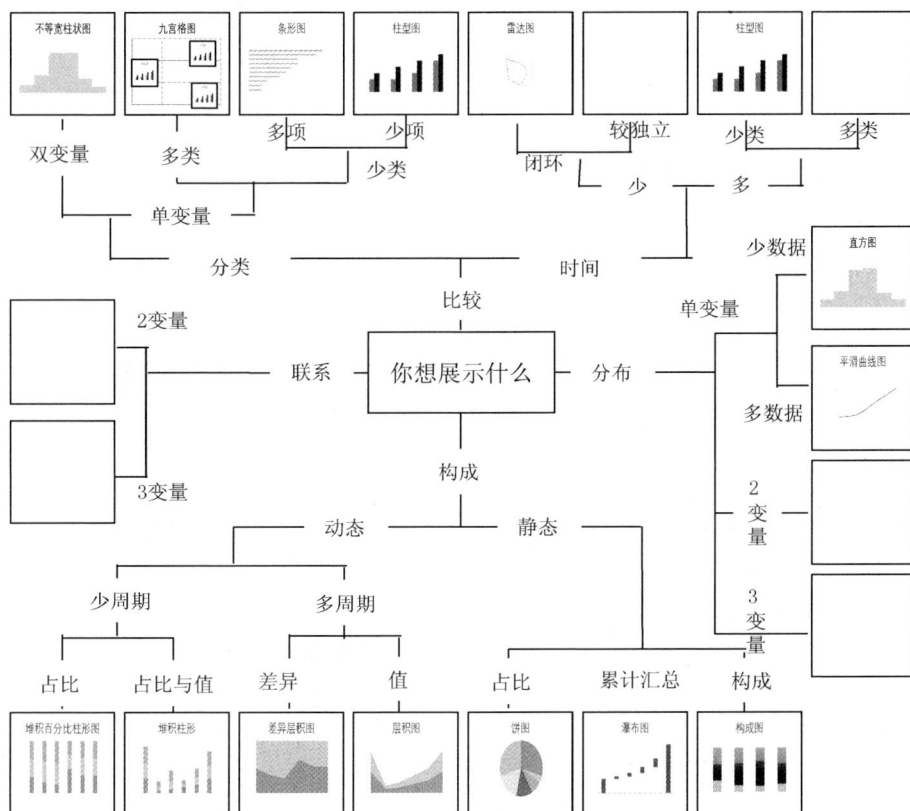

项目	周	1月	2月	3月	4月
客户开拓	计划				
	实际				
新品铺货	计划				
	实际				
售点执行优化	计划				
	实际				
客户化促销	计划				
	实际				
项目回顾	计划				
	实际				
合同续约	计划				
	实际				

甘特图

柏拉图

鱼骨图

重要

不紧急　II｜I　紧急
III｜IV

不重要

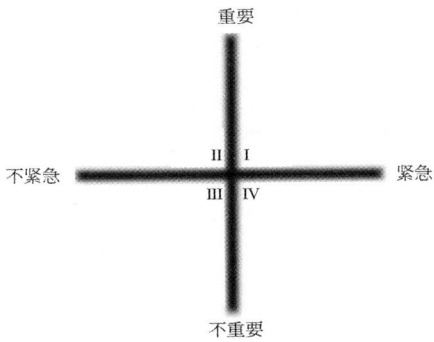

时间管理象限

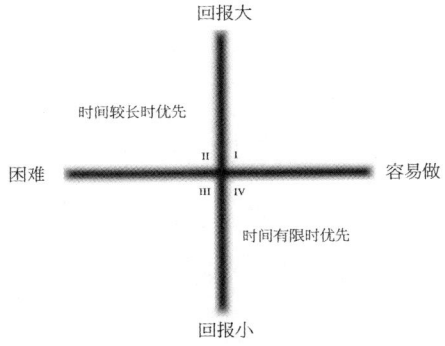

回报大

时间较长时优先

困难　II｜I　容易做
III｜IV

时间有限时优先

回报小

决策选择象限

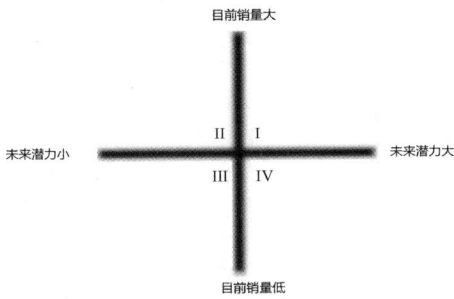

目前销量大

未来潜力小　II｜I　未来潜力大
III｜IV

目前销量低

销售潜力挖掘象限

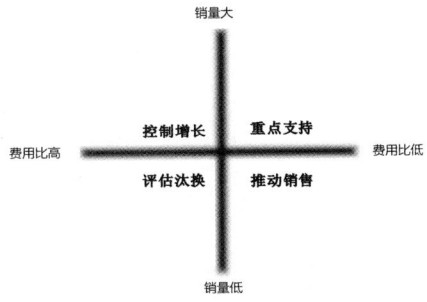

销量大

费用比高　控制增长　重点支持　费用比低
评估汰换　推动销售

销量低

客户发展方向策略象限

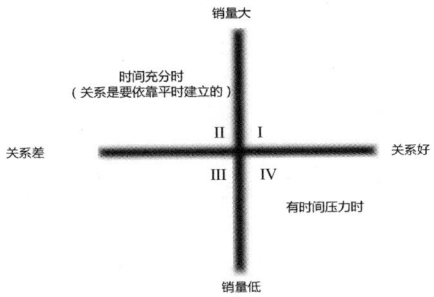

销量大

时间充分时
（关系是要依靠平时建立的）

关系差　II｜I　关系好
III｜IV

有时间压力时

销量低

客户执行选择象限

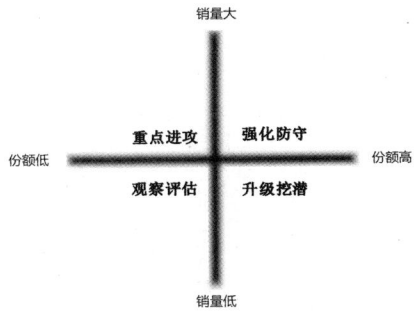

销量大

份额低　重点进攻　强化防守　份额高
观察评估　升级挖潜

销量低

客户发展策略象限

附录 C

某快消品公司的异议集（节选）

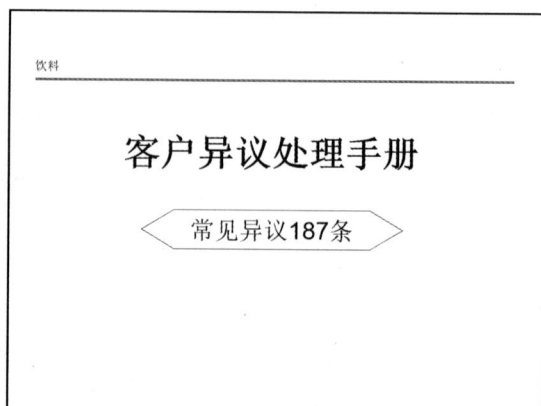

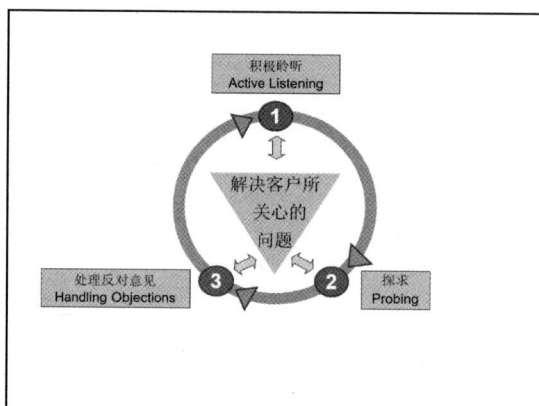

饮料

客户异议处理手册

常见异议187条

目 录

（本附录节选自某饮料公司针对刚入职销售代表所制定的《客户异议处理手册》。建议每家公司都为自己员工制订一套，在办公室内练兵远较让销售代表到售点上练习好。内容有删节，有修正，仅供参考。）

1. 产品（Product）

异议 1-2 （口味）美年达苹果味这种产品不好卖？我觉得苹果味不好喝？

- 店里有十几种饮料，你不可能每一种都喜欢，消费者的口味也是各不相同的。
- 其实苹果味的饮料在国外很早就有了，随着公司对它的推广，苹果味肯定会被越来越多人喜欢。
- 百事可乐是一家 100 多年历史的国际公司，每推出一种产品都经过市场分析、消费者调查，证明是大众喜爱的口味才会上市。
- 为保障你的利益，我建议给你一箱混箱，配几支苹果味。
- 开始的时候，可先少量进货，我可以破例给您安排半箱送货。

异议 1-3 （口味）七喜、美年达不好卖，不想进货。

异议 1-4 你们公司的七喜我进货那么久了但一瓶都没卖，我退货，不卖了。

- 美年达是一个有近 50 年发展史的品牌，只是我们在中国推广这一品牌较迟而已，其口味不比芬达差，并且价格更加优惠。它与芬达卖相同的价格，但可以获取比芬达高的利润，所以卖美年达比卖芬达更赚钱。
- 各人口味不同，七喜和美年达能帮你吸引一部分顾客，其他地方卖得很好。
- 另外，我还会特别根据你的情况为你提供七喜与百事或美年达的混合包装，帮你保持适量库存。
- 整个区域卖得都不错，也许我可以帮你加强陈列。
- 我想先帮你卖掉现在的存货，避免损失。你看我们做点改变好吗？

建议：加强陈列；放入冷冻设备；与其他走俏的商品捆绑销售；折价销售（提供空白海报、填写信息）。

异议 1-7 （口味）新口味不要了，新产品一定不好卖？

- 百事是一家国际知名度高的大公司，对其客户的产品都有一个保证。我们已投入大量广告及大量宣传，消费者很快就会认识的。

- 而且新产品上市一般都有很多促销优惠支持，你不参加就少了赚钱的机会，这一次的进货政策是……你看你这次每件要 1 套还是？
- 附近有些商店都卖得不错，不妨先少量进货，以确保你店里的品种齐全。
- 你看你旁边的几家都进了（要努力说服前几家，为后面客户做榜样），你不想比他们少了一个赚钱产品吧？
- 我们还有着众多详细有效的推广方案，以帮助你卖得更好，这些方案分别是：媒体广告细节（提供详情）；消费者促销计划（提供详情）。

异议 1-16 （包装）喜庆节日我们都选用可口，因为红色较有喜庆气氛，而蓝色显得阴森森的，所以我们都不选用。（消费者）

- 现在的年轻人都不这么想了，蓝色总是朝气蓬勃的青年一代。
- "百事可乐"的名字是一个很好的意义啊！而且我们还有"美年达"与"七喜"品牌，它们的名字都很适合喜庆场合，欢欢喜喜喝七喜。

异议 1-19 （包装）店内售卖包装已经很多，不想再进新包装了。

- 首先帮老板分析店内有哪些包装，每种包装的获利情况如何。
- 然后用比较专业的词语来分析每种包装所面对的消费群体：

355mL、600mL 适合商业街区、旅游场所、交通枢纽站点、学校；

355mL、1.25L 适合送礼、自用；

355mL、600mL、1.25L、2L 适合综合街区、商业街区。

- 我给你的建议都是针对你的售卖要求的，请相信我的工作是帮你赚取更多合理利润，不是给你创造损失的。

异议 1-22 （品牌）冰红茶越来越好卖，大家都喝上瘾了。百事不好销了。

- 百事始终拥有强大、稳定的消费群体。据我所知，附近客户的百事一直都卖得很好，而且在以更快的速度在发展，相信你也经历了百事从无到有的这几年。
- 其实要说真正清凉解渴，有什么比得上百事可乐（七喜/美年达）。

异议 1-23 （品牌）我主要经营的是大排档，顾客都指定要可口可乐，不要百事可乐。

异议 1-25　（品牌）可口比你们百事好卖，我不要百事。

先要有积极的聆听和探究。老板，你能不能说说在你这里百事与可口的具体情况？

- 每个品牌都有自己的消费群体，而且百事在这是最好卖的产品之一。
- 消费者的选择是多种多样的，如果只卖可口可能会损失很大一部分消费者。有尝试便有成功的机会，××大排档卖我们的产品卖得很好。
- 现在我们公司开始重视餐饮渠道的开发，正在加大餐饮客户的投入。
- 向这些客户提供什么样产品，是由你来决定的，而且我们也是知名品牌，不愁会有不满意或不认可的。
- 相信你也愿意售卖利润高、服务好、发展强的公司产品吧？
- 老板，每一个品牌都有其自己的消费群，百事的消费群也很大，而且在很多商店，百事都比可口好卖。如果你不卖百事，你就会少赚很大一部分人的钱。更重要的是，你会损失很大一部分喜爱百事的消费者。
- 在你的店里，可口比百事好卖，但你不想丢掉要喝百事的这部分消费者吧？
- 是吗？哦，这是我的工作没做到位，你看我们的陈列、促销建议、冷冻、客户推介，我相信百事会比可口卖得多，当然这也会为你带来更多利润。
- 百事每年都会花很多资金在广告与各种活动、促销上，如果你不卖百事就会失去这些机会。你看我们经常有这么多有趣和有效的方案和计划，都是为你们带来更多好处的，这些你不会不想要吧？
- 你应该还记得三年前的百事销量吧（可以介绍几个简单销量对比数据：公司的；店内的——来自路线本）。相信你一定愿意经营发展势头良好的产品吧？

2. 价格（Price）

异议 2-1　每件商品你的价格比市场上的贵 0.5 元！线路的价格比二批贵？

- 二批是在做促销时价格才略低，我们线路也有促销，到时你可多进点货。
- 那些批发商靠百事的牌子吸引客户，可以不赚钱，靠其他产品赚钱。
- 老板，我们作为公司的代表，首先要维护市场价格，你从批发商进货，虽然百事可能便宜一点，但其他产品他会赚得多，而你从公司进货，我们可以给你提供很多支持，如冰箱、店牌等，同时还可以享受促销优惠。

异议2-3　为什么你们给学校的价格这么低，而给我们的这么高？

- 学校渠道非常特殊，何况他们每月销量都要达到××箱，所以公司才有这项特殊政策。实际上，这些都是给学生的优惠。
- 公司规定这些产品只供给学校的学生，不会影响到你的生意。
- 学生的经济能力毕竟有限，所以那些都是给学生的优惠，店主的利润和你是一样的。

异议2-5　你公司的产品老是提价？

- 市场不是一成不变的。你开店也是为了赚钱，也有空间差价。其实，公司也不想提价，但今年糖的成本也上升了。
- 原料价格上涨，如果不提价，公司将无法生存，你就没有这么好的产品卖了。

异议2-7　超市价格为什么这么便宜？

- 实际上，公司给超市的价格比杂货店进货还贵。
- 由于市场的白热化竞争，超市会对大众化品牌进行优惠来吸引消费者，靠其他产品来弥补利润。
- 零售店有促销时你们就该多进点货。
- 超市除了大包装便宜一点，也只是偶尔为吸引客流做的促销，对你的影响不大。
- 如果你真的想拿超市的低价货，也可以，但其他品种在我这的进价是比较合理的，而且你的库存也不多，你总不能因为一个规格的原因而导致断货没利润吧！

异议2-8　你的价格不那么吸引人，我为什么要跟你进货？

- 我想给你的也不是低价而是优质的服务，帮你多卖一些，毕竟进货时便宜仅仅是少掏钱，并没赚钱。要挣钱，重要的是如何多卖一些，那样才是你想要的。
- 我会每周过来拜访你，为你提供最好的服务，为你的店情提供好的建议，而且会帮助你做一些促销。

- 二批在送货上能够保证产品的新鲜与质量。

异议 2-9　为什么现在冬天了，你们的产品还提价？

- 公司是为客户着想的，冬天你进货少，提价对你的利润不会有太大影响，而夏天我们搞大促销，你的利润不是提高了吗？

异议 2-12　你们的货太贵了，我在××批发商买任何货物都比你们的便宜，而且可以一起送货、效率高，又可以赊账。

- 其实，从我这进货你可以享受到从批发商进货没有的服务和优惠政策，比如促销，而且我会帮你尽快把货品销出去。
- 批发商靠低价把货塞给你，只给简单的服务，而我是想为你提供更多的业务机会。在我这的销售数据经统计后，会影响到公司今后的一些投入政策，如促销支持、冷冻设备支持、市场设备支持，还包括部分价格支持等。

异议 2-17　百事价格不稳定，变化快，乱七八糟的，统计起来比较难！反正谁最便宜我就拿谁的货。

- 这变动是很小的，只是几毛钱……
- 其实，从我这进货你可以享受到从批发商进货没有的服务和优惠政策。
- 你看我这有你的历次进货记录（路线本）。其实，我每次给你的建议都考虑了价格、促销、库存等因素，保证你既不断货又无库存和资金压力，遇着机会还能多赚一把，你只要充分相信我就好了。我每周都来，这次要骗你，下次我还敢来吗？

3. 促销（Promotion）

异议 3-1　今天有没有促销？没有的话就不要了。

- 老板，如果有促销的话我一定第一时间通知你，但公司的促销不是长期有的，否则会影响市场价也跟着降下来，你的利润不是也会同样下降吗？
- 没有促销不代表你就不做生意了吧？总不能冒着断货没钱赚的风险，这次少进点好了。
- 促销机会不是经常有的。即使没促销，你店里的商品也要周转，消费者都要买的。

异议 3-2　我没有太阳伞，卖你百事那么多，没见你送一把太阳伞。

异议 3-6　卖了这么多百事，不见你们有什么奖励。
- 首先强调资源有限。
- 百事好卖，我拜访的客户都卖得很多，那就要看你的表现了，冰柜陈列、货架陈列、SKU 数等要帮我做好。如果有新的资源，我一定帮你申请。
- 老板，我对你的促销支持其实也是一种很好的奖励！做生意，利润才是最重要的！而且，你百事卖得越多，赚的钱也就越多，对不对？
- 任何事物都是"有因才有果"，只要你对百事多一分支持，百事便会给你多一份回报。

异议 3-10　许多公司有小礼品送，为何你们没有？
- 有礼品送的多数是新产品，这类产品一般都是吸引力不够，销得慢；我们促销时也有礼品送，且实用；我们送给你的利润就是最好的礼品，我们能帮你带来利润。

异议 3-12　其他品牌多促销，百事不好卖。
- 有礼品送的多数是新产品，这类产品一般都是吸引力不够，销得慢；我们促销时也有礼品送，且实用；我们送给你的利 润就是最好的礼品，我们能帮你带来利润，而且促销都有时间限制。
- 现在我们百事公司的足球/音乐两方面的强大的明星阵营广告就帮你吸引了很多年轻消费者。老板，你说这是不是在帮你做促销啊？

异议 3-18　今年可口促销多，价格也比你们便宜好多，现在卖百事比卖可口赚得少
- 是吗？可口今年对你都有哪些促销啊？百事的促销也不少，下次促销时注意多入点货。
- 百事销量大，卖得多自然利润多。

异议 3-19　促销礼品质量太差/促销礼品货不对板。
- 老板，你这个问题提得很好，能不能让我看看你的礼品？
- 老板，非常感谢你提出这个问题。实际上，我们也很重视这个问题。或者，你还有什么好的建议，我这就记下来，好向公司反映。

- 你有什么好的建议，我回去向公司汇报，如果采纳，一定谢谢你。

异议 3-20 百事公司变相提价，促销都没什么优惠的。
- 这样做其实是为了稳定市场，让你有一个长期的稳定的利益。

异议 3-25 "开盖有奖"客户得不到优惠，且浪费店内人员精力。
- 我们公司的开盖有奖是针对消费者做的，这样可以提高你的销售量，吸引更多消费者。只有更多人购买，你才能赚更多嘛！
- 这样可以加快你店内的产品周转速度，你也希望你店内的产品能快进快出吧，你的每一份付出都是在帮助你自己卖得多、赚得多！

4. 陈列（Presence）

异议 4-1 不用陈列，消费者要买自己会说。
- 现在的顾客一般都不会问的，一看没有就转头走了，我就听说过许多这样的。
- 说明为什么要做产品陈列：使各种产品易见、易得，方便管理库存。
- 陈列有什么好处：店面整洁、干净，给顾客好感觉，加强售点气氛。
- 对老板的销量帮助：增加销量，增加利润。
- 你要同意，我来帮你整理和清洁，并保证不会弄乱你的货架，只会让它比原来更整洁，更能帮你销售产品。

异议 4-2 不要动我的冰柜、货架，这些不用你们陈列。
- 我只看一下生产日期，把日期旧的摆到冰柜内和货架前面，让它们可以先卖出去。
- 老板，我看你现在很忙，就让我帮你摆好陈列吧。
- 我顺便帮你清洁一下货架/冰柜和产品，这样会有利于你的销售。

异议 4-3 冰柜里已经有冻的，不用再拿进去了。
- 冻多冻少冰柜一样要用电，冻多一点顾客要买多点时才不会没有。
- 这些产品已经有一段时间了，最好先放进去卖掉。
- 我既然来了，就帮你多做一点，反正你也要放进去的，多帮你一点，你就轻松一点！

异议 4-4 百事冰柜都陈列你们的产品，利润都不够 电费，又没有补贴。

- 首先聆听、探究老板每天卖多少，电费多少。如果生意不好，可以建议退冰柜。弄清楚是冰柜位置不好还是真的生意不好。
- 老板，你都知道了，陈列是公司规定的。我们也是知道你生意不错，才会投放百事冰柜的。电费都挣不回来，谁会相信？
- 那我们看一下是否将冰柜退掉，然后我帮你换个货架做陈列。

异议 4-5 可口、康师傅搞陈列，保持一个月均有汽水送，百事凭什么让我保持货架陈列呢？

- 我们也是想为你多赚钱。你不觉得货架的陈列应该和你这里的销售额一致吗？百事可是卖得最多的！
- 生意是各家做各家的，你和他们有偿合作，不代表就不能和我们合作，何况我们也不是没有陈列活动。

异议 4-6 可口、康师傅的冰柜不用押金，而百事最低要收 1000 元押金，还要求百分百陈列百事产品，这样我情愿选用前者。

- 老板，那你觉得我们百事的服务跟销量如何？
- 你说的没错，百事冰柜的投放与客户的选择是双向的，双方都必须遵守合理章程。奇怪的是，许多借用可口、康师傅冰柜的客户最终宁可退回前者，而选择百事冰柜。
- 我们是将冰柜借给你使用的，冰柜还是百事的。我们会极力维护以使设备运转正常，并提供最优质的产品服务，以使你的销量在有了优良的设备和优质的服务后突飞猛进，而不是将设备卖给你，不管不问。

异议 4-7 不要动百事冰柜/不要动我自己的冰柜。

- 老板，当初我们在投放这台冰柜，可有书面协议的，要求百分百陈列百事产品，并且按我们的模式陈列。但你目前的陈列是无论如何都达不到我们要求的，我们都需要互相支持，我们给你冰柜的支持，你就应该给我们陈列的支持。你这样陈列可否算对我们的支持？来，我帮你摆。
- 你把百事产品放在冰柜下面，大家看不见。如果产品不摆出来，容易过期，对你也不好；同时产品的多与少，都耗同样的电，多冰一些产品，更利于你多卖一些，况且，百事一直卖得很好。
- 如果你长期不符合陈列要求，或者总达不到销量要求，就会影响我们对你下一步的设备投放。

异议 4-8　你在我冰柜上贴这广告纸干什么，不要贴。
- 阿姨，你看你冰柜上的那些广告纸太旧了，不好看，我给你换成新的，这样你的冰柜会更美观。
- 而且，这冰柜贴美观、耐久、易清洁，又可以帮你吸引消费者。

异议 4-9　你们的百事产品放在我最主要（首要位置）的货架上，那我的产品放哪里？
- 百事产品也是贵店的产品。百事产品外形美观，可带动其他产品的购买。
- 将客户其他产品分类整理，摆放整齐。
- 百事产品周转快，增加货架的投资回报率。
- 我来帮你陈列，保证所有产品都有合理的陈列空间。

异议 4-10　货架不用陈列百事产品。

异议 4-11　为什么老是摆我的货架，摆不摆都不好卖。

异议 4-12　我的货架上摆了这么多有什么好处？

异议 4-13　不要摆了。放在货架上面容易掉下来，放在货架下面吧。

异议 4-14　（摆在货架上）麻烦，水放在冰柜里就可以了（不用摆出来）。
- 让你的店面有个整齐形象，同时让更多消费者产生冲动购买。
- 专家分析销量与陈列成正比，陈列可引起消费者的冲动购买，提高营业额，方便店主轮换，随时知道缺货情况，美化店容。
- 这是百事销售员每次拜访时都必须做的产品生动化。

异议 4-15　可口可乐有货架陈列就有奖，你没有，所以你不许放。
- 百事比可口在价格上较便宜，所以你只要多卖百事就能赚更多的钱。

- 你难道总希望靠奖励来赚钱？产品卖得多才是你做生意的目的吧？所以即使百事没有奖励，你也应做正常的陈列和销售，这部分利润会远大于你得到的奖励。

异议 4-16 冰柜是我跟你们公司买的，你不许动它/为什么摆了你的冰柜，还要摆我的冰柜？

- 我可以帮你更有效地利用冰柜和保养冰柜，而且这项服务是我的职责，是免费的。
- 这样可以增加你的销量，也方便消费者，还可以避免货品过期。

异议 4-19 我这个可口的冰柜是刚开张时，可口人员冒着大雨投给我的，我不能专卖你们百事。

- 你可能还没有体会到百事人员的另一份真诚和热情。其实在商言商，利润还是第一位的，何况我们的服务只会做得更好。
- 你现在可以试着给我们一个机会，我们同样会做得很好。

异议 4-20 别动，这是可口"陈列有奖"买的陈列位，到时可口会奖一箱罐装给我。

- 对百事多支持一点，以后可能的得益比可口区区一箱汽水还多。
- 寻找另外的陈列位置。
- 我来帮你找一个赚取另一箱的机会，这来自百事的销售利润。

异议 4-21 每天都要将你们的瓶箱摆出弄进，太麻烦了。

- 瓶箱放在店外不仅不会占你太多仓库，还可以吸引消费者进行购买。
- 这样消费者能更直接地了解你有百事产品售卖，并产生消费冲动。

异议 4-25 百事二批怎么无堆头费？

- 我们带回来的是客户，也为你创造了利润，这难道不是最好的堆头费？

异议 4-26 百事利润低，所以不陈列。

- 老板，你讲得也有道理，但是百事现在卖得好，要是再做一些好的陈列，卖的销量就更大了，利润自然也就更高了！是不是？
- 不陈列出来，别人到其他店买，顺便买其他东西，你的生意就少了。

- 不陈列出来，可能会导致产品过期，蒙受不必要的损失。日久天长，消费者认为你没有百事产品，你会有损失掉这部分消费者的危险。

异议 4-30　（火车站、东门）我的店租几万块一个月，卖汽水能赚多少？不要！

- 汽水属于快速周转休闲食品，可以带动你的其他产品的销售。
- 汽水只占你很小一块地方，你不卖汽水一样也要付这么多房租。多一种赚取利润的机会，何乐而不为呢？何况以你的位置来看，饮料很有可能成为你的主要利润来源呢！

异议 4-31　我陈列一罐就够了，为什么还要陈列一排？差不多整个货架都是你们的了。

- 讲一个爸爸妈妈的故事，百事、七喜、美年达是一家人，要让它们团聚嘛。
- 虽然陈列了差不多一排，但你看，这样不是更有序吗？而且其他产品我也都为你安排好地方了！
- 相信我，这样是对你有益的，凭咱俩的交情要互相支持！

5. 餐饮（Restaurant）

（1）针对服务员/咨客

异议 5-1-1　经理（老板）不在，不要站在这里。

- （非常自信地）我和××经理约好了，有急事要谈。
- 我找××老板谈一些与你们合作的事情，非常重要，耽误了，你可要负责任。
- ① 进店前，重点与负责人谈判；
- ② 进店后，重点做店员/营业员的鼓动工作。

异议 5-1-3　经理（老板）很忙，没有时间。

- 没事儿，我等一下，你们的生意真好啊。
- 那他一般什么时候会闲一点？
- 我很快，不会耽误××经理/老板太多时间。

异议 5-1-4　你又是来搞什么推销的？

- 我不是来推销的，是来帮老板赚钱的。

- 百事公司那么出名的跨国公司，还用得着推销吗？

异议 5-1-7　吃饭请到里面。不吃饭？快走！
- 等一下再吃饭，比吃饭更急的是帮你老板赚钱。
- 吃饭，好的，这里打几折？我要和经理谈谈，我公司那么多人每天都要吃饭的，我可以介绍他们来这里。

异议 5-1-8　拿点笔来吧，否则再也不向顾客推销你们的产品了。
- 唉，真不巧，公司订的笔刚用完，下次吧。
- （介绍公司促销）收集拉环/瓶盖就有很多礼品换啦，如换饮料、换杯子等。

异议 5-1-9　卖你们的产品有什么好处？
- 在商场/超级及杂货店，百事产品一直都是最好卖的。
- 百事公司经常会搞促销，奖励像你们这样积极推销百事的合作者。
- 卖多些饮料，会增加餐厅的营业收入，老板一高兴，就会给你们多发些奖金。

（2）针对楼面管理人员
异议 5-2-2　嗯，百事公司，经常打广告，但我们这里不卖百事。
- 百事有固定的忠实消费人群，如果他们来到这里消费却喝不到百事会很失望的，你们也少做了生意。
- 公司非常重视与你这样的客户进行合作，以后我会定期来拜访你。可是，可口公司来过吗？
- 你看，你的菜单已坏了/质量差了/过时了，需要更换吗？我们正好有这方面的服务，希望可以帮到你。

异议 5-2-3　这里的客人都喝可口可乐。
- 他们通常会说要可乐，并不是只要可口可乐，可能要的就是百事可乐。最主要的是，你们向顾客推荐什么？下次你们这样建议顾客：先生/小姐，你要百事还是七喜？
- 是吗？你对面那家××酒楼百事就卖得很好。
- 百事和可口都是可乐型饮料，百事显得更醇厚，现在的消费者更喜欢百事。

- 其实，顾客喝什么，是你说了算的，你没有发现吗？

异议 5-2-6　进货的事情要问老板才能决定。
- 老板也要听建议啊，老板把关键生意都交给你来打理了，也只有你才最了解顾客的需要。
- 老板什么时候在餐厅里？到时候和你一块与老板谈谈，怎么样？

异议 5-2-10　陈列？酒柜里是不可以摆放饮料的。
- 只摆三罐，只占用一点点空间，我来帮你。
- 把百事、七喜、美年达产品展示出来，让顾客买多些饮料，你们赚多些钱。

（3）针对决策人（老板/采购/总经理）
异议 5-3-1　你干什么的？我很忙！快走！
- 我们将为你的餐厅提供很多支持。
- 只耽误你 2 分钟，可以吗？
- 10 分钟后我再和你谈，好吗？这是我的名片。

异议 5-3-6　给我送个冰柜来。什么？还要押金，人家送给我啤酒，我还不要呢！
- 公司政策不一样。当你卖百事的销量如同啤酒的一样大时，我也帮你申请免押金。
- 你的生意那么好，这点押金是小意思啦！
- 押金只是一种形式，到时会一分不少地退回。

异议 5-3-7　顾客要什么我们就提供什么，在餐厅都是卖可口的。
- 你这儿有卖七喜吧？这也是百事的产品，百事在外面卖得比七喜好多了。
- 刚才我去××餐厅（竞争对手），他们上个月就卖了 30 多箱百事产品。
- 我们会提供定期服务，可口却不会有。

6. 其他（Other）

异议 6-1　我和批发商进货是不一样的？
- 不一样，我们指定二批送货，既能保证生产日期及产品质量，又有最好的售后服务，而且促销价格比较优惠，还有市场支持。

异议 6-3　我跟熟悉的批发商拿货，不但进的货品齐全，而且可以赊账，零头还可以免去，你们就不行了。

- 可以告诉我是哪家批发商吗？
- ×老板，你说的也过，看起来的确挺便利，但批发商会留意你的销售状况吗？会给你提供完善的售后服务吗？况且，我们经常性的促销也是令你受益匪浅！
- 货钱不多，我们会协助你将产品销出去，怎么会卖不出呢？
- 优质服务（如送货及时）。

异议 6-11　这件事你做不了主，请你主任过来。

- 你的意思我可以转达，但现在能否先告诉我到底怎么一回事？

异议 6-12　我不想看到你们百事的业务员，出去！

- 阿姨，我想你对我们公司的业务员产生误会了。也许，以前的业务员确实有不对的地方，或者我们有一些不足之处，请你谈谈……如果果真如此，非常感谢你，阿姨，你为我们提供了宝贵的意见，我们将改正，并保证今后绝不会再出现类似情况。

异议 6-13　你们公司不公平，只照顾大客户，什么东西都不给我们小客户。

- 我们公司的政策是根据客户需要量身定做的，我们平等对待所有客户。

异议 6-24　我与可口公司签订的专卖协议，我不敢卖百事产品。

- 了解客户与可口专卖的具体协议，寻找机会点。
- 我希望下次你能和百事签协议，优惠更多。
- 我希望了解一下你的收益情况（从可口处），这样我们下一步会合作得更好。

START 100 日销售技巧
精进练习表

START 100天学习地图

	拜访八步骤	路线设计与优化	基础销售沟通技巧	成长完成度
Week1	了解拜访八步骤		掌握产品专业知识及销售常用语	
Week2	流畅使用八步骤		提升"听"	
Week3	高效使用八步骤	掌握设计路线方法	提升"说"	
Week4	说服客户提升"陈列"潜力 说服客户提升"价格"潜力		提升"问"	听取良师建议
Week5	学习"新品卖入"		提升"看"	
Week6			流畅转换"要求"与"需求" 察颜观色调整销售方式并促成协议	
Week7	融合专业销售技巧地进行拜访8步骤		专业地销售陈述"促销" 开始建立真正的"客情"	
Week8			提升异议处理水平-区别处理三类型异议	听取良师建议
Week9			以销售技巧开发新售点	
Week10		学习检验路线健康度 筛选最值得开发的新售点	提升START	
Week11	优化路线 有销售技巧地开发新售点	优化路线	提升START应用水平	
Week12	成为自己的老师,持续自我迭代			START下一个学习计划:

图 D-1　学习地图

START 100天学习地图

	拜访八步骤	路线设计与优化	基础销售沟通技巧	成长完成度
Week1				
Week2				
Week3				
Week4				听取良师建议
Week5				
Week6				
Week7				
Week8				听取良师建议
Week9				
Week10				
Week11				
Week12	成为自己的老师，持续自我迭代			START下一个学习计划：

图 D-2　自己的 100 天学习地图

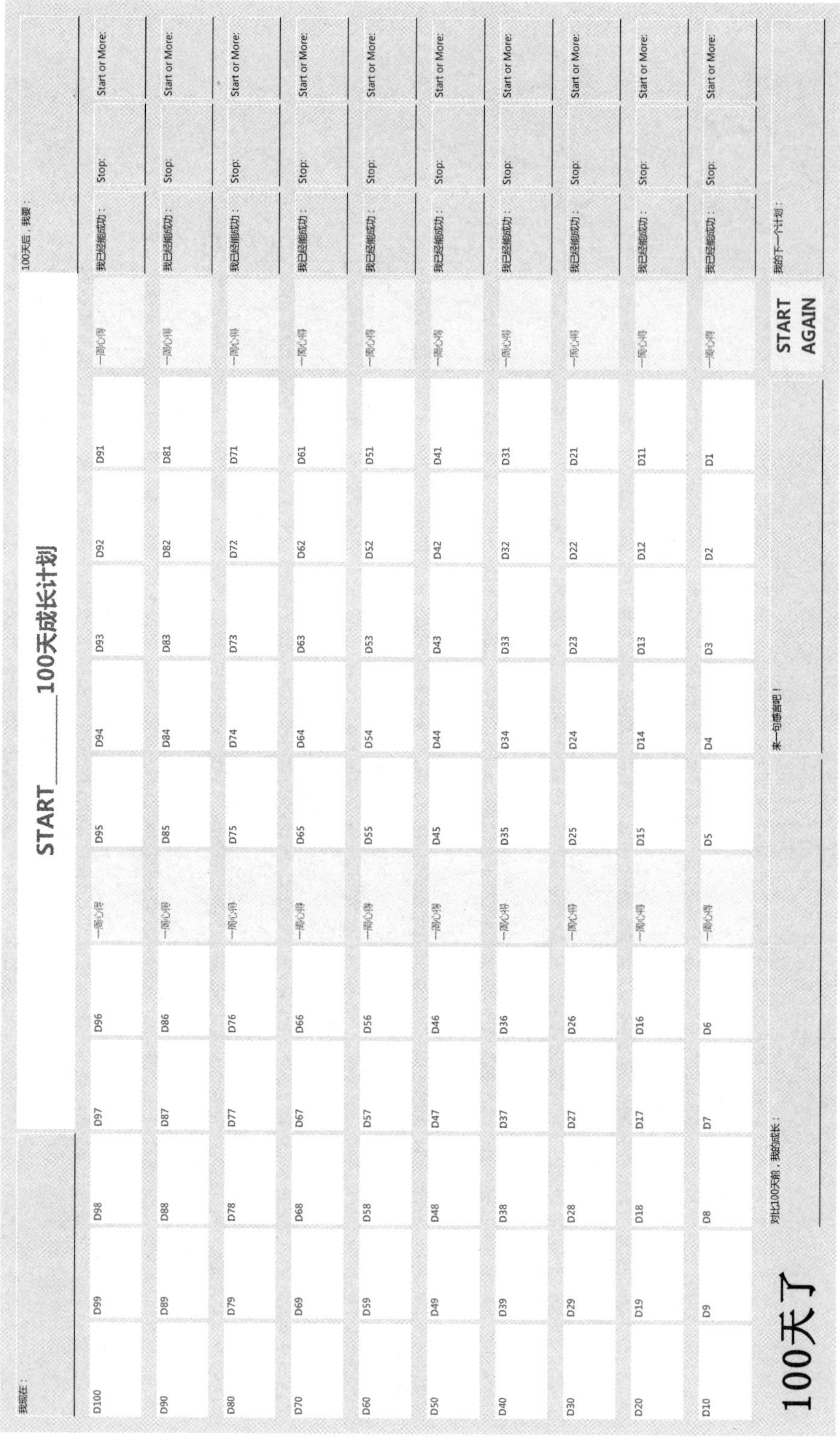

START _____ 100天成长计划

											Start or More:	Stop:	我已完成的劳动:

我现在在:											100天后，我要：

D100	D99	D98	D97	D96	D95	D94	D93	D92	D91		Start or More:	Stop:	我已完成的劳动:
D90	D89	D88	D87	D86	D85	D84	D83	D82	D81	一颗心得	Start or More:	Stop:	我已完成的劳动:
D80	D79	D78	D77	D76	D75	D74	D73	D72	D71	一颗心得	Start or More:	Stop:	我已完成的劳动:
D70	D69	D68	D67	D66	D65	D64	D63	D62	D61	一颗心得	Start or More:	Stop:	我已完成的劳动:
D60	D59	D58	D57	D56	D55	D54	D53	D52	D51	一颗心得	Start or More:	Stop:	我已完成的劳动:
D50	D49	D48	D47	D46	D45	D44	D43	D42	D41	一颗心得	Start or More:	Stop:	我已完成的劳动:
D40	D39	D38	D37	D36	D35	D34	D33	D32	D31	一颗心得	Start or More:	Stop:	我已完成的劳动:
D30	D29	D28	D27	D26	D25	D24	D23	D22	D21	一颗心得	Start or More:	Stop:	我已完成的劳动:
D20	D19	D18	D17	D16	D15	D14	D13	D12	D11	一颗心得	Start or More:	Stop:	我已完成的劳动:
D10	D9	D8	D7	D6	D5	D4	D3	D2	D1	一颗心得	Start or More:	Stop:	我已完成的劳动:

100天了

START AGAIN

对比100天前，我的成长：

来一句感悟吧！

我的下一个计划：

图 D-3 记录自己的 100 天成长历程

参考文献

营销及管理经典及新知系列

[1] 彼得·德鲁克. 卓有成效的个人管理. 杨剑，译. 北京：机械工业出版社，2014.

[2] 彼得·德鲁克. 管理的实践. 北京：机械工业出版社，2014.

[3] 菲利普·科特勒，何麻温·卡塔加雅. 营销革命 3.0：从价值到价值观的营销. 毕崇毅，译. 北京：机械工业出版社，2019.

[4] 菲利普·科特勒，何麻温·卡塔加雅. 营销革命 4.0：从传统到数字. 王赛，译. 北京：机械工业出版社，2018.

[5] 菲利普·科特勒. 市场营销：原理与实践. 楼尊，译. 北京：中国人民大学出版社，2015.

[6] 菲利普·科特勒，赫斯基尔，南希 R. 李. 正营销. 楼尊，译. 北京：中国人民大学出版社，2015.

[7] 戴维·迈尔斯. 社会心理学. 侯玉波，乐国安，张智勇，等译. 北京：人民邮电出版社， 2016.

[8] 唐纳德·诺曼. 设计心理学 1-4. 小柯，张晶，译. 北京：中信出版集团，2015.

工具及启发系列

[1] 阿图·葛文德. 清单革命. 王佳艺，译. 杭州：浙江人民出版社，2012.

[2] 芭芭拉·明托. 金字塔原理. 王德忠，张玥，译. 北京：民主与建设出版社，2002.

[3] 史蒂文·舒斯特. 11 堂极简系统思维课：怎样成为解决问题的高手. 北京：中国青年出版社，2019.

[4] 斯科特·佩奇. 模型思维. 贾拥民，译. 杭州：浙江人民出版社，2019.

[5] 彼得·圣吉. 第五项修炼. 李晨晔，译. 北京：中信出版社，2018.

[6] 史蒂芬·柯维. 高效能人士的七个习惯. 高新勇，等译. 北京：中国青年出版社，2018.

[7] 高桥政史. 聪明人用方格笔记本. 袁小雅，译. 长沙：湖南文艺出版社，2015.

[8] 高桥政史. 聪明人用方格笔记本：进阶图解. 袁小雅，译. 长沙：湖南文艺出版社，2016.

[9] 大卫·霍菲尔德. 销售的科学. 周诗婷，译. 新北：光现出版社，2019.

[10] 尼尔·雷克汉姆. 销售巨人. 石晓军，译. 北京：中华工商联合出版社，2010.

[11] 伊塔玛尔·西蒙森，艾曼纽·罗森. 绝对价值：信息时代影响消费者下单的关键因素. 钱峰，译. 北京：中国友谊出版公司，2014.

[12] 威廉·庞德斯通. 无价：洞悉大众心理玩转价格游戏创新的本质. 闾佳，译. 北京：北京联合出版有限公司，2017.

沟通技巧及其他

[1] 蒂凡尼·瓦特·史密斯. 心情词典. 庄逸抒，赵丽娟，刘硕，译. 南京：江苏文艺出版社，2016.

[2] 特丽·阿普特. 赞扬与责备：剑桥大学的沟通课. 韩禹，译. 贵阳：贵州人民出版社，2020.

[3] 泰勒·本-沙哈尔. 幸福的方法. 汪冰，刘骏杰，译. 北京：中信出版社，2013.

[4] 查普曼. 爱的五种语言. 王云良，陈曦，译. 南昌：江西人民出版社，2018.

[5] 查普曼，托马斯. 道歉的五种语言. 吕海霞，译. 北京：中国电影出版社，2014.

[6] 查普曼，怀特. 赞赏的五种语言. 延玮，译. 北京：中国商业出版社，2013.

[7] 罗伯特·M. 波西格. 禅与摩托车维修艺术. 张国晨，译. 重庆：重庆出版社，2011.

[8] 安妮·雅各布森. 五角大楼之脑. 李文婕，郭颖，译. 北京：中信出版社，2018.

[9] 英格丽·张. 你的形象价值百万. 北京：中国青年出版社，2005.

[10] 伊丽莎白·阿伯特. 婚姻史. 孙璐，译. 北京：中央编译出版社，2014.

[11] 穆来纳森；沙菲尔. 稀缺：我们是如何陷入贫穷和忙碌的. 魏薇，龙志勇，译. 杭州：浙江人民出版社，2014.

[12] 詹姆斯·彭尼贝克. 语言风格的秘密：语言如何透露人们的性格、情感和社交关系. 刘珊，译. 北京：机械工业出版社，2017.

[13] 乔斯坦·贾德. 苏菲的世界. 萧宝森，译. 北京：作家出版社，2017.

参阅微信公众号

[1] 麦肯锡咨询公司

[2] 凯度

[3] 商业评论

[4] 哈佛商业评论

[5] 刘润

[6] 麦肯锡商学院

[7] AMA 悦心空间

[8] DDI 智睿咨询

[9] 埃森哲中国